Armin

Ich widme dieses Buch meinem Lieblingsprofessor Günther Osche, der mir das Leben so lebendig vermittelte. Darwins 200. Geburtstag durfte er nicht mehr erleben, da er zehn Tage vorher aus dem Leben schied.

Armin

(R)Evolution auf Madagaskar

Bernd-Jürgen Seitz

Ein Wissenschaftsroman

EDITION OCTOPUS

Ein Euro je verkauftem Buch
geht an ökologische und soziale
Projekte in Madagaskar.

Weitere Ausblicke auf die Wesen
und Einblicke in die Thesen
dieses Buches sind zu finden
unter www.armins-r-evolution.de

Bernd-Jürgen Seitz, »Armin – (R)Evolution auf Madagaskar«
© 2014 der vorliegenden Ausgabe: Edition Octopus im Verlagshaus
Monsenstein und Vannerdat OHG Münster. www.edition-octopus.de
© 2014 Bernd-Jürgen Seitz
Alle Rechte vorbehalten
Satz: MV-Verlag, Thorsten Hartmann
Druck und Einband: MV-Verlag

ISBN 978-3-95645-307-6

Prolog

Und die Erde war wüst und leer ...

Armin war nackt. Seine Hände fuhren nach unten, bedeckten sein Geschlecht. In seinem Bauch zog sich etwas zusammen, als wolle sein Körper sich ganz klein machen.
Armin blickte sich um, drehte den Kopf nach links, dann nach rechts. Dann wandte er sich um. Wo konnte er sich verstecken? Aber da war nichts. Um ihn herum nur graue, scheinbar endlose Wüste. In der Ferne ging das Grau in ein finsteres Schwarz über. Es war nicht dunkel, aber es war auch nicht hell. Es war nicht kalt, aber auch nicht warm. Die Luft stand still. Armin stand reglos da und lauschte. Nichts, gar nichts. Nichts, woran er sich orientieren konnte. Niemand, der ihn sehen konnte. Er nahm die Hände wieder von seinem empfindsamsten Körperteil.
In welche Richtung sollte er gehen? Hierzubleiben hatte keinen Sinn. Hatte das Gehen einen Sinn? Er tastete sich mit seinen nackten Füßen vorwärts. Der Boden war weich, viel weicher als Sand, fast wie Samt. Grau und weich. War es Asche? Armin beschleunigte seinen Schritt, begann zu laufen. Schneller, immer schneller.
Armin trat auf etwas Spitze, Hartes. Er zuckte zusammen. Ein kurzer, stechender Schmerz durchfuhr ihn.
Bald war der Boden übersät mit scharfkantigen Steinen. Armin kam nur noch langsam vorwärts. Die Steine wurden immer größer, türmten sich auf zu Halden. Schließlich stand Armin vor der dunklen Masse eines schroffen Bergs.

Armin schrak hoch. Es war nur ein Traum. Nur ein Traum? Nichts war mehr so wie zuvor. Kein Gefühl der Erleichterung. Das Leben selbst war ein Albtraum, aus dem es kein Erwachen gab.

Evolution oder Revolution?

Betrachte aufmerksam die Dinge der Natur, und du erfährst etwas von der Natur der Dinge.

Grauer Bambuslemur

Madagaskar

»Mesdames et Messieurs, à droite vous voyez le Kilimandscharo, la montagne la plus haute d'Afrique.
Ladies and Gentlemen, on the right side you see the Kilimandscharo, the highest mountain of Africa.«

Armin schrak aus seinen Gedanken. Auf der rechten Seite? Ja. Er saß rechts, hatte einen Fensterplatz. Wie vor achtzehn Jahren. Damals hatte er seine Spiegelreflex dabei gehabt und den Kibo fotografiert, den grauen Vulkankegel mit seiner weißen Gletscherkappe. Doch diesmal war ihm nicht nach Fotografieren zumute, obwohl er eine Digitalkamera im Handgepäck hatte.
Er drehte den Kopf zum Fenster und sah hinaus. Aus dem grünen Waldmeer ragte der in der Morgensonne rötlich leuchtende Vulkankegel empor. Ein schmaler, weißer Kranz umgab den Krater. War damals mehr Weiß zu sehen gewesen? Der Kilimandscharo hatte schließlich innerhalb von hundert Jahren über achtzig Prozent seiner Gletscher eingebüßt.
»Wir sollten ihn noch besteigen, bevor seine Eiskappe ganz weg ist«, hatte er zu Manuel einmal gesagt. Manuel. Manuel mit seinen blonden, gewellten Haaren. Die hatte er wohl von ihm geerbt. Die graublauen Augen hatte er von Renate.
Manuel war gerne in der Natur unterwegs gewesen. Oft hatte er Armin auf Spaziergängen und Wanderungen begleitet. »Wie heißt der Baum da?«, hatte er schon früh gefragt. Bald konnte er die Buche mit ihrem silbrig glänzenden, glatten Stamm und den am Rand nur leicht eingebuchteten Blättern von der Hainbuche unterscheiden, deren Stamm Wülste und Schrunden aufwies und deren Blätter am Rand wie eingesägt wirkten. Der Spitzahorn

sagte ihm schon durch seinen Namen, dass die Zacken seiner gelappten Blätter viel spitzer waren als beim Bergahorn.

Die Bäume waren ihm schließlich zu wenig, er wollte wissen, welche Vögel darin sangen. Das melodische Flöten der Amsel, das zögernde Wispern des Rotkehlchens und den trillernden Überschlag des Buchfinken konnte er bald erkennen, später auch das lange Geplapper der Gartengrasmücke von der kürzeren Strophe der Mönchsgrasmücke unterscheiden.

Vielleicht hätte Manuel Biologie studiert, genau wie er? Auch Armin war durch seinen Vater, der Lehrer gewesen war, zur Biologie gekommen. Sein Vater hatte ihm sein Wissen nie aufgedrängt. Auch Armin hatte sich daran halten wollen. War ihm das gelungen? Doch das war jetzt belanglos geworden. Manuel war tot.

Vor achtzehn Jahren hatte Renate links neben ihm gesessen. Auch jetzt saß eine Frau neben ihm. Eine ältere, modisch gekleidete Französin. Seit dem Start in Paris hatte Armin den Geruch ihres Parfums in der Nase. Wenigstens war er nicht unangenehm. Eher leicht und fruchtig. Armin hatte eine sehr empfindliche Nase, manche Gerüche stießen ihn ab. Darunter waren auch aufdringliche Düfte, die manche Frauen – und immer mehr Männer – wie eine Fahne hinter sich herzogen. Als Jugendliche hatten sie abfällig von »Nuttendiesel« gesprochen. Er selbst verwendete nie ein Parfum, nicht einmal Rasierwasser. Auch Renate mochte kein Parfum, als sie sich beim Studium kennenlernten. Unter Biologinnen war das unüblich. Vielleicht, weil es die natürlichen Gerüche überdeckte. Ein Mann wäre damals ohnehin nie auf die Idee gekommen, sich zu parfümieren.

Seit Renate die Stelle als Pharmareferentin angenommen hatte, benutzte sie jedoch ein Parfum. Da sie seine empfindliche Nase kannte, hatte sie es mit ihm zusammen ausgesucht. Renate war seither auch viel eleganter gekleidet. Armin sah sie vor sich, wie sie morgens zur Arbeit ging. Mit ihrem schwarzen Hosenanzug und der weißen Bluse. Auch eine neue Brille hatte sie sich zugelegt, fast quadratisch, mit feiner Goldfassung. Sie passte gut zu ihrem schmalen, dezent geschminkten Gesicht, ihren graublauen Augen und ihren rot getönten, welligen Haaren.

Armin schloss die Augen und versuchte, sich Renate vorzustellen, wie sie damals neben ihm gesessen hatte. Sie trug ihr glattes, mittelbraunes Haar lang, sehr lang, fast bis zur Hüfte. Wahrscheinlich hatte sie eine Jeans und ein T-Shirt getragen. Sie war immer sehr leger gekleidet. Geschminkt war sie auch nicht.
Damals waren sie – wie er jetzt – abends losgeflogen. Nicht von Paris, sondern von Zürich. In der Nacht hatte Renate ihren Kopf an seine Schulter gelegt, um zu schlafen.
Es war ihre Hochzeitsreise gewesen, ihre erste Fernreise. Madagaskar – ein Zauberwort für Biologen. Eine Insel mit zahlreichen Alleinstellungsmerkmalen, wie ein Touristiker sagen würde. Das bekannteste waren die Lemuren, die man lange auch als Halbaffen bezeichnet hatte. Heute sagte man so etwas nicht mehr, zumindest nicht als Biologe. Lemuren waren keine halben Affen, sie waren Primaten durch und durch – wie der Mensch.
Neben den Lemuren gab es auf Madagaskar aber noch zahlreiche andere Besonderheiten. Tiere und Pflanzen, die nur auf der viertgrößten und ältesten Insel der Erde vorkamen. Manchmal wurde sie daher auch als sechster Kontinent bezeichnet.

Damals war es ihre Hochzeitsreise gewesen. Was war es heute? Ein Fluchtversuch? Nach dem Tod seines Sohnes war Armin einige Wochen wie gelähmt gewesen. Alles hatte seinen Sinn verloren. Auch die Beziehung zu Renate. Nach der ersten stummen Trauer hatten sie begonnen, sich gegenseitig Vorwürfe zu machen. Alte Wunden brachen wieder auf. Renate warf Armin vor, er habe sich

niemals richtig um eine feste Anstellung bemüht. Die Unsicherheit habe sie verrückt gemacht. Wahrscheinlich hatte sie deshalb kein zweites Kind bekommen.
Das Geld habe doch immer gereicht, hatte Armin dagegen gehalten. Außerdem war er öfter zu Hause gewesen als andere Männer. Hatte sich um Manuel gekümmert. Doch Manuel war nicht mehr da. Alles war umsonst gewesen.
Armin hatte oft bis in die Nacht hinein in seinem Arbeitszimmer am Computer gesessen, ohne wirklich zu arbeiten. Danach war er nicht ins gemeinsame Schlafzimmer gegangen, sondern hatte sich auf die Matratze in seinem Arbeitszimmer gelegt, ohne wirklich zu schlafen. Und wenn er doch schlief, plagten ihn oft bedrückende Träume von einer grauen, endlosen Wüste. Oder von Manuel, wie er in seinem Blut lag.

Dann hatte sie begonnen, die Flucht. Zunächst hatte er sich in die Arbeit geflüchtet, Aufträge zu Dumpingpreisen angenommen. Armin hatte als selbständiger Biologe anfangs vor allem die Vegetation kartiert und den Bestand von Vögeln erhoben. Inzwischen waren vor allem seine Fähigkeiten als Projektmanager und Moderator gefragt. War das der Grund, warum er sich gegen zahlreiche meist deutlich jüngere Mitbewerber durchgesetzt hatte?
»Projektleiter in Madagaskar gesucht«, hatte in dicken Buchstaben im Magazin des Global Forest Fund gestanden, einer weltweiten Organisation zum Schutz der Wälder. Armin war wie elektrisiert. War das ein Wink des Schicksals? Nein, so etwas gab es für einen Wissenschaftler nicht. Doch der Wunsch, einmal bei einem Projekt in Madagaskar mitzuwirken, war schon bei seiner damaligen Reise aufgekommen.

Nun hatte er es also erreicht. Doch er konnte sich nicht darüber freuen. Würde sich das in Madagaskar ändern? Würde er in das

Projekt hineinwachsen? Würden die Gedanken an Manuel mit der Zeit verblassen? Manuel war vor neun Monaten gestorben, und bisher hatte er jeden einzelnen Tag schmerzlich an ihn gedacht.
Armin blickte auf seine Armbanduhr. Noch etwa zwei Stunden bis zur Landung. Er neigte sich zum Fenster und sah hinunter. Die Küstenlinie war bereits zu erkennen. Unweit der Küste lag eine größere Insel. Armin nahm das Flugmagazin aus dem Netz und blätterte es durch, bis er auf die Karte mit den Flugrouten stieß. Diese Insel musste Sansibar sein, Madagaskar lag südöstlich davon im Indischen Ozean. Wahrscheinlich würden sie auf halber Strecke noch die Komoren überfliegen.
Armin betrachtete sein Ziel auf der Karte. Die langgestreckte Form Madagaskars war ihm noch von seiner letzten Reise geläufig. Sie erinnerte an den Abdruck eines linken Fußes. Die Ferse abgerundet, rechts oben die Nordspitze als große Zehe. Die Ostküste geradlinig, die Westseite ausgebuchtet.
Die große Beule nördlich der Inselmitte passte wie ein Puzzleteil zu einer Bucht an der afrikanischen Küste, weit im Südwesten. Armin wusste, dass Madagaskar im Zeitalter der Dinosaurier Teil des großen Südkontinents Gondwana gewesen war, zu dem Afrika, Südamerika, die Antarktis und Australien gehört hatten, aber auch das heutige Indien. Vor über 100 Millionen Jahren hatten die Kontinente begonnen, auseinanderzudriften. Madagaskar war zusammen mit Indien nach Nordosten gewandert. Während Madagaskar jedoch nicht allzu weit gekommen war, hatte sich Indien auf den Weg nach Asien gemacht. Dort war es Millionen von Jahren später mit solcher Wucht auf die träge Landmasse gekracht, dass sich der Himalaja aufwarf, das höchste Gebirge der Erde.
Armin war fasziniert, als er in seinem Studium erstmals von der Kontinentalverschiebung hörte. Vor allem von der Art und Weise, wie Alfred Wegener vor knapp einhundert Jahren darauf gekom-

men war. Im Westen Afrikas und im Osten Südamerikas hatten in ferner Vergangenheit dieselben Tiere und Pflanzen existiert. Dies wusste man aufgrund der Fossilien, die man auf beiden Seiten gefunden hatte. Während die meisten anderen Wissenschaftler dies jedoch mit ehemaligen Landbrücken zu erklären versuchten, fiel Wegener die genaue Passform der Küstenlinien auf.

Armin sah Wegener oft vor sich, wie er aus einer Weltkarte die verschiedenen Kontinente mit einer Schere ausschnitt und sie zu seinem Urkontinent zusammenpuzzelte. Vielleicht hatten sich die anderen Wissenschaftler das ähnlich vorgestellt und Wegener deshalb so angefeindet. Weil sie nicht selbst darauf gekommen waren. Außerdem war Wegener nicht einmal Geologe, sondern Klimaforscher.

Auch Madagaskar hätte man ausschneiden und wieder mit der afrikanischen Küste verbinden können. Die eigenständige Flora und Fauna hatte sich erst entwickeln können, als die Insel weit genug von Afrika entfernt war, sodass kein regelmäßiger Austausch mehr stattfinden konnte. Da sich die »echten« Affen erst viele Millionen Jahre nach der Ablösung von Madagaskar in Afrika entwickelten, gab es auf Madagaskar »nur« Lemuren. Einen deutlicheren Beweis für die Evolution konnte es gar nicht geben. Trotzdem gab es immer noch Menschen, die nicht daran glaubten. Als ob das eine Frage des Glaubens wäre, dachte Armin. Nicht einmal die großen Kirchen nahmen die Bibel mehr wörtlich.

Armin hatte seine eigene Bibel dabei. Die »Bibel der Inselbiogeografie«, wie er sie nannte. Nach Armins Ansicht eines der besten populären Sachbücher, die zum Thema Evolution bisher verfasst worden waren. *Der Gesang des Dodo* – schon der Titel hatte damals seine Aufmerksamkeit geweckt, da er sich kaum vorstellen konnte, dass der mit den Tauben verwandte, recht plumpe Vogel wirklich gesungen haben sollte. Sicher war allerdings, dass er ausgestorben war. »As dead as a Dodo« sagten die Engländer, wenn sie »mausetot« meinten.

Bis zum 16. Jahrhundert watschelte der Dodo unbehelligt durch die östlich von Madagaskar gelegenen Inseln Mauritius und La Réunion. Er hatte dort so gut wie keine Feinde – bis der Mensch kam und ihn als willkommenes Frischfleisch für lange Seefahrten nutzte. Auch die Eier sollen schmackhaft gewesen sein. Nicht nur für den Menschen, sondern ebenso für die von ihm mitgebrachten Ratten und Haustiere. Bereits Ende des 17. Jahrhunderts war der Dodo vom Erdboden verschwunden. As dead as a Dodo.

Armin zog seinen schwarzen Rucksack unter dem Sitz hervor, öffnete den Reißverschluss und nahm das Buch heraus. Vom Umfang her konnte es das Werk von David Quammen durchaus mit der Bibel aufnehmen, es hatte fast tausend Seiten. Erstaunlich, wie ein so dickes Buch über ein eher trockenes Thema so kurzweilig sein konnte. Armin hatte sich zu Hause die Passagen angestrichen, die Madagaskar betrafen. Es begann bereits im zweiten Kapitel. Auch dort war von einem ausgestorbenen Vogel die Rede, dem Elefantenvogel. Nach Quammens Beschreibung *ein straußenähnliches Geschöpf, das drei Meter hoch aufragte, eine halbe Tonne wog und auf einem Paar elefantöser Beine durch die Gegend stampfte.* Das war plastisch beschrieben, man sah das Monstrum regelrecht vor sich.

David Quammen war Journalist, kein Wissenschaftler. Allerdings gehörte es in den englischsprachigen Ländern auch bei Wissenschaftlern dazu, allgemein verständliche Bücher zu schreiben. Anders als in Deutschland.

Ein paar Sätze später war der robuste Elefantenvogel bereits ausgestorben. *Die Spezies hatte Bestand, bis die Europäer im 16. Jahrhundert Madagaskar erreichten und anfingen, Jagd auf sie zu machen, ihr zuzusetzen, das Ökosystem zu verändern, zu dem sie gehörte, ihre üppigen Eier in die Pfanne zu schlagen. Das Ei fasste immerhin neun Liter.*

Den Elefantenvogel hatte es nur auf Madagaskar gegeben, jetzt gab es ihn nirgends mehr. Darüber Auskunft zu geben, so Quammen, sei Aufgabe der Biogeografie.

Inseln waren die Laboratorien der Evolution. Auf Inseln entstanden die meisten Arten, dort starben aber auch die meisten Arten aus. *Der beste Beleg für die Evolutionstheorie ist das Aussterben von Arten.* Von wem stammte dieser Satz doch gleich? Armin dachte nach, kam aber nicht darauf. *Der Tod gehört zum Leben.* Der nächste Satz schoss ihm durch den Kopf. Dann spürte er ihn wieder, den schmerzhaften Stich. Der Tod gehörte nun auch zu seinem Leben.

Armin hatte das Buch auch als Gebrauchsanweisung für die Arbeit mitgenommen, die ihm bevorstand. Er zog an dem grünen, am Ende ausgefransten Lesebändchen, das nach dem ersten Drittel des Buchs herauslugte, und schlug es auf. Dort war von Patricia C. Wright die Rede, der heute wohl bekanntesten Lemuren-Forscherin. Renate und Armin hatten sie auf ihrer Reise getroffen, ohne es damals zu wissen. Sie hatten gehört, dass bei Ranomafana eine amerikanische Forschergruppe tätig sei und im Hotel nachgefragt, wo sie sich aufhielt. Bald hatten sie das Zeltlager gefunden. Eine junge Frau hatte sie sehr freundlich empfangen und ihnen bereitwillig einige Lemuren gezeigt, die sich in der Nähe aufhielten. Erst später war Armin klar geworden, dass es sich um Patricia Wright gehandelt hatte.

Bei David Quammen konnte man nachlesen, worum es der Forscherin damals in Ranomafana gegangen war. Sie wollte den Großen Bambuslemuren wiederfinden, der lange Zeit als ausgestorben galt – bis Mitte der 1960er-Jahre ein lebendes Exemplar auf einem Markt zum Kauf angeboten wurde. Später gelang es, zwei Tiere zu fangen und in einen Zoo zu bringen, wo sie sogar zwei Junge zur Welt brachten. Vorher hatte Pat Wright bereits den deutlich kleineren Grauen Bambuslemuren studiert, der im östlichen Regenwald noch relativ häufig anzutreffen war. Der WWF wollte sie jedoch nur dann unterstützen, wenn sie sich um eine bedrohte Art kümmerte.

Als sie schon fast aufgegeben hatte, stieß sie auf einen rötlich-goldenen Lemuren. Sie hielt ihn zunächst für eine Farbvariante des Großen Bambuslemuren, der normalerweise braungrau war. Als Pat Wright dem später nachgehen wollte, war ihr der Deutsche Bernhard Meier bereits zuvorgekommen. Der hatte erkannt, dass es sich um eine eigene Art handelte, und ihr den Namen *Hapalemur aureus*, Goldener Bambuslemur gegeben. Den »richtigen« Großen Bambuslemuren fand Pat Wright etwas später ebenfalls.

Armin würde zwar nicht nach Ranomafana gehen, aber sein Arbeitsgebiet war nicht weit davon entfernt. Und es sah wahrscheinlich so ähnlich aus, wie Quammen den Lebensraum der Bambuslemuren beschrieben hatte: *Der Steilhang ist so zerklüftet, so sehr vom Regen ausgewaschen und verschlammt, so ungeeignet für Holzwirtschaft, Reisanbau und Viehzucht, dass an einigen Stellen der alte Regenwald erhalten geblieben ist. Andernorts in Madagaskar ist die Landschaft durch hochintensive menschliche Nutzung verwüstet. Die feuchten Wälder der Küstenebene im Osten sind zum größten Teil abgeholzt, die Savannen des Hochlandes wurden wiederholt abgebrannt, der Boden ist ebenso arm wie die Menschen, und Lebensraum für die Lemuren hat Seltenheitswert.*

Der Boden ist ebenso arm wie die Menschen.

Rakoto

David Quammen hatte also sowohl Armins künftigen Arbeitsplatz, den östlichen Regenwald Madagaskars, als auch eines seiner wichtigsten Schutzobjekte beschrieben, den Goldenen Bambuslemuren. Dieser kam weltweit nur noch in zwei Nationalparks im östlichen Regenwald vor, und die Hauptaufgabe von Armins Team würde es sein, einen Schutzkorridor zwischen den beiden Gebieten abzugrenzen. Von seinen künftigen Mitarbeitern wusste Armin nur, dass es sich um eine Primaten-Forscherin aus der Schweiz und um einen Einheimischen handelte.

Armin sah aus dem Fenster. Am Horizont zeichnete sich als breites, unregelmäßiges Band die Silhouette Madagaskars ab. Hätte Armin nicht gewusst, dass es sich um eine Insel handelte, wäre er nicht darauf gekommen. Das Flugzeug erreichte die Küste im Bereich eines Flussdeltas, dem aus mehreren Richtungen schmutzig-rotbraunes Wasser zufloss, das sich in einem großen Becken sammelte und sich dann in das blaue Meer ergoss. Es sah aus, als würde die Insel ausbluten.
Auch die kahlen Hügel in der Umgebung des Flusses schimmerten rötlich, als ob sie rosten würden. So falsch war dieser Eindruck gar nicht, denn die rote Farbe kam vom Eisenoxid – und das war nichts anderes als Rost. Tropische Böden verrosteten, wenn sie keinen Wald mehr trugen. Früher hatte man Madagaskar wegen seiner ausgedehnten Wälder die »grüne Insel« genannt. Heute, da nur noch weniger als zehn Prozent dieser Wälder übrig waren, sprach man von der »roten Insel«.

Armin hatte keine Flugangst. Trotzdem war er erleichtert, als er das Sirren des Fahrgestells hörte und das Flugzeug wenig später rumpelnd auf dem Boden aufsetzte. Obwohl er es albern fand, klatschte er mit.
Armin war in Europa im Sommer gestartet und kam nun im »Südwinter« auf Madagaskar an. Von seiner letzten Reise wusste er aber noch, dass sich die Temperaturen im Hochland der Insel zumindest tagsüber kaum von der Sommertemperatur in Deutschland unterschieden. Er hatte seine Uhr bereits um eine Stunde vorgestellt, sie zeigte kurz vor zehn Uhr vormittags. Als Armin auf die Gangway trat, blickte er in einen wolkenlosen Himmel. Ein sanfter Wind berührte sein Gesicht wie lauwarmes Wasser.
Es waren nur etwa zweihundert Meter von der Gangway bis zum Flughafengebäude. Armin beschleunigte seinen Schritt, um bei der Passkontrolle nicht allzu weit hinten in der Schlange zu stehen. Trotzdem standen mindestens fünfzig Leute vor ihm. Armin atmete tief durch und schüttelte den Kopf. Jetzt spürte er, dass er in der Nacht im Flugzeug nur wenige Stunden unruhig geschlafen hatte und sehr müde war.
Eine schwarzhaarige, dunkelhäutige Frau ging durch die Reihen und verteilte kleine Formulare. »Pour la douane«, sagte sie dabei immer wieder, für den Zoll.
Armin kramte seinen Kugelschreiber aus dem Rucksack und holte seinen Reisepass mit der eingelegten Bordkarte aus der Seitentasche seiner Trekkinghose. Den Pass verwendete er als Schreibunterlage, außerdem würde er garantiert die Passnummer in das Formular eintragen müssen, wahrscheinlich auch noch die Flugnummer.
Name: Armin Kiefer, *Country:* Allemagne, *Town:* Waldkirch. Tatsächlich, jetzt wurde nach der Passnummer gefragt. *Address in Madagascar:* Wie hieß das Hotel doch gleich? Es reichte

wohl, wenn er Fianarantsoa eintrug. *Duration of visit:* 90 days. So lange ging sein Visum, verlängern konnte er es ja immer noch.
Eine Viertelstunde später sammelte die Frau die Formulare mit gelangweiltem Blick wieder ein.
»Mora mora« war das Motto in Madagaskar. Immer mit der Ruhe. Das hatte Armin bereits auf seiner letzten Madagaskarreise erlebt. In Madagaskar wartete man immer auf irgendetwas, aber man wartete mit Gelassenheit. Diese Gelassenheit fehlte den Deutschen, den Europäern, dem »Westen«. Warum waren die Menschen im »Süden« geduldiger, gelassener? Waren arme Menschen gelassener als reiche? Hatten sie erfahren, dass es nicht viel nutzte, sich aufzuregen?
Eine halbe Stunde später. Die Glaskabine war nur noch wenige Meter entfernt. Zwei uniformierte Männer und eine Frau waren mit der Passkontrolle beschäftigt. Der erste nahm den Pass entgegen, verglich das Bild kurz mit dem Passinhaber und schob den Pass unter die anderen Pässe, die sich neben einem Computerbildschirm stapelten. Die Frau am Computer nahm einen Pass von oben und hackte die Daten in die Tastatur. Der dritte nahm der Frau den Pass ab, forderte die Visagebühren ein und nahm das Zollformular entgegen. Zum Schluss wurde das Visum in den Pass gestempelt. Weiter ging's mit dem nächsten Pass. Endlich war Armin an der Reihe. Ein kurzer freundlicher Blick, Pass unter den Stapel, warten, warten, mora mora. Endlich lag der Pass oben, die Frau hackte die Daten ein, gab den Pass weiter. Visagebühren, Zollformular, Stempel.
Als Armin seinen Pass wiederhatte und zur Gepäckausgabe ging, stellte er überrascht fest, dass er gar keine Zeit verloren hatte. Am Gepäckband traf er wieder auf all jene, die bei der Passabfertigung vor ihm gewesen waren. Das Band war noch nicht einmal angelaufen. Mora mora.

Eine weitere halbe Stunde später trat Armin mit seinen beiden großen schwarzen Rollenkoffern in die lärmende Vorhalle des Flughafens. Dort stürzten gleich zwei verhärmte Gestalten auf ihn zu und wollten ihm sein Gepäck abnehmen. Einer von ihnen roch durchdringend nach Alkohol. Sie rissen ihm die Koffer regelrecht aus der Hand, und Armin hatte Mühe, sie wieder zurückzuerobern.
Er sah sich um und erblickte mehrere Namensschilder, die ihm entgegengehalten wurden. Auf einem davon las er »Dr. Kiefer«. Das musste ihm gelten, obwohl er keinen Doktortitel hatte. Hinter dem Schild stand ein freundlich und erwartungsvoll blickender junger Mann mit bronzefarbenem Teint, kurzen schwarzen Haaren und dunklen, mandelförmigen Augen. Auf Armins kurzes Handzeichen hin eilte er auf ihn zu, schüttelte ihm die Hand und verbeugte sich.
»Hello Doctor Kiefer, my name is Rakoto. Shall I speak English or French?«
An der Aussprache erkannte Armin, dass Französisch, die langjährige Amtssprache Madagaskars, wohl die bessere Wahl war.
»You can speak what you prefer, Mister Rakoto, I understand both«, antwortete er. »But I am not a doctor, please call me Armin.«
»Yes, Mister Armin, and you call me Rakoto, ok?«
»Bien sûr, Monsieur Rakoto.«

»Sind Sie zum ersten Mal in Madagaskar?«, fragte Rakoto, nachdem sie das Flughafengelände in einem japanischen Geländewagen, der einen stilisierten Baum und die Aufschrift »Global Forest Fund – Centre d'Ecologie de Fianarantsoa« auf den hinteren Türen trug, verlassen hatten, um die etwas mehr als 400 Kilometer in Angriff zu nehmen.

»Nein, vor achtzehn Jahren war ich schon einmal hier«, antwortete Armin.

Rakoto sah kurz nach oben, als ob er von dort eine Eingebung erwartete. Dann blickte er Armin in die Augen und lächelte.

»Damals war ich zwölf Jahre alt.« Nach einer kurzen Pause fügte er hinzu: »Und in Tana lebten wahrscheinlich nur halb so viele Menschen wie heute.«

Der Flughafen lag ungefähr achtzehn Kilometer nördlich der madagassischen Hauptstadt Antananarivo, die meist kurz Tana genannt wurde. Schon von Weitem war der langgestreckte Höhenzug zu erkennen, das Rückgrat von Tana. Sie fuhren durch einen belebten Vorort, die Straßen voll von Menschen und Fahrzeugen. Vor den verschachtelten Häusern mit zahlreichen Auf- und Anbauten reihten sich kleine Verkaufsstände aus Holz oder Beton aneinander, in denen Waren oder Speisen angeboten wurden. Auch zwischen den Ständen, wo noch Reste eines ehemaligen Gehwegs zu erkennen waren, saßen bunt gekleidete Frauen und verkauften Obst und Gemüse. Man sah viel mehr Menschen, die etwas verkaufen wollten, als Käufer. Das war Armin schon vor achtzehn Jahren aufgefallen.

Da um die Mittagszeit viele Menschen unterwegs waren, kam Rakoto nur im Schritttempo vorwärts. Immer wieder bremste er ab, weil jemand die Straße überquerte oder mit einem Fahrzeug von der Seite einscherte. Aber auch hier fiel Armin auf, dass Rakoto und auch die Menschen auf der Straße entspannt und zufrieden wirkten. Keine Hektik, keine grimmigen Gesichter. Ein freundliches Lächeln, vielleicht ein kurzes Handzeichen, und die Sache war erledigt.

»Dies hier war früher noch ein kleines ländliches Dorf«, sagte Rakoto, als sie an einem mit Marktständen gefüllten Platz vorbeifuhren. »Inzwischen wurde es von Tana geschluckt.«

»Wie viele Einwohner hat Tana heute?«, fragte Armin.
»Das weiß keiner so genau«, antwortete Rakoto. »Mit dem Umland dürften es ungefähr zwei Millionen sein.«
»Insgesamt hat Madagaskar etwa 20 Millionen Einwohner, oder?«, hakte Armin nach.
»Ja, so ungefähr. Aber da es jedes Jahr etwa drei Prozent mehr werden, muss man sich die Zahl nicht merken. Vielleicht sind wir jetzt auch schon 21 Millionen.«
»Das klingt aber ziemlich resigniert.«
»Ja, das ist auch ein großes Problem! Wir kommen wirtschaftlich einfach nicht voran. Jeder Fortschritt wird wieder vom Bevölkerungswachstum aufgefressen.«
Der Verkehr wurde immer dichter. Trotzdem hupte kaum jemand, niemand machte sich mit wütenden Gesten Luft.
»Hat es unter dem neuen Präsidenten nicht einen wirtschaftlichen Aufschwung gegeben? Bei uns wurde das in der Presse so dargestellt, als unser Bundespräsident Köhler vor zwei Jahren in Madagaskar war.«
»Ja, am Anfang waren alle mit Ravalomanana zufrieden.«
Hätte Armin den Namen nicht aus der Presse gekannt, hätte er ihn wahrscheinlich nicht verstanden, da Rakoto ihn kürzer aussprach, als man es nach der Schreibweise erwartet hätte. In seinem kleinen Sprachführer hatte Armin gelesen, dass die Vokale am Ende eines Wortes oder einer Silbe oft verschluckt wurden. Ravalomanana klang dann wie »Ravalmanan«. Mit rollendem R und vier A. R und A waren die meistgebrauchten Buchstaben der madagassischen Sprache.
»Er hat etwas für die internationalen Beziehungen getan, und das brachte Geld ins Land. Jetzt haben wir die Finanzkrise. Diese trifft arme Länder wie Madagaskar mehr als reiche Staaten. Der Präsident ist dagegen zwar machtlos, aber er ist sehr bemüht darum, seinen eigenen Reichtum zu sichern.«

»Aber Ravalomanana hat doch einiges für den Naturschutz getan und will die Schutzgebiete deutlich erweitern. Sonst wäre ich wahrscheinlich gar nicht hier«, wandte Armin ein.
»Ja, das stimmt. Bei vielen Madagassen kommt das aber nicht so gut an. Vor allem nicht bei denen, die persönlich betroffen sind«, erwiderte Rakoto.
»Ja, das ist nicht nur in Madagaskar so, sondern auch bei uns in Deutschland. Obwohl es dort viel weniger Arme gibt«, bemerkte Armin.

Nachdem sie einen kleinen Fluss überquert hatten, breitete sich vor ihnen eine weite Ebene mit Reisfeldern aus, auf denen zu dieser Jahreszeit, mitten im Südwinter, verschiedene Brauntöne vorherrschten. Auf den Feldern standen oft noch die abgeernteten, hellbraunen Halme, auf einigen sah man umgegrabene, rot- oder schwarzbraune Erde, auf anderen stand Wasser. Einige frischgrüne Felder stachen heraus, sie sahen aus wie saftige Wiesen. Rakoto erläuterte, dass hier der Reis angezogen wurde, um ab Mitte August in die Felder gepflanzt zu werden. Das erledigten meist Frauen in Handarbeit.
Zwischen den Reisfeldern stand etwas erhöht eine Gruppe von kleinen Häusern aus rostrotem Lehm.
»Das sind die typischen Hochlandhäuser«, sagte Rakoto. »Früher gab es hier gar keine Häuser aus Ziegeln oder Beton«.
Nachdem sie in der Senke mit den Reisfeldern hatten rascher fahren können, ging es auf der mit einem bunten und chaotischen Häusergewirr überzogenen Anhöhe wieder kaum voran.
Als sie sich dem Stadtzentrum näherten, erkannte Armin am höchsten Punkt die alles überragende Fassade der Rova, des ehemaligen Königspalastes. Die Ecktürme schienen Armin jedoch deutlich kürzer, als er sie in Erinnerung hatte, außerdem fehlte das Dach.

Armin drehte den Kopf zu Rakoto. »Wird der Königspalast gerade renoviert?«

Rakoto runzelte die Stirn. »Vor etwa zwölf Jahren ist die Rova abgebrannt. Alle Holzgebäude wurden zerstört, geblieben ist nur das Steingebäude des Palastes der Königin.«

»Jetzt erinnere ich mich, es stand sogar bei uns in der Zeitung.«

»Es war Brandstiftung«, sagte Rakoto ernst. »Mit den Holzgebäuden des Königspalastes ist unser ganzes Kulturerbe verbrannt. Die Rova war unser bedeutendstes Museum.«

Nachdem sie ein Industriegebiet mit großen Lagerhallen durchquert hatten, bog Rakoto rechts ab. Hinter einer Baumgruppe tauchte ein imposantes, langgestrecktes Gebäude auf, das mit seiner das Dach umgebenden Balustrade und dem gewölbten, zu einem Turm aufstrebenden Mittelbau fast aussah wie ein barockes Schloss. Armin erinnerte sich daran, dass er mit Renate in dem Gebäude gewesen war, um Fahrkarten zu kaufen – es war der Hauptbahnhof von Tana. Der Platz vor dem Bahnhof war fast menschenleer – überraschend in dieser übervollen Stadt.

»Der Bahnhof wird gerade renoviert«, sagte Rakoto, als ob er Armins Gedanken lesen konnte.

»Und was ist mit den Zügen?«, fragte Armin.

»Die fahren nur noch unregelmäßig. Die Strecke nach Antsirabe wurde ganz eingestellt, und nach Andasibe fährt nur noch ab und zu ein Zug.«

»Warum, sind die Gleise nicht mehr in Ordnung?«, fragte Armin.

»Es liegt eher daran, dass Madarail fast keine fahrtüchtigen Loks mehr hat. Die Ersatzteile sind nur sehr teuer aus Europa zu bekommen.«

Vor dem Hauptbahnhof bogen sie nach links in die Prachtstraße Tanas ein, die Avenue de l'Indépendance. Die breite, durch einen Grünstreifen mit Palmen und anderen tropischen Pflanzen unterbrochene Straße und die aneinandergereihten, einheitlichen

Gebäude mit ihren Arkaden und Balkonen wirkten allerdings eher südeuropäisch, als dass sie auf die Unabhängigkeit Madagaskars hingewiesen hätten.

Am Ende der Avenue hielt Armin nach den weißen Schirmen des Zoma Ausschau, des zentralen Marktes von Tana. Damals hatten Renate und er in einem Hotel direkt neben dem Markt gewohnt, im achten oder neunten Stock. Dort hatte Armin den Markt von oben fotografiert. Es war eines von Armins Lieblingsmotiven: Die von der Sonne beschienenen weißen Schirme überstrahlten das bunte Gewirr aus Menschen, Obst, Gemüse und anderen Waren. Armin liebte Luftaufnahmen. Eine Situation von oben zu überblicken, war ihm lieber, als sich mitten im Geschehen zu befinden.

Statt der weißen Schirme war der größte Teil des Marktplatzes nun jedoch mit Autos vollgestellt, dahinter erhoben sich die in der Kolonialzeit erbauten Markthäuser mit ihren helmförmigen Ziegeldächern. Davor reihten sich bunte Verkaufsstände aneinander.

»Heute ist wohl kein Markttag?«, wandte sich Armin an Rakoto. Rakoto lachte. »In Tana ist jeder Tag ein Markttag. Früher war hier nur freitags Markt, er war dann viel größer als jetzt.«

Nach dem Markt fuhren sie durch einen kurzen Tunnel, wenig später führte die Straße am Ufer eines kleinen Sees entlang, dessen Wasseroberfläche das Blau des Himmels spiegelte.

»Das ist der Lac Anosy«, sagte Rakoto und deutete mit dem Kinn nach rechts. In der Mitte des Sees stand auf einer klobigen Säule eine schlanke Engelsstatue mit großen, nach oben geklappten Flügeln und hielt einen Lorbeerkranz in die Höhe. War er mit Renate damals auch an diesem See gewesen? Armin konnte sich nicht mehr daran erinnern.

Nun bogen sie aus dem Kreisverkehr auf die Route Nationale 7 ab, die nach Süden führte. Rechts neben der Straße floss ein schmutziger Kanal, an dem sich eine Siedlung aus ärmlichen

Holz- und Blechhütten entlangzog. Das Kanalufer war sehr belebt, auch hier wurden Waren feilgeboten. An der steilen Böschung lagen bunte Kleider zum Trocknen. Das ist wohl so etwas wie ein Slum, dachte Armin, doch die fröhlich und zufrieden wirkenden Menschen straften das hässliche Wort Lügen.

Eine ganze Zeitlang durchfuhren sie noch die Vororte der Hauptstadt, die immer wieder durch Reisfelder unterbrochen wurden. Die Straße war in recht gutem Zustand, nur ab und zu musste Rakoto einem Schlagloch ausweichen.

Armin schlug seine Karte auf, um sich zu orientieren. Die schroffen Berge, die sich rechts in einiger Entfernung erhoben, gehörten zum vulkanischen Ankaratra-Gebirge, dessen höchste Gipfel bis über 2600 Meter anstiegen. Allerdings befanden sie sich hier im Hochland Madagaskars sowieso schon auf etwa 1200 Metern über dem Meer.

Armin steckte seine Karte ins Seitenfach.

»Stammst du hier aus dem Hochland?«

»Aus dem Hochland schon, aber nicht aus Tana. Mein Elternhaus steht in der Nähe von Fianar«, antwortete Rakoto.

Auch Fianarantsoa wurde offenbar abgekürzt, erkannte Armin.

»Dann gehörst du zu den Betsileo?«, wollte er wissen.

Rakoto musterte ihn kurz und zog erstaunt die Augenbrauen hoch.

»Sie kennen sich aber gut aus. Sogar ich als Madagasse muss mich konzentrieren, wenn ich unsere achtzehn Volksgruppen aufzählen will.«

Armin schüttelte lächelnd den Kopf. »Alle Volksgruppen bekomme ich sicher nicht zusammen. Aber die Merina in der Umgebung von Tana und die Betsileo südlich davon sind mir ein Begriff.«

»Und ich bin eine Mischung aus beiden. Meine Mutter ist Merina, mein Vater Betsileo.« Rakoto sprach Merina wie »Märn« mit rollendem R aus, das abschließende A war nicht zu hören.
»Ich habe gehört, dass alle Volksgruppen dieselbe Sprache sprechen«, sagte Armin.
»Ja, das stimmt. Es gibt zwar unterschiedliche Dialekte, aber wir verstehen uns alle«, erwiderte Rakoto, während er den Wagen geschickt um ein großes Schlagloch herumlenkte.
»Versteht ihr euch wirklich oder gibt es Konflikte zwischen den Volksgruppen?«
»Konflikte gibt es eher zwischen Arm und Reich. Wenn es den Menschen schlecht geht, wird jeder beneidet, der ein bisschen mehr hat«, sagte Rakoto ernst.

Da die RN 7 gut ausgebaut war, kamen sie recht schnell voran. Nur ab und zu rumpelte es oder Rakoto wich mit ruhigen Lenkbewegungen einem größeren Schlagloch aus. Armin fielen immer wieder die Augen zu.
Plötzlich wurde Armin nach vorne gerissen. Konnte sich gerade noch am Armaturenbrett abstützen. Hupen. Ein dunkelgrüner Kombi kam direkt auf sie zu. Quietschende Reifen. Knallt es jetzt?, dachte er entsetzt.
Erst, als Armin einen voll besetzten, weinroten Kleinbus vorbeituckern sah, aus dem einige Leute fröhlich winkten, wurde ihm klar, was passiert war. Der grüne Kombi hatte den Bus überholt, ohne auf den Gegenverkehr zu achten, und es nur durch Rakotos Bremsmanöver geschafft, wieder auf seine Fahrbahn einzuscheren. Rakoto sah Armin aufmunternd an, zuckte mit den Schultern und beschleunigte wieder.
Armin atmete tief aus. Erst jetzt bemerkte er, dass er den Atem angehalten hatte. Er fühlte sich wie gelähmt. Sah Manuel, wie er

seltsam gekrümmt in einer Blutlache lag. Einige Meter daneben sein demolierter Roller, den Renate und er ihm zum sechzehnten Geburtstag geschenkt hatten. Er hätte kein Licht angehabt, hatte der Fahrer des Wagens gesagt, der Manuel beim Auffahren auf die Bundestraße die Vorfahrt genommen hatte. Mit 2,3 Promille Alkohol im Blut.

Der voll besetzte Kleinbus musste ein »Taxi-Brousse« gewesen sein, ein Buschtaxi. Damit waren Renate und er vor achtzehn Jahren auch meist unterwegs gewesen. Weil es am wenigsten kostete. Damals hatten sie gerade ihr Studium beendet und wollten möglichst billig durch Madagaskar reisen. Der Flug war schon teuer genug gewesen. Nachdem sie ein paar Tage in Tana verbracht hatten, waren sie in Richtung Süden aufgebrochen. Genau wie Armin heute.

Armin seufzte und blickte hinaus in die bergige Landschaft, die mit ihren braunen Hügeln und den verstreut umherliegenden grauschwarzen, abgerundeten Granitblöcken fast malerisch wirkte. An einem kleinen Fluss wuschen bunt gekleidete Frauen ihre Wäsche. Ein Teil lag bereits als farbiger Flickenteppich zum Trocknen auf einem großen Granitblock. Armin sah, wie die Frauen fröhlich miteinander scherzten, Fetzen eines Liedes drangen an sein Ohr. Diesen Leuten ging es besser als ihm, dachte er für einen Moment.

»Wo sind wir gerade?«, fragte er. Durch sein Dösen hatte er das Zeitgefühl verloren.

»Bald sind wir in Antsirabe«, antwortete Rakoto, der die Betonung auf die letzte Silbe legte. »Waren Sie dort auch?«

»Ja, wir sind von Tana mit dem Zug nach Antsirabe gefahren«, antwortete Armin.

Rakoto stutzte kurz und lachte dann: »Ach ja, damals ist der Zug ja noch regelmäßig gefahren!«

Sie fuhren an einer Gruppe bunt gekleideter Frauen vorbei, die ihre Waren in Strohkörben auf dem Kopf balancierten. Wahrscheinlich waren sie unterwegs zum Markt, dachte Armin. Bald standen die rotbraunen Lehmhütten links und rechts der Straße dichter. Von Weitem sah Armin rechts am Straßenrand ein grün bemaltes Gestell mit einem leuchtend roten Dach. Als sie näher kamen, erkannte er einen zweirädrigen Karren mit zwei nach vorne ragenden Stangen.

»Antsirabe ist die Pousse-Pousse-Stadt«, sagte Rakoto und schaute lachend zu Armin, als sie an dem Gefährt vorbeifuhren.

»Ja, das kenne ich noch«, sagte Armin, »ich habe mich allerdings immer gefragt, warum es Pousse-Pousse heißt, wo es doch gezogen wird.«

»Ja, schon. Früher wurde das Pousse-Pousse aber nicht für die Beförderung von Personen, sondern für den Transport von schweren Lasten eingesetzt, und da gab es meist einen zweiten Mann, der von hinten geschoben hat.«

»Ah ja«, sagte Armin. Er erinnerte sich daran, dass Renate und er damals die armen Madagassen bedauert hatten, die barfuß und im Laufschritt andere Menschen durch die Stadt zogen. Die Reichen ließen sich von den Armen ziehen. Da hatte sich ein schleichendes Unbehagen in ihnen ausgebreitet. Dabei waren die meisten Fahrgäste gar keine Touristen, sondern Inder oder Chinesen, die sich in Madagaskar als Händler niedergelassen hatten. Als Renate und er aber von einem See außerhalb von Antsirabe, zu dem sie zu Fuß gegangen waren, wieder in die Innenstadt zurück wollten, wurden sie von den dort wartenden Pousse-Pousse-Betreibern derart bedrängt, dass sie sich doch hineinsetzten. Die Madagassen wollten ja auch etwas verdienen und hatten gar nichts davon, wenn die Touristen zu Fuß gingen, beruhigten sie sich.

Gegenüber Tana wirkte Antsirabe fast mondän: breite Alleen, gepflegte Häuser, große Plätze.

»Antsirabe wurde im 19. Jahrhundert von einem norwegischen Missionar gegründet«, erläuterte Rakoto. »Es liegt 1500 Meter hoch, das Klima ist hier sehr angenehm. In der Kolonialzeit kamen die Plantagenbesitzer von der Ostküste zur Erholung hierher.«
Als sie an einem Markt vorbeifuhren, erinnerte sich Armin an die Aufnahmen, die er damals gemacht hatte. Verkaufsstände mit kunstvoll aufgestapelten Bergen von Karotten und Tomaten. Akkurat am Boden aufgereihte Strohhüte, meist strohgelb, manchmal fast weiß, oft mit eingeflochtenen rot oder grün gefärbten Halmen. Damals trugen fast alle diese Hüte, heute sah Armin sie fast nur auf den Köpfen von Frauen und alten Männern. Die jüngeren Männer trugen wie in Europa meist Baseballkappen.
Als sie den Rand der Innenstadt erreicht hatten, las Armin auf einem nach rechts weisenden roten Holzschild die Aufschrift »Hôtel des Thermes«.
»Hier haben wir damals übernachtet«, sagte Armin und zeigte auf das Schild. Rakoto reagierte rasch, bog nach rechts ab und fuhr über einen großen Platz auf eine barock wirkende Gartenanlage zu, an die ein lang gestrecktes, schlossähnliches Gebäude angrenzte. An die weinroten Säulen und den Mittelbau mit seinem zierlichen Turm konnte Armin sich noch erinnern – nein, eigentlich erinnerte er sich nur an das Foto, das er davon gemacht hatte.
»Möchten Sie aussteigen und sich umschauen?«, fragte Rakoto.
Armin nickte und öffnete die Tür. Durch das lange Sitzen taten ihm die Glieder weh, sodass ein bisschen Bewegung gut tun würde. Auch Rakoto stieg aus und blickte auf den mondänen Bau.
»Das ist die angemessene Unterkunft für einen Europäer«, sagte er. »Für uns Madagassen ist das zu teuer.«
Armin überlegte, was er darauf erwidern sollte – der Preis war damals nicht höher als der eines deutschen Mittelklassehotels gewesen.

»Wir waren noch Studenten und hatten auch nicht viel Geld«, sagte Armin zögernd, »aber ich denke, viel Geld ist für uns Europäer etwas anderes als für euch Madagassen.«
Rakoto sah Armin lächelnd an.
»Ja, das stimmt. Mit wem waren Sie denn damals hier?«
Armin zuckte zusammen.
»Mit meiner Frau«, antwortete er knapp und wandte den Blick ab.
Nach einer deutlichen Pause fragte Rakoto vorsichtig:
»Haben ... eh ... haben Sie Ihre Frau in Europa zurückgelassen?«
Auch Armin zögerte mit seiner Antwort. Er wusste nicht, wie man in Madagaskar mit diesem Thema umging, und er wollte auch nicht darüber sprechen.
»Ja ... wir haben uns ... getrennt.«
»Das tut mir leid«, sagte Rakoto und sah Armin freundlich in die Augen.
»Fahren wir weiter?«
»Gern«, sagte Armin, »fahren wir weiter.«
Armin war froh, dass Rakoto nicht nach Kindern oder dem Grund für ihre Trennung gefragt hatte. Er begann zu zweifeln, ob Madagaskar das richtige Ziel für seine Flucht war. Überall wurde er an die vergangene Reise mit Renate erinnert. Und wenn er an Renate dachte, tauchte das Bild von Manuel vor seinem inneren Auge auf. Manuel in einer Blutlache auf der Straße. Manuel als bleicher, gelockter Engel im Sarg.
Armin versuchte, sich auf die vorüberziehende Landschaft zu konzentrieren. Die Natur zu betrachten hatte immer eine beruhigende Wirkung auf ihn gehabt. Aber hier sah er keine Natur, er sah nur vom Menschen gestaltete Kulturlandschaft. Die kahlen Hügel waren in treppenförmige Terrassen gegliedert, die ihn an die Weinberge des Kaiserstuhls erinnerten.
»In Deutschland gibt es auch solche Terrassen, aber darauf wird meist Wein angebaut«, sagte er, zu Rakoto gewandt.

»Die Betsileo sind Meister des Terrassenbaus. Das hängt wohl damit zusammen, dass sie aus Südostasien stammen«, sagte Rakoto. »Auf den Terrassen wird Reis angebaut, aber Wein gibt es bei uns auch. Die Franzosen haben ihn mitgebracht.«
Tatsächlich fuhren sie einige Zeit später an Reben vorbei, die jetzt im Winter jedoch keine Blätter trugen.
»Ich kann mich nicht erinnern, vor achtzehn Jahren Reben gesehen zu haben«, bemerkte Armin.
»Das kann gut sein. In letzter Zeit nimmt der Weinbau zu, vor allem in der Umgebung von Fianar. Man kann mehr Geld damit verdienen als mit Reis«, sagte Rakoto, »aber die meisten Madagassen können sich den Wein nicht leisten.«
»Ja, das kann ich mir denken«, sagte Armin und deutete nach vorn, wo eine Zebuherde am Straßenrand entlanggetrieben wurde. »Das wenige Geld, das sie haben, brauchen sie wahrscheinlich für Zebus wie diese da.«
»Ja, das stimmt. In Antsirabe gibt es sogar eine Bank, bei der man Zebus auf Kredit bekommt.«
»Das ist ja fast so, wie man bei uns ein neues Auto finanziert«, sagte Armin.
Rakoto fuhr langsam an den dunkelbraunen Zebus mit ihren puddingartig schwabbelnden Höckern vorbei.
Entlang der Straße waren immer wieder gemauerte Rechtecke mit aufgesetzten Kreuzen zu sehen. Offensichtlich handelte es sich um Gräber, einfach und schmucklos. Ganz anders als die Gräber der Mahafaly im Süden von Madagaskar, die Armin bei seiner früheren Reise gesehen hatte. Sie galten als Sehenswürdigkeit, da sie mit Zebuhörnern und kunstvoll geschnitzten Holzstelen versehen waren, die vom Leben der Verstorbenen erzählten. Manche der neueren Gräber waren sogar von einem bunt angemalten Flugzeugmodell aus Gips gekrönt. Der dort Begrabene war also reich gewesen, denn er hatte sich einen Flug leisten können.

Armin dachte an Manuels Grab. Es trug noch immer das einfache Holzkreuz. Weder Renate noch er waren in der Lage gewesen, sich um einen Grabstein zu kümmern. Obwohl Armin selten in die Kirche ging, war er mindestens einmal in der Woche zum Grab gegangen, um zu beten. Anfangs mit Renate, später allein. Manchmal hatte er in seinem Gebet sogar gewünscht, dass es Manuel im Jenseits gut gehen möge, obwohl er nicht wirklich an ein Leben nach dem Tod glaubte. Nein, Atheist war er nicht, aber Agnostiker. Ein Zweifler, der nicht wusste, ob er glauben sollte oder nicht. Vielleicht dachte er wie der eine der beiden Männer, deren Gespräch er einmal in einem Wiener Kaffeehaus unfreiwillig mit angehört hatte. Der eine hatte auf die Frage des anderen, ob er an Gott glauben würde, nach kurzem Überlegen in breitem Wienerisch geantwortet: Nein, eigentlich nicht, aber vorsichtshalber würde er trotzdem beten. Es könne ja doch was dran sein.

»Hier, eine Famadihana.« Rakoto zeigte nach rechts und fuhr langsamer. Armin schreckte aus seinen Gedanken. Etwa zweihundert Meter von der Straße entfernt bewegte sich eine dichte Menschentraube rhythmisch hin und her. Auf dem wogenden Menschenmeer schienen längliche, weiße Bündel zu schwimmen. Fetzen von Musik drangen herüber. Als Armin in der Mitte der Menschenmenge eine Mauer und ein Steinkreuz erkannte, wurde ihm bewusst, was Famadihana bedeutete – es war die im Hochland von Madagaskar übliche Umwendung der Toten. Er hatte es zwar noch nicht selbst erlebt, aber einen Film darüber gesehen. Armin wusste nun auch, was in den weißen Bündeln war. Es waren die Toten, die man kurz zuvor gewaschen und in neue Leintücher gewickelt hatte.
Rakoto hatte inzwischen am Straßenrand angehalten. »Famadihana ist die Umwendung der Toten«, erläuterte er.

»Ja, ich habe davon gehört«, antwortete Armin und schluckte. Warum musste er gleich zu Beginn seiner Reise wieder mit dem Tod konfrontiert werden?

»Sollen wir aussteigen und hinüber gehen?«, fragte Rakoto. »Die Leute haben bestimmt nichts dagegen«, fügte er hinzu, als Armin ihm einen zweifelnden Blick zuwarf.

»Nein, danke«, sagte Armin, schroffer als beabsichtigt. »Mir reicht es, wenn ich es von hier sehe.«

Als er damals mit Renate in Madagaskar war, hatten sie im Reiseführer von dieser merkwürdigen Zeremonie gelesen. Wie die Mahafaly-Gräber galt auch die Famadihana als touristische Sehenswürdigkeit. Sie hatten sogar mehrmals gefragt, ob irgendwo eine stattfinden würde. Doch meist war der Weg dorthin zu weit gewesen.

Nun waren es nur zweihundert Meter, und er wollte nur weg von hier. Würde er mittanzen, wenn Manuel in einem der weißen Bündel wäre? Armin erschauerte und drückte sich in den Sitz. Der Tod schien ihn auf Schritt und Tritt zu begleiten. Mit Manuels Tod verband er nichts als Schmerz und Trauer.

»Ich verstehe nicht, wie die Menschen so fröhlich sein können, wenn sie ihre Toten aus den Gräbern holen«, sagte Armin bedrückt.

»Wir Madagassen glauben, dass die Verstorbenen nicht wirklich tot sind, sondern in einer anderen Welt weiterleben«, erwiderte Rakoto mit freundlichem Blick.

»Ja, aber das glauben die Christen auch. Trotzdem ist der Tod für sie nur mit Trauer verbunden.«

»Eine Beerdigung ist in Madagaskar auch eine traurige Angelegenheit. Aber bei der Famadihana nehmen wir Kontakt mit unseren Ahnen auf. Das ist dann ein freudiger Anlass.«

Teresa

Armin schrak hoch. War er im Auto eingeschlafen? Nein, er lag auf dem Bett seines Hotelzimmers, das der GFF für ihn gebucht hatte. Und er hatte geträumt. Schon wieder diesen Traum, der ihn offenbar bis nach Madagaskar verfolgte. Wieder nackt, wieder die graue Wüste, wieder die schwarze Wand. Nach Manuels Tod hatte er diesen Traum schon öfter geträumt. Was hatte er zu bedeuten? War alles sinnlos geworden?
Armin grübelte und wälzte sich im Bett. An Schlaf war nicht mehr zu denken. Er war froh, als der Radiowecker auf dem niedrigen Bambustischchen neben seinem Bett endlich sechs Uhr anzeigte und es draußen dämmerte.
Er duschte und begab sich in den Frühstücksraum. Auch dieser war mit Möbeln aus dunkel gebeiztem Bambus eingerichtet, genau wie sein Zimmer. Die runden, etwas klobigen Formen strahlten eine rustikale Harmonie aus. In den Ecken rankten üppige tropische Gewächse empor. Von dort wanderte Armins Blick zu einem großen Tisch an der Breitseite des Raums, auf dem Teller, Schüsseln, Gebäck, Früchte und anderes bereitstanden. Auch hierher hatte es das Frühstücksbüffet also bereits geschafft, dachte Armin. Eigentlich war er eher in der Stimmung, sich zu setzen und bedienen zu lassen. Doch der Anblick der Früchte versöhnte ihn, als er an den Tisch trat: orangefarbene Papaya-Schnitze, in der halbierten Frucht aufgereihte Ananasstücke, Mandarinen und Bananen. Mangos und Litschis, für die Madagaskar bekannt war, gab es zu dieser Jahreszeit nicht.
Nach dem Frühstück blätterte Armin lustlos in einer französischsprachigen Tageszeitung. Die weltweite Finanzkrise, die

sich auch auf Madagaskar auswirkte. Der Schlagabtausch zwischen Präsident Ravalomanana und Rajoelina, dem neuen Bürgermeister von Tana.
Als Armin aufsah, erblickte er Rakoto, der lächelnd auf ihn zukam und ihm die Hand entgegenstreckte.
»Guten Morgen, Monsieur Kiefer. Haben Sie gut geschlafen?«
Armin nahm Rakotos Hand und schüttelte sie.
»Wie ein Murmeltier!« Armin erschrak über seine Unehrlichkeit.
»Was ist ein Murmeltier?«, fragte Rakoto.
»Oh! Ja, das gibt es ja in Madagaskar nicht. Das Murmeltier lebt in den Bergen, gräbt Höhlen und hält einen langen Winterschlaf.«
»Aha, ich verstehe«, lächelte Rakoto. »Der Winter ist bei Ihnen so kalt, dass man ihn am besten verschläft.«
Das Hotel lag am Rande der Neustadt von Fianar, nicht weit von der historischen Oberstadt entfernt. Obwohl die Straßen schon jetzt sehr belebt waren, hatten sie nach zwei, drei Minuten die Unterstadt mit ihren bunt zusammengewürfelten Häusern erreicht. Zwischen flachen Lagerhallen mit rostigen Blechdächern, grauen Bürohäusern und verschachtelten Wohnhäusern sah man immer wieder rote Ziegelbauten aus der Kolonialzeit mit ihren typischen Holzbalkonen, die durch die dort aufgehängte Wäsche bunt und heimelig wirkten.
In der Ferne sah Armin bereits das markante Bahnhofsgebäude mit seiner gelben Fassade und dem gewaltigen dunkelroten Ziegeldach. Bevor sie den Bahnhof erreichten, bog Rakoto links ab in eine Seitenstraße. Er hielt vor einem grauen, mehrstöckigen Betongebäude. Rakoto stieg aus und ging um das Fahrzeug herum. Rasch drückte Armin die Tür auf und stieg aus.
»Sie müssen mir nicht die Tür aufhalten, Rakoto! Das fangen wir gar nicht erst an«, sagte er und schlug die Tür zu.

Rakoto lächelte irritiert und ging voraus zu einer vergitterten Tür. Er holte seinen Schlüsselbund aus der Tasche, steckte einen Schlüssel ins Schloss und drehte ihn mehrmals um. Als sie hindurch waren, schloss er wieder ab.

»Wir wollen unsere Computer noch eine Weile behalten«, sagte er schulterzuckend, als wolle er sich für seine Landsleute entschuldigen.

Von einem dunklen Flur gingen mehrere Türen ab. Rakoto drückte die Klinke der ersten Tür rechts herunter und ging voraus in einen Raum mit zwei Schreibtischen und zahlreichen offenen Wandregalen, die mit sauber beschrifteten Ordnern gefüllt waren. Armin schätzte den Raum auf etwa zwanzig Quadratmeter. Geradeaus führte eine graue Holztür in einen weiteren Raum, auf der rechten Seite ging ein kleines, außen vergittertes Fenster zur Straße. Die beiden Schreibtische standen mit der Rückseite aneinander, sodass man sich gegenüber saß. Auf jedem stand rechts ein Desktop-PC mit einem Röhrenbildschirm.

»Haben wir auch Internet?«, fragte Armin. Er wusste, dass dies in Madagaskar nicht selbstverständlich war.

»Ja, seit einem halben Jahr sind wir mit der Welt verbunden«, antwortete Rakoto und verzog das Gesicht zu einem breiten Grinsen.

»Wo ist unsere Kollegin?«, fragte Armin, nachdem er sich im Büro umgesehen hatte. Bisher wusste er nur, dass sie Primaten-Forscherin war, aus der Schweiz kam, 33 Jahre alt, ledig, keine Kinder.

»Teresa kommt meist gegen neun«, antwortete Rakoto, »wenn sie nicht in der Außenstation ist.«

»Richtig, von der Station im Regenwald steht etwas in meinen Unterlagen.« Armin zeigte auf die Schreibtische. »Das sind nur zwei, welcher gehört denn mir?«

»Der steht im anderen Zimmer. Als Chef haben Sie eine Einzelzelle«, sagte Rakoto grinsend.
»Ich denke, wir sind ein Team?«
Rakoto lachte. »Ja, aber einer ist immer der Chef.«
Er ging zur Tür, drehte sich dann aber noch einmal zögernd zu Armin um.
»Ich … ich muss Ihnen noch etwas über Teresa sagen, bevor sie kommt. Sie … sie hatte sich ebenfalls um die Projektleitung beworben.«
»Oh! Gut, dass du mir das sagst. Warum hat sie deiner Meinung nach die Stelle nicht bekommen?«
»Ich … ich denke, weil sie eine Frau ist.«
»Und Frauen haben hier in Madagaskar wenig zu sagen?«
»In den Städten ist es schon deutlich besser geworden, auch in der Politik gibt es immer mehr Frauen. Aber wir haben es hier mit abgelegenen Dörfern zu tun, und ein Dorfältester lässt sich von einer Frau nichts sagen.«

Armins Büro war ungefähr genauso groß wie das seiner beiden Mitarbeiter. In der Mitte des Raums stand ein wuchtiger Schreibtisch aus dunklem Holz, links davon war die Wand durch ein großes Holzregal mit Ordnern vollgestellt. Rechts unter dem kleinen Fenster stand ein runder Besprechungstisch mit drei Stühlen, ebenfalls aus dunkel gebeiztem Holz.
Armin setzte sich an seinen Schreibtisch und schaltete den Computer ein. Das Betriebssystem war nicht gerade auf dem neuesten Stand. Dann ging eben alles etwas langsamer, das war nicht so schlimm. Das Internet funktionierte immerhin. Aber warum war ihm das überhaupt so wichtig? Um mit der Welt in Kontakt zu bleiben? Gestern hatte er noch darüber nachgedacht, ob seine Reise nach Madagaskar eine Flucht war. Und heute sorgte er sich darum, ob das Internet funktionierte. Aus

alter Gewohnheit? Oder weil er den Kontakt doch nicht völlig abbrechen lassen wollte?

Ein lautes Klopfen ließ Armin zusammenzucken. Er wollte »Herein!« sagen, doch die Tür ging schon auf. Ein keckes Mädchengesicht erschien im Spalt.

»Ich darf doch reinkommen, odr?«

Bevor er antworten konnte, stand eine schlanke, drahtige Frau vor seinem Schreibtisch und streckte ihm die Hand entgegen.

»Ja, natürlich.« Armin stand auf und nahm Teresas Hand. Er spürte einen kräftigen Händedruck, den er zu erwidern versuchte.

»Grüezi, ich bin die Teresa!«

»Grüß Gott, ich bin der Armin.«

Die Frage nach dem Du schien gar nicht erst aufzukommen. Teresa war nur wenige Zentimeter kleiner als Armin. Über ihrer beigen Cargohose trug sie eine weinrote, kurzärmlige Leinenbluse. Ihr dunkelbraunes, kräftiges Haar hatte sie zu einem Zopf geflochten, der über ihre rechte Schulter hing. Er war es wohl, der ihr dieses mädchenhafte Aussehen verlieh. Oder waren es ihre wachen, grün-braunen Augen? Oder ihr spitzbübischer Blick?

Armin stützte sich mit gespreizten Fingern auf seinem Schreibtisch ab. Teresa stand ihm gegenüber, verschränkte die Arme vor der Brust und sah ihn herausfordernd an. Armin trat verlegen von einem Fuß auf den anderen.

»Wie war deine Reise?«, fragte Teresa, noch bevor Armin sich einen Einstieg in das Gespräch überlegen konnte.

»Danke, es hat alles geklappt«, antwortete Armin und sah sich suchend um.

»Sollen wir uns setzen?«, schlug er vor und zeigte auf den Besprechungstisch.

»Ja, gerne. Rakoto könnte uns einen Kaffee machen, odr?«
»Gute Idee«, antwortete Armin. »Und dann können wir gleich unsere erste Teambesprechung abhalten.«
»Jawohl, Chef«, sagte Teresa grinsend und nahm eine stramme Haltung an.
Armin hob ruckartig das Kinn und zog die Augenbrauen zusammen. Hatte Teresa Probleme damit, dass er der Chef war und sie die Stelle nicht bekommen hatte? Sollte er sie darauf ansprechen? Lieber nicht.
Teresa ging zur Tür und rief Rakoto auf Französisch zu, er solle bitte einen Kaffee machen und dann zur Teamsitzung kommen.
Armin ging zum Besprechungstisch, blickte zu Teresa und deutete auf einen Stuhl. Sie zog den Stuhl zurück und setzte sich schwungvoll. Armin nahm ihr gegenüber Platz.
»Ich habe vom GFF nur ein paar wenige Informationen über dich und Rakoto bekommen«, sagte er, um einen geschäftsmäßigen Ton bemüht. »Und auch unser Projekt wurde nur grob beschrieben. Ich muss mich also erst einmal orientieren.«
»Dann frag' mich einfach, odr?«, sagte Teresa. Sie beugte sich nach vorn und stützte sich auf die Ellbogen. Armins Blick fiel unwillkürlich in ihren Ausschnitt auf die kleinen, straffen Brüste. Sie trug keinen BH. Hastig wandte er den Blick ab.
»Und, was möchtest du von mir wissen?«, fragte Teresa und sah ihm schelmisch in die Augen. Sie hatte seinen Blick offenbar bemerkt.
Armin fühlte sich ertappt wie ein kleiner Junge. Er versuchte, sich zu konzentrieren. »Du bist Primatologin, richtig?«
»Ja, das kann man so sagen.«
»Und wo hast du studiert?«, fragte Armin.
Teresa lehnte sich in ihrem Stuhl zurück und schlug die Beine übereinander.
»In Zürich«, antwortete sie.

»Aber ich habe das Studium nicht abgeschlossen«, fügte sie trotzig hinzu, als wolle sie sich gegen kritische Nachfragen wappnen. »Ich hoffe, das stellt meine Qualifikation nicht infrage, odr?«

»Nein, natürlich nicht«, antwortete Armin hastig. »Jane Goodall hat ja auch nicht studiert.«

Teresa beugte sich wieder nach vorn und sah ihm erstaunt in die Augen.

»Kennst du Jane Goodall persönlich?«, fragte sie.

»Nein, nicht persönlich«, antwortete Armin, »aber ich habe einiges über sie gelesen. Eine interessante Frau.«

»Ja, interessant ist sie auch, aber vor allem ist sie eine bahnbrechende Primatologin. Durch sie bin ich zu den Affen gekommen. Sie hat in Zürich einen Vortrag gehalten, danach habe ich mein Studium geschmissen und bin nach Afrika gegangen.«

»Das finde ich mutig«, sagte Armin. »Hast du dann zuerst mit Schimpansen gearbeitet?«

»Ja, ich war in Tansania und wollte auf Janes Spuren wandeln. Aber das kam mir dann bald wie abgekupfert vor. Ich wollte etwas Eigenes machen, odr?«

»Und so bist du nach Madagaskar gekommen?«, fragte Armin.

»Nicht direkt, ich bin viel herumgekommen. Irgendwann habe ich Pat Wright auf einem Kongress getroffen. Sie hat mich überredet, hier zu arbeiten.«

»Du wirst lachen, aber ich habe Patricia Wright auch schon getroffen«, sagte Armin.

»Wo, hier in Madagaskar?«

»Ja, vor achtzehn Jahren in Ranomafana.«

»Vor achtzehn Jahren? Da war ich gerade fünfzehn. Dann kennst du sie ja länger als ich, odr?«

»Aber sicher nicht besser«, sagte Armin. »Ich wusste damals auch gar nicht, wer die nette Amerikanerin war, die uns ... eh ... die mir ihre Lemuren vorgeführt hat.«

Armin seufzte innerlich erleichtert auf, als die Tür aufging und Rakoto mit dem Kaffee hereinkam. Er wollte nicht schon wieder über Renate sprechen.

Rakoto stellte das mit Intarsien verzierte Holztablett auf dem Tisch ab, nahm die drei Tassen herunter und schenkte ein. Als er sich gesetzt hatte, räusperte Armin sich und blickte auf.

»Ich möchte euch einige Fragen zu unserem Projekt stellen, damit ich mich orientieren kann«, begann er auf Französisch. »Ich berichte zuerst einmal, was ich weiß. Dann könnt ihr mir weiterhelfen.«

»Sehr gern«, sagte Rakoto und sah Armin aufmerksam an. Teresa lehnte sich wieder zurück und faltete abwartend ihre schmalen, sehnigen Hände vor dem Bauch.

»Also, wir sind hier, um den Schutzkorridor zwischen den beiden Nationalparks Ranomafana und Andringitra vorzubereiten. Vor allem geht es dabei um die Population von *Hapalemur aureus* – dem Goldenen Bambuslemuren, der erst 1985 von Bernhard Meier entdeckt ...«

»Ganz so stimmt das nicht«, fiel Teresa ihm ins Wort. »Pat Wright hat den Goldenen Bambuslemuren zuerst gesehen, sie hat ihn nur für eine Farbvariante des Großen Bambuslemuren gehalten.«

»Wie sieht es mit dem Bestand von *Hapalemur aureus* zurzeit aus?«, fragte Armin, ohne auf Teresas Einwurf einzugehen. »Ich habe gehört, es sind nur ein paar hundert Tiere?«

Teresa beugte sich wieder nach vorn und stützte die Ellbogen auf den Tisch.

»Etwas mehr sind es schon, aber über zweitausend auf keinen Fall. Weltweit, wohlgemerkt.«

Rakoto saß aufrecht auf seinem Stuhl, sein Blick wanderte zwischen Teresa und Armin hin und her.

»Am meisten hat mich überrascht, dass man heute fast einhundert Lemurenarten unterscheidet. Als ich vor achtzehn Jahren hier war, waren es etwa dreißig«, sagte Armin.

»Ja, aber das ist keine wundersame Lemurenvermehrung. Es ist das Ergebnis neuerer Forschungen«, erwiderte Teresa. »Heute unterscheidet man zum Beispiel über fünfzehn verschiedene Arten von Mausmakis, früher hat man alle zu einer Art zusammengeworfen.«

»Wie ich vom GFF erfahren habe, überwacht ihr die Goldenen Bambuslemuren mit Satellitentelemetrie. Wie viele Tiere sind besendert?«

Teresa lehnte sich zurück und schlug die Beine übereinander.

»Wir haben zehn Tiere besendert, aber im Moment empfangen wir nur noch neun Signale.«

»Ist ein Sender ausgefallen?«, fragte Armin.

»Weiß ich nicht.« Teresa zog die Augenbrauen zusammen. »Eigentlich gelten diese Sender als sehr zuverlässig. Sie sind auch teuer genug.«

»Können wir die Signale hier empfangen?«, fragte Armin.

»Nein, nur in der Außenstation, dort steht der Empfänger.«

»Kann das nicht per Funk hierher übertragen werden?«

»Das ginge vielleicht in Deutschland oder in der Schweiz, aber nicht in Madagaskar. Eigentlich bin ich ganz froh darüber. Ich will ja in der Außenstation nicht nur Signale empfangen, ich will den Tieren auch selber begegnen.«

»Ja, natürlich, über das Verhalten von *Hapalemur aureus* ist ja bisher wenig bekannt. Da kannst du dir noch deine Meriten verdienen«, bemerkte Armin.

»Mir geht es nicht um die Meriten, sondern um die Tiere«, entgegnete Teresa spitz.

Armin sah Teresa stirnrunzelnd an.
Rakoto hatte sich bisher nicht am Gespräch beteiligt.
»Und was ist deine Aufgabe?«, wandte Armin sich an ihn.
Rakoto breitete die Arme aus. »Ich mache alles, was anfällt. Zurzeit bin ich mit der Abgrenzung des Schutzkorridors beschäftigt.«
»Gibt es überhaupt genaue Karten?«, fragte Armin.
»Wir benutzen Luftbilder aus dem Internet und Karten aus der französischen Kolonialzeit. Die sind sehr genau, aber nicht mehr aktuell. Vor allem, was die Wälder betrifft.«
»Das kann ich mir vorstellen«, sagte Armin und nickte.
Rakoto fuhr fort: »Ich würde vorschlagen, dass wir morgen zur Außenstation fahren und dort eine Nacht bleiben. Auf der Rückfahrt können wir dann noch im Dorf vorbeischauen.«
»In welchem Dorf?«, fragte Armin.
»Am Rande des Regenwaldes gibt es ein Dorf, das von dem geplanten Schutzkorridor besonders betroffen ist«, antwortete Rakoto.
»Inwiefern betroffen?«, hakte Armin nach.
»Der Wald ist die Lebensgrundlage der Dorfbewohner. Sie nutzen das Holz und jagen dort.«
»Jagen sie auch Lemuren?«, fragte Armin.
»Bis vor Kurzem haben sie das noch getan, aber heute ist es verboten«, sagte Rakoto.
Teresa runzelte die Stirn. »Und keiner weiß, ob sie sich an das Verbot halten.«

Außenstation

Am nächsten Morgen holte Rakoto Armin wieder am Hotel ab. Teresa saß bereits auf dem Rücksitz. Als Armin einstieg, hob sie kurz die Hand und wünschte einen guten Morgen. Sie fuhren auf der RN 7 zunächst ein Stück nach Norden in Richtung Tana und bogen dann nach Osten auf eine Nebenstraße ab.
Wie am Vortag war der Himmel blau, nur weiter entfernt über den Bergen waren ein paar Wolken auszumachen.
Die Täler und Senken waren bis an den Rand mit Reisfeldern belegt, die sich wieder auf Terrassen die Hänge hochzogen. Da sie um diese Jahreszeit bereits abgeerntet oder umgepflügt waren, herrschte das Dunkelbraun des offenen Bodens vor. In den Tälern stand auf den Reisfeldern meist Wasser, in dem sich Enten und Gänse tummelten oder Menschen mit Reusen wateten, um Fische zu fangen. Auf den Hügelkuppen thronten kleine Siedlungen aus rotbraunen Lehmhäusern. Dazwischen türmten sich immer wieder runde Granitberge auf, deren grauer, von braunen und schwarzen Schlieren durchzogener Fels fast keine Vegetation trug. Botaniker nannten sie Inselberge. Es waren Inseln auf der Insel. Früher waren sie Inseln im Wald, heute Inseln in der Kulturlandschaft. Die wenigen Pflanzen, die dort in Spalten und auf Felsabsätzen wuchsen, waren jedoch oft große Seltenheiten, die nur auf einem oder wenigen dieser Inselberge vorkamen.
Wieder eine Erinnerung an Armins frühere Reise. Damals hatten Renate und er für wenig Geld einen Führer engagiert, um einen dieser Berge zu besteigen. Es musste hier in der Nähe gewesen sein, nicht weit von Fianar.

Armin sah die Aloe mit ihrer fleischigen Blattrosette und den roten, röhrenförmigen Blüten vor sich. Oder erinnerte er sich auch diesmal nur an das Foto, das er von dieser Pflanze gemacht hatte? Machte das überhaupt einen Unterschied? Es hieß, dass man etwas in einem Bild »festhielt« – konnte man etwas »festhalten«, indem man ein Foto davon machte?

Von seinem Konfirmationsgeld hatte sich Armin seine erste Spiegelreflexkamera gekauft und war damit auf Motivjagd gegangen. Das war ihm lieber, als Pflanzen zu pressen oder Insekten aufzuspießen. Später hatte Armin dann vor allem auf seinen Reisen fotografiert. Neben Tieren und Pflanzen wollte er dort auch seine Eindrücke »festhalten«. In gewisser Weise war ihm das auch gelungen, denn das, was er fotografiert hatte, blieb ihm deutlich länger im Gedächtnis. Und wenn die Erinnerung verblasste, konnte er sie wieder auffrischen, indem er sich die Bilder ansah.

Auch vor seiner jetzigen Reise hatte er die Bilder hervorgeholt – das Luftbild vom Kilimandscharo, die Rova von Tana, deren Holzgebäude damals noch intakt gewesen waren, den farbenfrohen Markt von Antsirabe, die Oberstadt von Fianar und die vielen Bilder von Tieren und Pflanzen, die ihn schon damals am meisten interessiert hatten. Nun fragte sich Armin, warum er die Bilder überhaupt betrachtet hatte. Diesmal wollte er sich nicht erinnern. Er wollte vergessen.

Von hinten hörte Armin ein helles Klappern, das sich von dem tiefen Brummen des Motors abhob. Er blickte in den Innenspiegel und sah, dass Teresa ihr Notebook auf den Oberschenkeln aufgeklappt hatte und etwas eintippte. Es schien sie nicht zu stören, dass sie dabei ständig schaukelte und wippte.

Vielleicht arbeitete sie an einer Publikation, vermutete Armin. Er hatte schon lange nichts Eigenes mehr veröffentlicht, nur kleinere Beiträge in Büchern und Zeitschriften. Als er damals seine Promotionsarbeit begonnen hatte, war er noch fest entschlossen, Wissenschaftler zu werden. Vielleicht hätte es sogar zum Professor gereicht wie bei seinem Kommilitonen Hans-Peter. Wäre er dann ein ebenso guter Lehrender geworden wie sein »Lieblingsprofessor«, der ihm Evolutionsbiologie und Ökologie beigebracht hatte? Dabei hatte Armin eigentlich nicht lehren, sondern Forscher werden wollen. Erst an seinem Professor erkannte er, dass Forschung und Lehre zusammengehörten. Dass es einen Wissenschaftler auszeichnete, wenn er gute Vorlesungen hielt und verständliche Bücher schrieb.

Nach etwa einer halben Stunde rückten die Berge näher an die allmählich ansteigende Straße heran. Die Reisfelder wurden spärlicher, die Hänge steiler. Immer wieder sah Armin die wie mit riesigen Krallen in den Boden gerissenen Erosionsschluchten, in denen die nackte, rote Erde zutage trat. *Lavakas* hießen sie in Madagaskar, Löcher. Vor achtzehn Jahren hatten diese Löcher Armin zwar auch nicht gerade gefallen, er hatte sie aber als Teil der bizarren Landschaft wahrgenommen. Heute erschienen sie ihm wie bluttriefende Wunden.
Kurz hinter einer größeren Ansiedlung bogen sie auf eine nicht asphaltierte Piste ab. Mit ihrer rostroten Farbe hob sie sich kaum von der Umgebung ab. Armin sah im Spiegel, wie Teresa ihr Notebook zuklappte. Bei diesem Rütteln konnte auch sie nun nicht mehr arbeiten.
Nach einigen Kilometern wurden sie am Rande einer kleinen Siedlung aus Lehmhäusern von einer Schranke aufgehalten, neben der ein alter Mann auf einem Granitblock saß. Als sie sich näherten, stand er auf und hob die Hand. Er blickte ihnen freundlich entgegen. Seine Gesichtshaut war faltig und wirkte wie gegerbtes Leder. Rakoto kurbelte das Fenster herunter und

drückte dem Mann ein Bündel Geldscheine in die Hand. Dieser ging zurück zu seinem Stein, steckte das Geld in einen Stoffbeutel und setzte seine Unterschrift auf einen Zettel, den er dann von seinem Block abriss und Rakoto übergab. Inzwischen klebte an Armins Fenster bereits eine Traube von Kindern, die lachten, winkten und »Vazaha, vazaha!« riefen. Der *Vazaha*, der Fremde, war er. Armin hob die Hand und lächelte, ließ sein Fenster aber geschlossen. Als sie durch die geöffnete Schranke weiterfuhren, rannten die Kinder noch eine Zeitlang fröhlich rufend neben dem Wagen her.

»Ich hätte nicht erwartet, dass man für eine solche Straße auch noch Maut bezahlen muss«, sagte Armin zu Rakoto, als sie das kleine Dorf passiert hatten.

»Das ist unser Beitrag zum Unterhalt der Straße. Vor allem in der Regenzeit müssen immer wieder Gräben und Löcher repariert werden. Wenn der Fluss über die Ufer tritt, wird manchmal auch die ganze Straße weggeschwemmt.«

Armin sah auf den kleinen Fluss, der so friedlich durch die Reisfelder mäanderte, als könne er niemals Schaden anrichten. Allmählich wurde die Landschaft bergiger, die Piste immer schmaler und holpriger. Die Fahrt wurde durch das ständige Rumpeln zur Tortur. An den Berghängen nahm der Baumbestand langsam zu, aber als Wald war das noch nicht zu bezeichnen. Bei einer größeren Ansammlung junger Eukalyptusbäume kam Armin das Wort »Eukalyptuswüste« in den Sinn. Der wegen seiner Schnellwüchsigkeit und guten Holzqualität in vielen warmen Regionen angebaute Baum verdrängte alles weitere Leben und trocknete den Boden aus.

Was müssen hier früher für Wälder gewachsen sein, sinnierte Armin. Zwei benachbarte Bäume gehörten nur selten ein und derselben Art an, von der mannigfaltigen Tierwelt ganz zu schweigen. Er sah ein paar starengroße schwarze Vögel über die

Straße fliegen, deren Flügeln stellenweise gelb aufschimmerten. Es waren Hirtenmainas, die er auch aus anderen tropischen Ländern kannte. Ursprünglich kamen sie aus Asien und hatten von dort aus die Welt erobert. In Australien hatten sie sich zu einer regelrechten Pest entwickelt. Dabei waren sie in vielen Regionen bewusst von den Menschen eingeführt worden, da sie als fleißige Insektenvertilger galten. Man hatte nicht bedacht, dass die Hirtenmainas sich explosiv vermehren und den heimischen Arten Konkurrenz machen würden. Dass sie sogar die Eier und Küken anderer Vögel fraßen.
Auf einer Stromleitung saß wenig später in aufrechter Haltung ein pechschwarzer Vogel mit einem langen, gegabelten Schwanz und einer Federkrone auf dem Kopf. Das war wenigstens ein Einheimischer, der Madagaskar-Drongo.

Der Himmel war grau geworden, ein leichter Nieselregen hatte eingesetzt. Rakoto betätigte den Scheibenwischer.
»Ich dachte, wir haben Trockenzeit«, sagte Armin und deutete auf die braunen Schlieren, die die Wischblätter auf der Scheibe hinterließen.
»Wir nähern uns jetzt dem östlichen Regenwald, da regnet es auch im Winter immer wieder. Diesen Nieselregen gibt es im August aber auch im zentralen Hochland, wir nennen ihn *Ny Herika*.«
Schließlich wurde es noch steiler, die Piste war stellenweise kaum mehr auszumachen und immer wieder von Klüften und Rinnen durchzogen, die selbst der robuste Geländewagen nur tastend durchqueren konnte. An besonders extremen Stellen jaulte der Motor auf. Armin wurde hin und her gerüttelt, immer wieder musste er sich am Türgriff festhalten. Endlich erreichten sie auf einer Hochebene eine kleine Siedlung mit einigen Lehmhäusern und einem schlichten, niedrigen Gebäude aus

rotem Backstein. Auf dem flachen Dach erkannte Armin einige schräggestellte Solarpaneele und eine lange Antenne. Das musste die Außenstation sein.

Kaum waren Teresa, Rakoto und Armin ausgestiegen, waren sie auch schon wieder von Kindern umringt, die jedoch respektvoll Abstand hielten. Einige grüßten schüchtern mit »Bonjour, vazaha!«.

Die Sonne war immer noch hinter den Wolken versteckt, es hatte kaum über fünfzehn Grad.

Aus einem der Lehmhäuser kam ein kleiner, älterer Mann mit grauen Bartstoppeln und einem ausgebeulten, schmutzig-gelben Strohhut auf dem Kopf. Rakoto stellte ihn Armin als Hausmeister der Außenstation vor, der ihnen die Tür aufschloss und dann hinter dem Gebäude verschwand.

Teresa ging zielstrebig in den Flur, trat in einen Raum auf der rechten Seite und stellte ihr Notebook auf einem Schreibtisch ab. Rakoto zeigte Armin kurz die weiteren Räumlichkeiten. Neben dem schlichten Büro mit einem Schreibtisch und einem Wandregal gab es noch einen kleinen Abstellraum und einen Schlafraum mit zwei hölzernen Stockbetten.

Teresa hatte ihr Notebook inzwischen mit einem Metallkästchen auf dem Schreibtisch verbunden. Rakoto und Armin sahen über ihre Schulter auf den Monitor.

»Das ist der Datenlogger«, sagte Teresa und zeigte auf die kleine Box. »Er zeichnet die Telemetriedaten auf. Ich lade sie gerade runter. Dann kann ich sehen, wo sich die Goldis in den letzten Tagen rumgetrieben haben.«

»Kannst du auch sehen, wo sie jetzt gerade sind?«, fragte Armin.

»Ja, natürlich!« Teresa öffnete mit zwei Mausklicks ein Programm. Armin sah eine Karte, auf der an unterschiedlichen Stellen rote Punkte blinkten. Das mussten die Signale der Bambuslemuren sein.

»Sind welche in der Nähe?«, fragte Armin.
Teresa warf einen kurzen Blick auf den Monitor. »Nein, keine da.«
Sie wollte die Daten der letzten Tage auswerten, während Armin und Rakoto die Umgebung erkunden würden.

Bis zum Wald legten sie noch ein Stück mit dem Wagen zurück. Das Nieseln hatte aufgehört, die Sonne kam immer wieder hinter den Wolken hervor. Zunächst fuhren sie durch kultiviertes Land. Auf den Feldern erkannte Armin sparrige Maniokstauden, die ihre Blätter wie grüne Hände von sich streckten. Der Maniok mit seinen stärkereichen Knollen war nach dem Reis die wichtigste Nahrungspflanze in Madagaskar. Auch seine Blätter wurden gegessen – zusammen mit Reis natürlich. Armin erinnerte sich an den spinatartigen, leicht bitteren Geschmack. Auf einem weiter von der Siedlung entfernten Feld wuchs in dichten Reihen eine Pflanze, deren handförmige Blätter an die des Maniok erinnerten. Sie war jedoch deutlich niedriger und kroch mit ihren Ranken am Boden entlang. Die rosa-violetten, trichterförmigen Blüten waren für einen Botaniker das untrügliche Zeichen, dass es sich um eine Winde handelte. Süßkartoffeln. Auf den Märkten fielen sie durch ihre oft gewaltige Größe und die orangerote bis violette Färbung viel stärker auf als die länglichen, schmutzig-braunen Wurzeln des Maniok.
Armin entdeckte bald auch noch eine dritte Knollenpflanze. Mit seinen großen Blättern, die fast aussahen wie Elefantenohren, konnte man den Taro allerdings auch kaum übersehen. Der Weg, auf dem sie fuhren, war von den mannshohen Stauden des mit dem Ingwer verwandten Madagaskar-Kardamom mit seinen glänzend grünen Blättern gesäumt. Die Piste war nun dermaßen aufgewühlt und zerfurcht, dass Rakoto nur noch im Schritttempo fahren konnte.

Bald hatten sie die Kulturlandschaft hinter sich gelassen und tauchten in den Regenwald ein. Anders als in den mitteleuropäischen Wäldern, wo man in einem Waldstück oft nur drei oder vier Baumarten antraf, waren es hier so viele, dass eine Zuordnung selbst für einen Einheimischen kaum möglich war. Außerdem befand sich das Kronendach nicht in einer einheitlichen Höhe, sondern es gab zahlreiche Stockwerke, die nur schwer gegeneinander abzugrenzen waren. Ganz unten erkannte Armin die großen, leuchtend grünen Fächer von Palmen, daneben Drachenbäume mit ihren schwertförmigen, zu Büscheln zusammengezogenen Blättern. Dazwischen waren immer wieder die typischen, in Abschnitte gegliederten Stämme von Bambus auszumachen, die teilweise über zwanzig Meter hoch wurden. Das sind wahrscheinlich die höchsten Gräser der Erde, dachte Armin.

Am dunklen Boden wuchsen nur wenige Farne und andere Kräuter, die übrigen klammerten sich an Bäume, um dem Sonnenlicht näher zu kommen. Von oben hing ein Gewirr von Lianen herab, viele Stämme und Äste waren mit dichten Moosteppichen überzogen. Es gab auch Baumfarne mit riesigen, schirmartig aus dem oberen Stammende sprießenden Wedeln. Hier und da erspähte Armin in den Baumkronen die Blätter von Orchideen. Er wusste, dass die Blüten erst in der Regenzeit erscheinen würden, wenn auch die Insekten unterwegs waren, die sie bestäuben würden.

Nachdem sie ein Stück in den Wald hinein geholpert und geschlittert waren, hielt Rakoto an. Sie stiegen aus und nahmen ihre Ferngläser vom Rücksitz. Aus der Ferne war Vogelgezwitscher zu hören. In Deutschland hätte Armin auch aus dieser Entfernung sagen können, um welchen Vogel es sich handelte, doch hier in Madagaskar kannte er die Stimmen nicht. Die

meisten Vögel hätte er nicht einmal aus der Nähe erkennen können – bis auf einige größere und auffällige Arten, die er von seiner früheren Madagaskarreise oder aus Büchern kannte.
Langsam folgten sie dem Weg und lauschten. Armin hörte ein rhythmisches Rascheln. Es schien vom Waldboden zu kommen, gar nicht weit weg. Er hob das Fernglas an die Augen und suchte den Grund ab.
Schon mit acht oder neun Jahren war er manchmal allein in den nahen Wald gegangen, um Vögel und andere Tiere zu beobachten. Dort fühlte er sich geborgen, der Wald war für ihn nie unheimlich oder bedrohlich wie in vielen Märchen. Wenn es irgendwo zwitscherte oder fiepte, wusste er schon in diesem Alter meist, um welches Tier es sich handelte. Einmal war er jedoch furchtbar erschrocken. Das Laub hatte in gleichmäßigem Rhythmus geraschelt, als würde sich ihm jemand mit langsamen Schritten nähern. Hatte seine Mutter doch recht gehabt mit ihren Warnungen? War es im Wald gefährlich? Zuerst war Armin versucht, wegzulaufen, doch dann verharrte er ganz still hinter einem Baum und wartete. Je näher das rhythmische Rascheln kam, desto weniger klang es nach menschlichen Schritten. Armin lugte hinter dem Baum hervor und sah in etwa zwanzig Metern Entfernung eine Amsel über den Boden hüpfen, die sich mit ihrem Schnabel durch das Laub wühlte.
Tatsächlich erkannte er jetzt durch sein Fernglas einen amselgroßen, braunen Vogel, der in regelmäßigen Abständen das Laub aufwarf. Eine Amsel konnte es natürlich nicht sein, die gab es in Madagaskar nicht. Als das Licht etwas günstiger war, erkannte Armin ein weißes Band unter dem schwarz umrandeten Auge. Rakoto suchte den Vogel mit seinem Fernglas, setzte es jedoch gleich wieder ab und sah zu Armin.
»Das ist der Crossley-Vanga.«

Armin ließ das Fernglas sinken. Die Vangas kamen nur in Madagaskar vor und hatten ganz verschiedene Formen entwickelt.

»Ist das tatsächlich ein Vanga?«, fragte er überrascht. »Er sieht völlig anders aus als die Vangas, die ich kenne.«

»Bis vor Kurzem hieß er auch noch Crossley-Timalie. Aber die Wissenschaftler haben herausgefunden, dass viel mehr Arten zu den Vangas gehören, als man früher angenommen hat.«

Das war Armin neu, er hatte die aktuelle Literatur offenbar nicht gründlich genug studiert.

»Dann sind die Vangas ja noch viel bessere Beispiele für die adaptive Radiation, als ich bisher dachte«, sagte Armin nachdenklich.

»Die adaptive was?« Rakoto sah Armin fragend an.

Rakoto kannte sich offensichtlich mit den Tieren und Pflanzen seiner Heimat hervorragend aus, hatte aber vermutlich noch nicht viel von Darwins Evolutionstheorie gehört.

»Hast du schon einmal von den Galapagos-Inseln gehört?«, fragte er.

»Ja, aber ich weiß nichts Genaues darüber.«

Armin erklärte ihm, dass die Galapagos-Inseln als Vulkane aus dem Meer aufgetaucht waren – im Gegensatz zu Madagaskar, das sich von einem großen Kontinent abgespalten hatte.

»Als die Galapagos-Inseln aus dem Meer auftauchten, gab es dort erst einmal keine Tiere und Pflanzen. Erst nach und nach wurden sie besiedelt. Wenn ein Tier oder eine Pflanze dort ankam, gab es zahlreiche freie Lebensräume oder Lebensmöglichkeiten, die sie nutzen konnten. Als zum Beispiel der erste Fink über das Meer kam und eine der Inseln erreichte, fand er dort viel Nahrung und hatte keine Konkurrenz, sodass er sich ungehindert vermehren konnte.«

Rakoto runzelte die Stirn. »Aber wie kann sich ein Fink vermehren? Es müssen doch mindestens zwei gewesen sein.«
Armin musste lachen. »Stimmt. Es muss mindestens ein Paar gewesen sein. Als es irgendwann auf der Insel eng wurde, wanderten einige Vögel auf andere Inseln des Galapagos-Archipels aus.«
Dort war es vielleicht trockener oder es gab andere Nahrung, erläuterte Armin, sodass die Vögel sich an andere Umweltbedingungen anpassen mussten. Wenn es andere Nahrung gab, entwickelten sie zum Beispiel eine andere Schnabelform. Als einige von ihnen irgendwann wieder auf die Ursprungsinsel zurückkamen, verpaarten sie sich nicht mehr mit den dortigen Finken – eine neue Art war entstanden.
Rakoto runzelte die Stirn. »Und wieso kreuzten sie sich nicht mehr? Ein Pferd und einen Esel kann man doch auch kreuzen.«
Armin nickte. »Ja, das stimmt, das gibt dann Maultiere und Maulesel. Aber erstens muss dabei der Mensch nachhelfen, und zweitens sind die Nachkommen dieser Kreuzungen nicht mehr fruchtbar, können sich also nicht mehr weiter vermehren.«
Rakoto nickte langsam. »Ja, jetzt verstehe ich. Aber Madagaskar ist ja eine große Insel und besteht nicht wie die Galapagos-Inseln aus vielen kleinen Inseln. Wie hat das dann mit den Arten funktioniert?«
»Ja, guter Einwand«, sagte Armin. »Aber in Madagaskar gibt es sehr viele verschiedene Lebensräume, die zum Beispiel durch Gebirge oder Flüsse voneinander getrennt sind. Das hat dann eine ähnliche Wirkung wie viele kleine Inseln.«
Rakoto nickte wieder und zog dann fragend die Augenbrauen hoch.
»Und was ist nun die adaptive Radiation? Davon habe ich in meinem Studium nichts gehört.«

Armin erläuterte es am Beispiel der Darwinfinken und der Vangas, wie aus einer Ursprungsart durch »Verinselung«, durch Isolation, im Laufe der Zeit verschiedene Arten hervorgegangen waren.

»Die Vangas haben sich viel früher als die Darwinfinken in verschiedene Arten aufgespalten, daher sehen sie viel unterschiedlicher aus. Es gibt kleine, unscheinbare Fliegenschnäpper mit spitzem Schnabel, und es gibt den großen Sichelvanga mit seinem großen, gebogenen Schnabel ...«

»... und den Crossley-Vanga, den man bis vor Kurzem gar nicht für einen Vanga hielt«, ergänzte Rakoto.

»Ja, richtig. Da die Vangas wohl die ersten Singvögel waren, die Madagaskar besiedelten, fanden sie zahlreiche Möglichkeiten vor, verschiedene Lebensräume zu besiedeln und neue ökologische Nischen zu bilden. Das ist adaptive Radiation – es lässt sich ungefähr mit ›Vielfalt durch Anpassung‹ übersetzen, Anpassung an unterschiedliche Umweltbedingungen.«

Rakoto runzelte die Stirn.

»Ist ... die ökologische Nische so etwas wie der Beruf einer Art?«

»Genau, du hast es erfasst!«, sagte Armin. »So hat es mein Professor auch immer gesagt.«

Rakoto riss den Kopf herum und nahm das Fernglas an die Augen.

»Lemuren«, sagte er kurz darauf.

Armin schaute mit seinem Glas in dieselbe Richtung und sah zunächst nur einige Bambushalme hin und her schwanken. Schließlich konnte er einen etwa eichhörnchengroßen grauen Körper mit einem langen Schwanz erkennen. Kurz darauf sah er ein weiteres Tier, den wackelnden Halmen nach zu urteilen mussten es noch mehr sein.

»*Hapalemur griseus* – Grauer Bambuslemur«, sagte Rakoto.

Armin konnte insgesamt fünf Tiere ausmachen, die sich langsam durch den Bambus arbeiteten und mit den Händen immer wieder

Blätter in den Mund steckten. Er fixierte einen von ihnen. Der Lemur bevorzugte offensichtlich die jungen, leuchtend grünen Blätter. Typisch für diese Art.
Die drei Bambuslemuren waren im Grunde ja auch ein sehr gutes Beispiel für die ökologische Nische, wurde Armin bewusst. Als die Tiere schließlich nicht mehr zu sehen waren, wandte er sich an Rakoto.
»Es gibt doch hier im Gebiet drei Arten von Bambuslemuren, den grauen, den großen und den goldenen.«
»Ja, das ist richtig.«
»Und wie der Name schon sagt, ernähren sich alle drei von Bambus.«
Rakoto nickte. »Ja, das stimmt.«
»Also könnte man meinen, sie hätten alle denselben Beruf, dieselbe ökologische Nische.«
»Ja, schon«, sagte Rakoto, »aber sie ernähren sich nicht von denselben Bambusarten und Teilen.«
»Genau!«, sagte Armin. »Der graue Bambuslemur frisst vor allem die jungen Blätter und Schösslinge verschiedener Bambusarten, während der große Bambuslemur sich fast ganz auf den Riesenbambus spezialisiert hat.«
»Stimmt«, sagte Rakoto. »Aber der Goldene Bambuslemur frisst auch fast nur Riesenbambus.«
»Ja, aber er ernährt sich vor allem von den jungen Blättern und Schösslingen, die ziemlich viel Cyanid enthalten«, sagte Armin, »Er verträgt das Gift offenbar.«
»Ja, das hat eine Studentin von Pat Wright herausgefunden«, bestätigte Rakoto.
»Also haben die drei Bambuslemuren doch unterschiedliche Berufe. Oder man könnte auch sagen, sie arbeiten in derselben Branche, aber jeder ist auf eine andere Tätigkeit spezialisiert. Daher können sie im selben Gebiet zusammenleben.«

Das ist doch Mord, odr?

»Es ist wieder ein Signal verschwunden«, sagte Teresa beunruhigt, als Rakoto und Armin in die Außenstation zurückkehrten. »Ich glaube nicht, dass schon wieder ein Sender ausgefallen ist.«
»Wo hast du das Signal zuletzt registriert?«, fragte Armin.
»In der Nähe des Dorfs«, antwortete Teresa. »Fast an der gleichen Stelle wie das andere verlorene Signal.«

Es waren nur wenige Kilometer Luftlinie von der Außenstation bis zum Dorf Sahakely, was »kleines Feld« bedeutete. Doch auf der Piste dorthin war ein Vorwärtskommen nur im Schritttempo möglich. Stellenweise war der Weg so ausgewaschen, dass der Wagen seitwärts kippte und Armin gegen die Tür gepresst wurde. Dann wieder ging es so steil nach unten, dass er sich am Armaturenbrett abstützen musste. Manchmal wurde der Weg so felsig, dass er nicht mehr als solcher zu erkennen war. Rakoto saß jedoch völlig entspannt am Steuer und jonglierte den Wagen mühelos um jedes Hindernis.
Armin dachte daran, wie David Quammen den östlichen Regenwald beschrieben hatte: als einen zerklüfteten Steilhang, für eine Nutzung jeglicher Art gänzlich ungeeignet. Kein Wunder, dass der Regenwald sich hier gehalten hatte. Anders als im Sekundärwald bei der Außenstation gab es hier auch sehr mächtige Bäume, die sich mit brettartig verbreiterten Wurzeln im Boden verankerten. Das waren zwar keine Urwaldriesen von fünfzig Metern und mehr, wie sie aus anderen tropischen Regionen bekannt waren, aber dreißig bis fünfunddreißig Meter Höhe konnten sie durchaus erreichen.

Schließlich wurde es etwas flacher, der Weg war nun breiter.
»Hier sollten wir mal anhalten«, meldete sich Teresa von hinten.
Armin war ziemlich benommen. Ihm war, als würde er aus einem schwankenden Schiff an Land steigen. Teresa tippte auf die Landkarte, die sie in der Hand hielt. »Ungefähr hier ist der letzte Goldi verschwunden.«
»Wie weit ist das von hier?«, fragte Armin.
»Nur etwa dreihundert Meter«, antwortete Teresa. »Aber erst müssen wir mal hinkommen, odr?«
Die Vegetation war wesentlich dichter als bei der Außenstation. Der Boden war feucht, die Luft dampfte. Armin sog den erdigen, leicht modrigen Geruch ein. Das Wasser des letzten Niederschlags tropfte noch vereinzelt von den Bäumen. Die Sonne malte unregelmäßige Flecken auf den Waldboden. Ein feines Flöten war zu hören, dann ein metallisches Keckern. Vermutlich Vogelstimmen, doch Armin konnte sie nicht zuordnen.
Rakoto ging voraus, Teresa folgte dicht hinter ihm. Es ging zunächst sanft, dann steiler bergauf. Armin hatte Mühe mitzuhalten und rutschte immer wieder auf dem feuchten Boden aus. Schweiß rann ihm über das Gesicht. Schließlich erreichten sie ein Waldstück mit hohem, dichtstehendem Riesenbambus.
»Hier muss es ungefähr gewesen sein.« Teresa blickte sich suchend um.
»Hier war jemand.« Rakoto zeigte vor sich auf den Boden. Tatsächlich, da waren Spuren von nackten Füßen. Sie sahen ganz frisch aus.
»Es müssen zwei gewesen sein, die Abdrücke überschneiden sich«, sagte Rakoto, nachdem er sich eine Zeitlang auf den Boden konzentriert hatte. Dann wies er mit der geschlossenen Faust schräg den Hang hinauf. »Sie führen in diese Richtung.« Als sie den Spuren etwa fünfzig Meter gefolgt waren, hob Rakoto den Kopf. »Ich glaube, hier riecht es nach Aas!«

Nun stieg auch Armin der widerliche, süßlich-faulige Geruch in die Nase. Schweigend gingen sie weiter. Armin versuchte, flach durch den Mund zu atmen.

Rakoto hob sein Fernglas an die Augen. »Da drüben ist etwas«, rief er und eilte voraus. Teresa und Armin folgten ihm. Zuerst sahen sie eine Wolke surrender Fliegen, dann das kleine goldbraune Bündel auf dem Boden.

Teresa beschleunigte den Schritt und war als Erste bei dem toten Lemuren. Sie kniete nieder und zeigte auf einen dünnen Bambusstab mit einem Bündel roter Pflanzenfasern am Ende, der aus dem Rücken des Tiers ragte.

»Das ist doch Mord, odr?«, sagte sie erregt zu Armin. »Wer tut denn so etwas?«

Rakoto beugte sich nach unten und betrachtete den Pfeil konzentriert.

»Wenn dieser Pfeil den Lemuren getötet hat, muss er vergiftet sein«, sagte er. »Er ist nicht sehr tief eingedrungen.«

Armin blieb einige Meter entfernt stehen. Der widerliche Leichengestank hing wie ein dickes Tuch zwischen ihm und dem Lemuren. Er hielt unwillkürlich die Hand vor Mund und Nase, nahm sie aber gleich wieder herunter.

»Sehr ihr den Sender irgendwo?«, fragte Armin.

»Nein, den muss der Täter mitgenommen haben«, antwortete Teresa und zeigte auf den Rücken des toten Lemuren. »Er war hier befestigt.«

»Er wollte wohl nicht, dass wir ihn finden«, sagte Armin.

»Aber dann muss er ihn unbrauchbar gemacht oder irgendwo vergraben haben, sonst würde er sich ja verraten.«

Nachdem Armin die Szene mit seiner Digitalkamera festgehalten und sich von dem toten Lemuren entfernt hatte, atmete er ein paar Mal tief durch. Rakoto schlug vor, zum

Dorf zu fahren und mit dem Dorfältesten über den Fund zu sprechen.

»Aber bitte stellt ihm gegenüber keine Spekulationen an, dass jemand aus dem Dorf verdächtig sein könnte«, sagte Rakoto und sah dabei Teresa an. »Das würde er als unzumutbare Schuldzuweisung empfinden.«

Sie fuhren nur knapp zehn Minuten, bis sich der Wald lichtete. Der Weg war wie bei der Außenstation von einer dichten Wand aus Madagaskar-Kardamom gesäumt. Auf den Feldern wuchsen neben Maniok und Taro auch Kaffeebüsche mit ihren roten Kirschen, und immer wieder ragten auch die grünen Fahnen von Bananenstauden empor.

Hinter einer Wegbiegung trafen sie auf einige Kinder, die zunächst wie erstarrt stehen blieben und dann erschrocken wegrannten. Ein Stück weiter drängten sie sich etwas abseits des Wegs vor einer Holzhütte zusammen und schauten aus der Entfernung neugierig herüber. Kurz darauf fuhr Rakoto an weiteren Hütten vorbei, so dicht, dass Armin sie näher betrachten konnte. Sie bestanden fast ausschließlich aus verschiedenen Teilen des Bambus. Das Außengerüst bildeten dicke Stämme aus Riesenbambus, die Wände waren mit dünnen, dicht an dicht stehenden Bambusstäben gefüllt, das Dach mit dichten Lagen von Palmwedeln bedeckt. Der Hüttenboden war in einigem Abstand vom Erdboden in das Gerüst eingezogen, sodass es aussah, als stünde die Hütte auf kurzen Stelzen. Wahrscheinlich wurde er so vor Feuchtigkeit geschützt.

Die Hütten standen immer dichter, neben Bambushütten gab es nun auch kleine Häuser mit Wänden aus braunen Lehmziegeln. Es duftete angenehm nach geröstetem Kaffee. Einige Dorfbewohner, die auf den Feldern arbeiteten, hielten inne und warfen ihnen misstrauische Blicke zu. Andere transportierten Lasten auf schmalen Pfaden zwischen den Feldern – die Frauen auf dem Kopf, die Männer auf den Schultern. Auch sie blieben kurz stehen und sahen neugierig her, als sie langsam vorbeifuhren. Ihre Blicke waren ernst und abweisend.

»Das hier ist die Schule«, sagte Rakoto, als sie ein flaches Gebäude aus roten Backsteinen passierten. Es hatte sogar Fenster mit Glasscheiben, die den anderen Bauten fehlten.

Am Straßenrand standen ein paar zerbeulte Pickups. Hinter einer Biegung kam ihnen ein Geländemotorrad entgegen, das von einem muskulösen jungen Mann gelenkt wurde. Hinter ihm lugte ein schmales Gesicht mit Kraushaaren hervor. Der Fahrer hob ihnen grinsend die linke Hand entgegen und streckte den Mittelfinger hoch.

Kurze Zeit später hielt Rakoto auf einem kleinen Platz an. Er war von stattlichen Hütten umgeben, die nicht aus Bambus, sondern aus massivem Holz erbaut waren.

Armins Blick fiel zuerst auf die mächtige Ravenala in der Mitte des Platzes, die ihre bizarren Blattfächer in den Himmel reckte. Der Wappenbaum Madagaskars war im regenreichen Osten in fast jeder Siedlung zu finden. Sein Stamm erinnerte an den einer Palme, sein riesiger Blattfächer war jedoch unverwechselbar. Dicht gedrängt und ineinander verschachtelt, sprossen die Blattstiele kahnartig aus dem oberen Ende des Stamms, verjüngten sich allmählich und trugen jeweils eine riesige, meist zerschlitzte Fahne. Die Blattstiele waren auf eine Ebene zusammengedrängt, die an Bananenblätter erinnernden, fahnenartigen Blattspreiten standen senkrecht dazu. Dies verlieh dem eigentümlichen Baum eine faszinierende geometrische Strenge. »Baum der Reisenden« wurde er genannt, weil sich im Blattgrund Regenwasser sammelte, das angeblich schon manchem Reisenden das Leben gerettet hatte.

Rakoto führte sie zu einem Holzhaus, das sich deutlich von den anderen Hütten abhob. An Türrahmen und Dachgiebel war es mit Schnitzereien geschmückt, die rankende Blätter oder Blüten darstellten. Der Dachfirst war von einem hölzernen Vogel gekrönt, der Armin an den Wetterhahn auf so manchem deutschen Dach erinnerte. Die Wände bestanden aus dunkelbraunen, massiven Holzbrettern.

»Dies ist das Haus des Dorfältesten«, sagte Rakoto. »Seine Familie stammt aus dem Norden, von den Zafimaniry. Die sind bekannt für ihre Schnitzereien.«

Als sie sich dem Eingang näherten, öffnete sich die Tür. Eine ältere Frau mit einem breiten, freundlichen Gesicht trat heraus und blickte ihnen erwartungsvoll entgegen. Sie trug eine bunte Bluse und einen um die Hüfte gebundenen langen Rock, um den Kopf hatte sie ein rot-gelb gefärbtes Tuch geschlungen.

Rakoto sprach die Frau auf Madagassisch an. Nach wenigen Worten nickte sie lächelnd und wies mit offener Hand in das Haus.

Rakoto ging voraus, Armin ließ Teresa den Vortritt. Sie traten in das Halbdunkel eines großen Raumes, offenbar des einzigen im Gebäude. Es roch nach geräuchertem Schinken, was Armin an den Duft alter Schwarzwaldhäuser erinnerte, die heute noch als Museen erhalten waren. Da das Licht nur durch ein kleines offenes Fenster hereinfiel, brauchte Armin eine Weile, um Einzelheiten zu erkennen. Er blickte zu Boden und sah, dass dieser nicht aus Holz, sondern aus gestampfter Erde bestand. Genau in der Mitte des Raums stand, in einem durch Holzbalken abgegrenzten Quadrat, auf drei Steinen ein großer, bauchiger Eisentopf über der weißen Asche einer Feuerstelle.

Erst jetzt sah Armin im Halbdunkel einen älteren, bärtigen Mann reglos auf einem niedrigen Schemel sitzen. Sein Kopf war von einer braunen Kappe aus grobem Stoff bedeckt. Er nickte

ihnen zu und deutete auf die anderen Holzschemel, die um die Feuerstelle gruppiert waren. Dann sprach er in würdevollem Ton einige madagassische Sätze, die Rakoto mit einem unterwürfigen Nicken begleitete. Dann hieß er sie auf Französisch in seinem Dorf willkommen und fragte nach ihrem Anliegen.
»In der Nähe des Dorfs wurde ein Lemur getötet«, sagte Teresa, die ihre Erregung nur mühsam unterdrücken konnte.
Der Dorfälteste blickte kurz zu Teresa hinüber und wandte dann seinen fragenden Blick zu Armin.
»Der tote Lemur hatte einen Pfeil im Rücken«, sagte Armin, um einen sachlichen Ton bemüht. »Wir möchten herausfinden, wer das getan hat. Und wir würden uns freuen, wenn Sie uns dabei behilflich wären.«

Eine halbe Stunde später standen sie vor dem toten Lemuren. Der Dorfälteste betrachtete das Tier zunächst sehr aufmerksam. Dann bückte er sich und zog langsam den Pfeil aus dem Rücken.
»Solche Pfeile werden heute nicht mehr zur Jagd verwendet«, sagte er ruhig und sah Armin in die Augen.
Armin schaute hilfesuchend zu Rakoto.
»Aber früher schon, oder nicht?«, warf Teresa ein.
Der Dorfälteste bewegte den Kopf nur minimal in Teresas Richtung und blickte dann wieder zu Armin.
»Könnte es sein, dass es etwas mit dem Schutzkorridor zu tun hat?«, fragte Armin schließlich.
Der Dorfälteste blickte nachdenklich, er schien seine Antwort abzuwägen.
»Wir leben im Wald, und wir leben vom Wald. Was sollen wir davon halten, wenn man uns den Wald wegnehmen will?«

Ratten

Armin schrak aus dem Schlaf hoch und blickte sich um. Wo war er? Erst allmählich kam es ihm wieder in den Sinn. Er war in Madagaskar. Hatte gestern vor einem toten Bambuslemuren gestanden, ein rot befiederter Pfeil in dessen Rücken.
Teresa hatte von Mord gesprochen. Mord an einem Tier, gab es das überhaupt? Armin hatte schon von Tierrechtlern gehört, die Grundrechte für Menschenaffen einforderten. Das Töten von Lemuren war zwar gesetzlich untersagt, aber es standen wohl kaum empfindliche Strafen darauf. Selbst nach deutschem Recht waren Tiere eine Sache, und ihr Töten wurde entweder als Wilderei oder Verstoß gegen das Artenschutzrecht geahndet.
Armin dachte an den Bären Bruno, der abgeschossen worden war, als er nach Deutschland einwanderte. Heute stand er präpariert im Münchener Schloss Nymphenburg. »Mensch und Natur« hieß die Ausstellung. »Mensch gegen Natur« wäre wohl passender. Der Bär war erlegt, die Natur vom Menschen besiegt.

Sie hatten den toten Lemuren in einen Sisalsack gepackt, den der Dorfälteste ihnen gegeben hatte. Auf der Rückfahrt hatten sie noch diskutiert, ob sie den Vorfall der Polizei melden sollten. Teresa war dafür. Armin fragte Rakoto, was die Polizei seiner Meinung nach unternehmen würde. Der zuckte mit den Schultern und sagte, dass wohl nicht viel passieren würde, es sei denn, man würde mit Geld nachhelfen. Aber selbst wenn sie den Täter fänden, wäre die Strafe nicht hoch. Rakoto schlug vor, einen Abstecher nach Ranomafana zu machen und den Lemuren mitsamt dem Pfeil bei seinem Freund Andry abzuliefern, dem Nationalpark-Ranger. Der sollte herausfinden, welches Gift verwendet worden war. Armin hatte zugestimmt, Teresa mit etwas Murren letztlich ebenfalls.

Armin ließ sich wieder in die Kissen sinken. Was wollte er hier? Ja, was wollte er eigentlich hier? Er war auf der Flucht. Auf der Flucht wovor? Vor dem Tod? Warum war er ausgerechnet nach Madagaskar geflohen, wo ihn so vieles an die gemeinsame Reise mit Renate erinnerte, wo die Toten wieder aus den Gräbern geholt wurden?
Damals waren sie noch jung verliebt gewesen, auch noch nach fünf gemeinsamen Wochen Madagaskar. Das war gar nicht so selbstverständlich. Nach dem Abitur war Armin mit einem Freund für acht Wochen nach Skandinavien gereist. Armin hatte auf Bitten des Freundes vor der Reise noch schnell den Führerschein gemacht, damit sie sich beim Fahren ablösen könnten. Es kam aber zu keiner Ablösung, sein Freund wollte ihn nicht mit seinem alten VW fahren lassen. Dafür hatte Armin sogar noch ein gewisses Verständnis, das erste Auto war für einen Neunzehnjährigen so etwas wie ein Heiligtum. Dass sein Freund ihm aber dann nicht einmal seine Pfanne leihen wollte, um am Lagerfeuer ein Ei zu braten, war zu viel. Sie brachten die Reise noch hinter sich, danach brachen sie den Kontakt ab.
Auf einer langen Reise zu zweit konnte sich keiner verstecken. Eine Reise war etwas Schönes, aber man wurde aus dem gewohnten Umfeld herausgerissen, die üblichen Rituale funktionierten nicht mehr. Man lernte sich kennen, im wahrsten Sinne. Jede Eigenheit, jeden Charakterzug. »Du wirst mich kennenlernen!« – das konnte auch eine Drohung sein. Doch mit Renate war es gut gegangen. Sie hatten dieselben Interes-

sen, dieselbe Abenteuerlust. Und sie liebten einander. Nach der Reise noch inniger als vorher. Neun Monate nach der Reise war Manuel zur Welt gekommen.
Da war es dann aus mit den großen Reisen. Ihre erste Fernreise war gleichzeitig auch ihre letzte gewesen. Auch später, als Manuel alt genug war, hatte Renate immer abgewunken. Es sei doch auch in der Nähe schön, sagte sie. Außerdem hasste sie die langen Flüge. Irgendwann konnte sich auch Armin nicht mehr vorstellen, mit Renate noch einmal eine solche Reise zu unternehmen. Das Wort »auseinandergelebt« passte eigentlich ganz gut zu dem, was mit ihnen geschehen war. »Du willst aus jeder Reise eine Expedition machen«, sagte Renate abfällig, wenn er wieder einmal eine Fernreise vorschlug, oder: »Sparen wir unser Geld doch lieber für andere Dinge.« Das hatte Armin dann einen kleinen Stich versetzt, da er es als Anspielung auf sein ungeregeltes Einkommen verstanden hatte.
Anfangs hatten sie beide den Wunsch nach einem zweiten Kind verspürt. »Ein Kind ist kein Kind«, hatte einmal eine Freundin zu Renate gesagt, um gegen Einzelkinder zu plädieren. Damals hatte Renate noch halbwegs zugestimmt, Manuel war ungefähr zwei Jahre alt. Doch als es zwei Jahre später immer noch nicht geklappt hatte, wollte Renate nicht mehr und nahm wieder die Pille.
Nun war ihr einziges Kind tot. Aus einem Kind war kein Kind geworden.
Nach Manuels Beerdigung waren sie jeden Tag gemeinsam zum Grab gegangen, Armin stand stumm neben seiner schluchzenden Frau. Sie machte ihm keine Vorwürfe wegen des Motorrollers, doch er konnte Renates Schluchzen irgendwann nicht mehr ertragen. Er sagte ihr, dass er lieber allein zum Grab gehen wolle. »Können wir jetzt nicht einmal mehr gemeinsam trauern?«, hatte sie ihm ins Gesicht geschleudert. Armins erster Impuls

war es, die Frage zu bejahen. Dann wollte er Renate in den Arm nehmen. Letztlich stand er nur stumm und hilflos vor ihr.

Auch seine Flucht in die Arbeit konnte den Schmerz nicht lindern. Deshalb war er jetzt in Madagaskar.

Was sollten diese Gedanken? Er war nun einmal hier, also musste er das Beste daraus machen. Aber was war das Beste? Für wen sollte es das Beste sein? Für ihn selbst, um seine Trauer zu vergessen? Oder für die Bambuslemuren und die anderen bedrohten Tiere?

In Teresas Leben spielten die Lemuren die Hauptrolle. Sie wusste, wofür sie kämpfte. Was war sein Leben? Was war es noch? Der GFF hatte ihn wahrscheinlich ausgewählt, weil er ein erfahrener Moderator war. Also wurde von ihm erwartet, dass er einen Prozess moderierte. Der Prozess konnte nur die Schaffung des Schutzkorridors zwischen Ranomafana und Andringitra sein. Gut moderieren konnte man eigentlich nur, wenn man »über der Sache« stand. Teresa war in diesem Fall wohl keine geeignete Moderatorin, ihr ging es zu sehr um »ihre« Lemuren. War er ein guter Moderator? Stand er über der Sache? In Deutschland hatte er einen entsprechenden Ruf. Er konnte das Ganze von oben betrachten, wie auf einem Luftbild.

Armin liebte Luftbilder. Sie verschafften ihm einen Überblick, machten ihn zum Überflieger. Als solcher war Armin manchmal in der Schule und im Studium bezeichnet worden, weil ihm alles so leicht fiel. Er machte ein gutes Abitur, wurde gleich an seinem Wunschort zu seinem Wunschstudium zugelassen und machte auch dort seinen Weg. Auch die Promotion hätte er wohl mit Bravour abgeschlossen, wenn nicht … ja, wenn nicht sein Betreuer frühzeitig verstorben wäre, sein Lieblingsprofessor.

Wäre Armins Leben anders verlaufen, wenn er den Doktortitel erhalten hätte? Wäre er dann an der Uni geblieben, hätte eine wissenschaftliche Laufbahn eingeschlagen? Hätte er auch so gute Vorlesungen gehalten wie sein Vorbild?

Armin dachte an dessen legendäre Vorlesungen über Ökologie und Evolutionsbiologie zurück. Selbst aus einem trockenen Thema wie »Spezielle Zoologie der Wirbellosen« konnte er mit seinen anschaulichen, durch viele Gesten untermalten Schilderungen einen Krimi machen. Sogar die Mundwerkzeuge der Insekten waren dabei wichtige Protagonisten.

Armin hatte ihn im Ohr mit seinem fränkischen Dialekt, dessen rollendes R weicher klang als das schweizerische. »Präadaptation« war sein Lieblingswort. »Brräää-adabdation« schleuderte er den Studenten ins Gesicht. Er wollte, dass es hängen blieb. Und es blieb hängen. Wenn sich etwas nicht durch Anpassung erklären ließ, dann durch »Voranpassung«, durch Präadaptation.

Man konnte sich zum Beispiel nur schwer vorstellen, wie die Vogelfeder allmählich durch Anpassung entstanden sein konnte. Solange sie noch nicht zum Fliegen taugte, hatte sie ja keinen »adaptiven Wert«, war sie noch keine Anpassung ans Fliegen. Heute wusste man, dass etliche Dinosaurier bereits Federn hatten, ohne sich damit in die Luft zu erheben. Vermutlich dienten sie der Wärmeisolierung. In Bezug auf die Isolierung war es also eine »Adaptation«, eine Anpassung, für das Fliegen war es eine »Brräää-adabdation«.

Von den beiden Fachgebieten, die sein Professor lehrte, hatte Armin schließlich die Ökologie zu seinem Beruf gemacht. Die Evolutionsbiologie hatte ihn jedoch nie ganz losgelassen. Es war erstaunlich, dass Darwins fast 150 Jahre alte Evolutionstheorie heute immer noch Bestand hatte.

Das war keine Frage des Glaubens. »Intelligent Design« hatte mit Intelligenz überhaupt nichts zu tun, das war der alte Kreationismus in neuem Gewand. Armin konnte nicht nachvollziehen, was Evolution mit dem Glauben zu tun haben sollte. Kein Pfarrer nahm die Bibel heute mehr wörtlich, und erst recht nicht die Schöpfungsgeschichte. Man sprach ja auch nicht umsonst vom »Schöpfungsmythos«.

Vielleicht war das auch gar nicht der Mythos von der Schöpfung des Lebens, sondern von der »Wiederauferstehung« nach einer großen Katastrophe. Das war zumindest in einem Buch behauptet worden, das die Sintflut mit einem Kometeneinschlag in Verbindung brachte, der weltweit für Tod und Verderben sorgte. Vor 1980 hätten das die meisten wohl für Spinnerei gehalten. Bis der kalifornische Geologe Walter Alvarez zusammen mit seinem Vater in Italien eine Tonschicht entdeckte, in der das Element Iridium stark angereichert war. Und bis daraus geschlossen werden konnte, dass vor 65 Millionen Jahren ein großer Asteroid auf die Erde gestürzt war und ein Massensterben auslöst hatte. Nicht nur unter den Dinosauriern, die ohne Ausnahme vom Erdboden verschwanden. Auch für sämtliche Ammoniten hatte die letzte Stunde geschlagen. Diese Tintenfische mit ihrem schneckenartig eingerollten Gehäuse hatten für viele Millionen Jahre die Meere bevölkert. Heute wurden ihre glatt geschliffenen Fossilien überall in Madagaskar als Souvenirs verkauft.
Nach und nach fand man auch heraus, dass das Massensterben am Ende der Kreidezeit bei Weitem nicht das einzige in der Erdgeschichte war. Dass solche Ereignisse sogar mit einer gewissen Regelmäßigkeit auftraten – die fünf größten nannte man wie die großen afrikanischen Säuger »the big five«. Man war sich aber bis heute nicht einig, ob die anderen Katastrophen ebenfalls auf den Einschlag von Himmelskörpern zurückzuführen waren. Faszinierend fand Armin die Nemesis-Theorie, benannt nach der griechischen Göttin der Rache. Danach sollte

ein bisher nicht entdeckter Planet in großen, aber regelmäßigen Zeitabständen Kometen auf die Erde schießen.

Das erinnerte doch stark an die Katastrophentheorie von Georges Cuvier. Die hatte Armins Professor gleich in seiner ersten Evolutionsvorlesung kurz vorgestellt, um sie dann gleich wieder zu verwerfen. Das Leben auf der Erde sollte immer wieder durch Katastrophen vernichtet und dann wieder neu geschaffen worden sein. Einfach lächerlich.

Als sich nach und nach herausstellte, dass es im Verlauf der Erdgeschichte doch immer wieder solche Katastrophen gegeben hatte, wollte Armin genau wissen, was Cuvier eigentlich erforscht und geschrieben hatte. Er erfuhr, dass Cuvier der erste wissenschaftlich arbeitende Paläontologe war. Dass er die Wissenschaft von den Lebewesen vergangener Erdzeitalter quasi erfunden hatte. Und dass er in verschiedenen Gesteinsschichten auf völlig unterschiedliche Lebewesen gestoßen war. Da sich der Wechsel plötzlich und ohne Übergänge vollzog, konnten Cuviers Auffassung zufolge nur Katastrophen wie eine Sintflut dafür verantwortlich sein. Er hatte jedoch niemals behauptet, dass es nach den Katastrophen eine göttliche Neuschöpfung der Organismen gegeben hätte. Er hatte vielmehr angenommen, dass diese aus anderen Gebieten eingewandert waren. Das Gerücht der Neuschöpfungen hatten Cuviers Gegner in Umlauf gebracht, die den Katastrophismus ablehnten und ihm den Gradualismus entgegensetzten – die Theorie, dass sich alles auf der Erde ganz allmählich entwickelte. Auch Darwin übernahm den Gradualismus in seine Evolutionstheorie. Was Darwins Theorie damals glaubwürdiger machte, war heute vielleicht ihre einzige Schwäche, dachte Armin. Man müsste Cuvier und Darwin zusammenbringen. Das hatte bis heute noch niemand so richtig versucht. Vielleicht aus Angst davor, dass jeder Zweifel an Darwins Evolutionstheorie die Kreationisten auf den Plan rufen würde?

Armin wälzte sich im Bett. Man konnte den Schlaf nicht erzwingen. *Guten Schlaf und langes Leben kann man nicht erzwingen,* war einer seiner Lieblingsaphorismen. Armin liebte Aphorismen, auch wenn sie vielleicht altmodisch waren.
Der beste Beleg für die Evolutionstheorie ist das Aussterben von Arten. Dieser Satz kam Armin nun wieder in den Sinn. 95 Prozent aller jemals lebenden Arten waren ausgestorben. Warum? Einfach nur, weil *das Bessere der Feind des Guten* war? Oder wurden sie von Katastrophen hinweggefegt? Beides war wohl richtig, aber ergab das einen Sinn? Hatte die Evolution einen Sinn? War der Mensch zufällig entstanden oder eine logische Konsequenz der Erdgeschichte?
Natürlich hatte die Evolution kein Ziel. Aber vielleicht hatte sie eine Richtung. Wenn ja, welche? Hatten die Katastrophen etwas damit zu tun?
Und die Erde war wüst und leer … Sicher, nach einer Katastrophe war sie das … Aber es musste immer Überlebende gegeben haben … Wer waren sie? … Welche Präadaptation mussten sie mitbringen?

Armin war nackt. Vor ihm ein grauer, schroffer Berg. Ein Haufen nackter, grauer Steine. Er drehte sich um und blickte in eine graue Wüste. War er nicht von dort gekommen? Er wandte sich wieder dem Berg zu und begann, hinaufzuklettern. Die Steine waren brüchig und knirschten unter seinen Füßen. Er kam nur schlecht voran, rutschte immer wieder zurück. Schließlich erreichte er einen Bereich mit größeren Blöcken, wo er besseren Halt fand. Doch es wurde immer steiler.
Da, was war das? Hatte sich da nicht etwas bewegt? War da nicht etwas weggehuscht und zwischen den Steinen verschwunden? Armin ging langsam auf die Stelle zu, konzentrierte sich auf die Lücken zwischen den Steinen. Tatsächlich, da blitzte etwas

aus dem Dunkeln hervor. Zwei Knopfaugen, die ihn neugierig ansahen. Es war eine Ratte. Nur eine Ratte … nur eine Ratte … nur eine Ratte …

Wieder schrak Armin hoch. Er war abermals eingeschlafen und hatte geträumt. Wieder nackt, wieder dieses Grau. Aber diesmal gab es einen Unterschied. Er hatte einen Berg erreicht und konnte hinaufklettern. Und er hatte ein Lebewesen angetroffen. Eine Ratte. Was hatte das zu bedeuten?
Armin hatte beim Anblick der Ratte weder Angst noch Ekel empfunden. Stand sie als anspruchsloser Allesfresser für Robustheit, für Widerstandsfähigkeit? Bedeutete ihr Auftauchen in der unwirtlichen Steinwüste, dass sie eine Katastrophe überlebt hatte?
Im Zeitalter der Dinosaurier gab es zwar bereits Säugetiere, sie blieben aber klein und unauffällig. Sie traten erst aus dem Schatten der Dinosaurier, nachdem diese zu tief in die Kreide gekommen waren, wie es scherzhaft in einem Gedicht Viktor von Scheffels hieß. Armin versuchte, die Strophe zusammenzubekommen. *Es starb zu derselbigen Stunde … die ganze Saurierei … sie kamen zu tief in die Kreide … da war es natürlich vorbei.*
Scheffel hatte natürlich noch nicht gewusst, dass das Ende der Kreidezeit und die Existenz der Dinosaurier durch einen Asteroideneinschlag besiegelt worden waren. Immerhin war aber offenbar im 19. Jahrhundert schon bekannt, dass alle Dinosaurier mehr oder weniger gleichzeitig von der Bildfläche verschwunden waren. Auch das Wort *Weltkatastrophe* kam in Scheffels Gedicht *Der Ichthyosaurus* vor.
Die Säugetiere traten danach nicht nur aus dem Schatten der Dinosaurier, sondern auch aus dem Schatten der Nacht. Sie konnten ihre Temperatur regulieren und gebaren lebende Junge. Das war eine hervorragende Anpassung an das nacht-

aktive Leben und die einzige Chance, mit den alles beherrschenden Dinosauriern zu koexistieren. Denn die schliefen des Nachts, da sie ohnehin nicht viel gesehen hätten.
Natürlich mussten die Säugetiere klein bleiben, damit die mächtigen Dinosaurier sie übersahen. Klein und flink, wie die Ratten. Bezüglich der Nahrung durften sie nicht wählerisch sein, mussten alles nehmen, was sie fanden. Allesfresser, Generalisten, wie die Ratten. Sie hatten die Katastrophe überlebt, die Dinosaurier waren hinweggefegt worden. Die meisten von ihnen waren das Gegenteil der Ratten. Anti-Ratten. Große, unflexible Spezialisten. Die Giganten unter ihnen waren Pflanzenfresser. Sie mussten immer größer werden, um nicht von den anderen gefressen zu werden. Und auch die Fleischfresser wurden immer größer, um Beute zu machen. Bis hin zum *Tyrannosaurus rex*, dem König der Gewaltherrscher, einem der größten landlebenden Fleischfresser aller Zeiten. Er lebte am Ende der Kreidezeit, hatte den Asteroideneinschlag also miterlebt. Aber keiner hatte ihn überlebt, kein *T. rex* und auch kein anderer Dinosaurier.
In der näheren Umgebung des Einschlags machten die gewaltige Druckwelle und die verheerende Feuerwalze alles Leben zunichte. An den Küsten brachten Tsunamis todbringenden Aufruhr. In größerer Entfernung überlebten vor allem kleinere Tiere – für die meisten von ihnen wurde das Leben jetzt erst richtig schwierig. Durch den Einschlag wurde eine gigantische Menge feiner Partikel in die Atmosphäre geschleudert, die sich dort sehr lange hielten und der Erde eine nicht enden wollende Winternacht bescherten.
Die Pflanzen konnten ohne Sonnenlicht nicht mehr wachsen, die Pflanzenfresser fanden keine Nahrung mehr, ganze Ökosysteme brachen in sich zusammen. Je komplexer ein solches System aufgebaut war, je größer die Vielfalt war, desto stärker

wurde es getroffen. In artenreichen Lebensräumen wie dem tropischen Regenwald oder den Korallenriffen gab es fast ausschließlich Spezialisten. Da sie alle miteinander vernetzt waren, gingen bei einer solchen Katastrophe auch alle gemeinsam zugrunde.

Welche Arten würden also überleben? Welche »Präadaptation« käme ihnen zunutze? Sie mussten klein sein, das war klar. Außerdem durften sie nicht zu stark spezialisiert sein, gefragt waren Generalisten. Sie mussten flexibel sein, mit Dunkelheit und Kälte zurechtkommen. Sie mussten alles fressen, was zu finden war. Sie mussten sein wie die Ratten. Vielleicht war das der Schlüssel, dachte Armin. Vielleicht hatte Stephen Jay Gould ja doch unrecht gehabt mit seiner Hypothese, dass der Mensch rein zufällig entstanden war, dass jede kleine Änderung in der Entwicklung des Lebens zu einem völlig anderen Ergebnis geführt hätte.

Natürlich war der Mensch nicht das Ziel der Evolution. Das zu behaupten wäre Kreationismus. Vielleicht gaben die Katastrophen der Evolution jedoch eine Richtung, die fast zwangsläufig zum Menschen führte. Nicht »Intelligent Design«, sondern »Intelligence Design« – durch Katastrophen?

Die Natur der Dinge

Als Armin kurz nach neun das Büro betrat, war er noch völlig aufgewühlt von der gedankenschweren Nacht. Hastig grüßte er Teresa und Rakoto, die beide am Computer saßen. Teresa nickte ihm kurz zu, Rakoto stand auf und schüttelte ihm die Hand. Armin ging ohne weitere Worte in sein Büro, setzte sich an den Schreibtisch und startete den Computer. Auf einem USB-Stick hatte er seinen Essay mitgebracht, den er in der Nacht zuvor in zwei Stunden in sein Notebook gehackt hatte. Er hatte das Gefühl, etwas völlig Neues entdeckt zu haben. So musste es Watson und Crick mit ihrer Doppelhelix ergangen sein. War sie nicht einem von ihnen ebenfalls im Traum erschienen?
Armin hatte von einer Ratte geträumt. Vielleicht gab es nach jeder Katastrophe ähnliche Kreaturen wie die Ratten, die überlebten und den weiteren Verlauf des Lebens auf der Erde bestimmten. Kleine, flexible Generalisten. Die Ratten der Evolutionsgeschichte.
Warum war er bereits während des Schreibens auf den Begriff »Essay« gekommen? Weil es in der Tat mehr ein Versuch als eine wissenschaftliche Abhandlung war?
Armin sah im Internet nach, wie ein Essay genau definiert war. *Ein Essay ist eine geistreiche Abhandlung, in der wissenschaftliche, kulturelle oder gesellschaftliche Phänomene betrachtet werden. Im Mittelpunkt steht die persönliche Auseinandersetzung des Autors mit seinem jeweiligen Thema. Die Kriterien streng wissenschaftlicher Methodik können dabei vernachlässigt werden.*
Genau das war es, dachte Armin. Oder war er darauf gekommen, weil Darwin sein Buch über die Entstehung der Arten

auch als Essay bezeichnet hatte, obwohl es rund fünfhundert Seiten umfasste?

Sein Essay war nur sieben Seiten lang. Geistreich war er hoffentlich, und eine persönliche Auseinandersetzung mit dem Thema war es allemal. Was aber sollte er nun damit machen? Da er »die Kriterien wissenschaftlicher Methodik« vernachlässigt hatte, würde wohl kein wissenschaftliches Magazin seinen »Versuch« veröffentlichen. Vielleicht als Diskussionsbeitrag?

Armin öffnete das Dokument am Bildschirm und überflog es noch einmal.

Intelligenz als universelles Prinzip? Ein Modell der Makroevolution. Das war die Überschrift, die ihm passend erschien. Der Begriff *Intelligenz* würde die Aufmerksamkeit der Leser wecken. Die *Makroevolution* war nicht jedem geläufig, aber man erkannte, dass es um etwas Großes ging. Nicht um die kleinen Variationen der Mikroevolution, sondern um die Entstehung neuer Arten, neuer Gattungen, neuer Familien. Neue Arten entwickelten sich besonders häufig auf Inseln. Auch ihn hatte es auf eine Insel verschlagen. Würde auch er sich nun zu einer neuen Art entwickeln? Armin schmunzelte und las weiter.

Er ging auf Cuviers Katastrophentheorie ein und hatte einen Satz formuliert, der ihm auch beim zweiten Durchlesen noch gefiel: *Für unser Modell müssen wir den Darwin'schen Cocktail nicht wegschütten, sondern nur »einen Schuss Cuvier« dazugeben.* Natürlich war die Katastrophe selbst zunächst ein Rückschritt. Sämtliche hoch entwickelten Spezialisten starben aus, nur die einfach gebauten Generalisten überlebten. Aber gerade durch ihre geringe Spezialisierung waren sie die »Drehscheibe« für neue Entwicklungen. *Aus der Krise resultierten also zahlreiche neue Chancen.*

In jeder Krise steckt eine Chance – dieser Spruch war ziemlich abgedroschen, aber für die Evolution traf er offenbar zu. Galt er auch für ihn? Würde er hier, nach seiner persönlichen Katastrophe, isoliert auf der Insel Madagaskar, eine neue Chance bekommen?

Die Evolution wurde immer wieder mit einem Baum verglichen, der ständig wuchs und sich immer weiter verzweigte. Das war jedoch das falsche Bild, stellte Armin heraus. Die Evolution war ein dichter Busch, der immer wieder brutal zurückgeschnitten wurde. *Das Zurückschneiden kommt für die abgeschnittenen Äste einer Katastrophe gleich. Für den gesamten Strauch bedeutet dies jedoch eine Verbreiterung und Vermehrung der Äste, also eine Verdichtung.*

Nun kam die entscheidende Frage: Wie waren auf diese Weise der Mensch und seine Intelligenz entstanden? Die Antwort ergab sich nun fast zwingend. Mit jeder Katastrophe wurde das Leben zwar zurückgestutzt, es überlebten aber jeweils die kleinen und flexiblen Organismen, die »Ratten der Evolutionsgeschichte«.

Armin stutzte. Hier war nicht geklärt, warum sich das Leben überhaupt weiterentwickelte, warum nicht schlicht jedes Mal dieselben Ratten überlebten. Ihm war klar, dass das Leben im Lauf der Evolution immer vielfältiger und komplexer wurde, dazu brauchte es nur ein wenig Darwin. Der »Schuss Cuvier« brachte dann die Flexibilität ins Spiel. Die flexiblen Generalisten waren also nach jeder Katastrophe eine Komplexitätsstufe höher geklettert, bis hin zu den Säugetieren, bis hin zum Menschen. *Und was ist der Gipfel an Flexibilität? Die adäquate Reaktion auf Umweltreize – allerdings nicht in einer gleichbleibenden Umwelt, dafür reichen die angeborenen Reaktionen aus, sondern in einer sich ständig verändernden Umwelt. Das ist Intelligenz!*

Der letzte Satz seines Essays war vielleicht ein wenig anmaßend: Sollte sich dieses Modell bestätigen, so resultierte aus

Darwins Evolutionstheorie in Kombination mit Cuviers Kataklysmentheorie eine »Revolutionstheorie«.

In der Euphorie des frühen Morgens hätte er am liebsten »Armins Revolutionstheorie« in dicken Lettern über seinen Text gesetzt, doch das schien ihm dann doch zu dick aufgetragen.

Evolution oder Revolution? Das war hier die Frage. Armin musste lächeln. Er, der Naturschützer, hatte eine neue Theorie entwickelt. Vielleicht hätte er doch eine wissenschaftliche Laufbahn einschlagen sollen. So wie sein Kommilitone Hans-Peter, mit dem er immer über die Evolutionstheorie diskutiert hatte. Einiges aus dieser Diskussion war sogar in seinen Essay eingeflossen, wie etwa das Verhältnis von »Fitness« und Flexibilität.

Armin konnte sich noch gut erinnern, wie sie die von Darwin verbreitete und bis heute gepredigte These des »Survival of the Fittest« auseinandergenommen hatten. Schon bei der Übersetzung ins Deutsche fingen die Probleme an. Natürlich ging es nicht um das Überleben des Stärksten, auch nicht des Tüchtigsten, sondern des Tauglichsten. Desjenigen, der am besten an die herrschenden Umweltbedingungen angepasst war. Und worin drückte sich das aus? In der Zahl seiner Nachkommen natürlich! Wer mehr Nachkommen in die Welt setzte, war besser angepasst, und wer besser angepasst war, bekam mehr Nachkommen. Hier biss sich die Katze in den Schwanz, das war eine klassische Tautologie. »Survival of the Survivor« – es überlebte eben der, der überlebte.

Ihr Star war damals der amerikanische Evolutionsbiologe Stephen Jay Gould. Er war nicht nur ein hervorragender Wissenschaftler, er war auch politisch aktiv und hatte sich in seiner Jugend zum Beispiel gegen rassengetrennte Lokale oder gegen den Vietnamkrieg eingesetzt. Und er hatte gemeinsam mit

Niles Eldredge anhand von Fossilien herausgefunden, dass die Evolution nicht gleichmäßig, sondern in Schüben verlaufen war. Lange Zeit hatte sich gar nichts getan, und dann ging alles ganz schnell. Das Gleichgewicht wurde durchbrochen, daher der Begriff »Punctuated Equilibrium«. Mit »Punktualismus« wurde er nicht gerade glücklich ins Deutsche übersetzt. Immerhin hatte das bereits den Hauch von Katastrophen und setzte dem Gradualismus, dem langweiligen »Allmählichismus«, etwas Spannendes entgegen.
Stephen Jay Gould vertrat die Auffassung, dass die Evolution zufällig verlief. Dass jede kleine Änderung in der Entwicklungsgeschichte zu völlig anderen Ergebnissen geführt hätte. Dass Evolution nicht mit Fortschritt gleichgesetzt werden konnte. Armin und Hans-Peter hatten sich dieser Meinung nach nächtelangen Diskussionen angeschlossen.
Ob Hans-Peter seine Meinung inzwischen ebenfalls geändert hatte? Sollte Armin ihn danach fragen?

Hans-Peter würde eine wissenschaftliche Laufbahn einschlagen, das war Armin schon damals klar. Auch er hatte das eigentlich vor. Hatte seine Promotion mit der Absicht begonnen, später an einer Universität zu forschen und zu lehren. Dass es nicht dazu gekommen war, dass er seine Promotion abgebrochen hatte, hing mit dem Tod seines Professors zusammen, einem Tod »nach kurzer, schwerer Krankheit«. Er hätte seine Arbeit über die ökologische Einnischung der Dungkäfer bei einem anderen Betreuer fortsetzen können, doch das wollte er nicht. Ihm kamen damals auch alle möglichen Einwände gegen die Wissenschaft. Gegen das »rat race«, das Rattenrennen um die Veröffentlichung von Ergebnissen, die kaum einen wissenschaftlichen Fortschritt brachten. Schon wieder die Ratte, dachte Armin und musste lächeln.

Renate hätte ihn wohl gern als Professor gesehen. Sie wäre sicher auch gern mit ihm in die USA gegangen, wo Hans-Peter heute Professor für Evolutionsbiologie war. Professor für Evolutionsbiologie. Das hörte sich gut an.

Ja, mit Hans-Peter konnte er seinen Essay diskutieren. Nach dem Studium hatten sie sich aus den Augen verloren, aber vor etwa zehn Jahren hatte sich ein kurzer Briefwechsel ergeben. Schon damals hatte Armin von Hans-Peter wissen wollen, wie er die Auswirkung der Katastrophen auf die Evolution beurteilte. Hans-Peter hatte eher ausweichend reagiert, er maß ihnen offenbar keine große Bedeutung bei. Aber sein Essay würde ihn sicherlich überzeugen. Vielleicht hatte er sogar einen Tipp, wo er ihn veröffentlichen konnte. Sollte er ihm eine gemeinsame Veröffentlichung vorschlagen? Armin gab Hans-Peters Namen in eine Suchmaschine ein und landete auf der Homepage der Princeton University. Er klickte auf die angegebene Mailadresse und begann zu schreiben.

Lieber Hans-Peter,

vielleicht erinnerst Du Dich noch: Vor fast zehn Jahren habe ich einen schriftlichen Versuch gestartet, mit Dir über mein neues »Hobby« zu diskutieren: die Auswirkungen von Katastrophen auf die Evolution. Eigentlich war mir damals gar nicht ganz klar, warum mich das Thema so faszinierte, aber es hat mich seither nicht mehr losgelassen. Vielleicht habe ich inzwischen erkannt, dass auch die Entwicklung der Menschheit mit diesen Ereignissen zusammenhängt. Außerdem tat mir der alte Cuvier leid, dessen Katastrophentheorie zuerst zerrupft und dann belächelt wurde.

In letzter Zeit habe ich mich wieder etwas intensiver mit dem Ganzen befasst. Heute Nacht hatte ich schließlich eine Eingebung, die ich sofort zu Papier gebracht habe. Es erscheint zunächst vielleicht lächerlich, aber ich habe von einer Ratte geträumt. Als ich

aufwachte, war mir klar, dass die Ratte der Schlüssel ist. Der Schlüssel zum Fortschritt in der Evolution, über den wir damals nächtelang diskutiert haben. In der Anlage findest Du meinen Essay, den ich nach dieser Eingebung innerhalb von knapp zwei Stunden fertig hatte.
Nun bin ich natürlich auf Dein Urteil gespannt. Mir ist klar, dass man es in dieser Form wohl kaum veröffentlichen kann, allenfalls als Diskussionsbeitrag. Das Problem ist, dass ich die neuere Fachliteratur nicht kenne und daher nicht weiß, ob dieses Modell so oder in ähnlicher Weise bereits entwickelt wurde. Aber Du bist ja auf dem aktuellen Stand und kannst mir diese Frage sicher beantworten.
Falls ich Dich von meiner Hypothese überzeugen kann, würde ich mich sehr über eine gemeinsame Veröffentlichung freuen.
Herzliche Grüße
Dein Armin
PS:
Anscheinend nimmt mich meine Hypothese völlig gefangen. Ich hätte fast vergessen, Dich über meinen derzeitigen Aufenthaltsort zu informieren: Ich bin vor wenigen Tagen in Madagaskar eingetroffen, wo ich ein Naturschutz-Projekt des GFF leite. Wie es dazu gekommen ist, teile ich Dir gerne später einmal mit. Der Anlass war nämlich alles andere als erfreulich.

Alles andere als erfreulich – diese Formulierung war natürlich völlig unangemessen für das, was geschehen war. Eigentlich hätte es heißen müssen: *Der Anlass war eine Katastrophe!* Aber dann würde Hans-Peter sicher umgehend nachfragen. Und das wollte Armin vermeiden. Also ließ er es so.
Nachdem er die Mail abgeschickt hatte, dachte Armin darüber nach, ob er mit Teresa und Rakoto über seinen Essay sprechen sollte. Von Teresa wusste er nun, dass sie ihr Biologiestudium abgebrochen hatte. Natürlich kannte sie Darwins Evolutionsthe-

orie; mit den neueren Entwicklungen hatte sie sich aber sicher nicht mehr befasst. Außerdem war sie Naturschützerin durch und durch und interessierte sich wohl eher für die Praxis als für Theorien.

Armin war zwar auch zum Naturschützer geworden, Theorien hatten ihn jedoch schon immer fasziniert. Bereits in der Schulzeit war er auf der Suche nach dem »Wesen der Dinge«, nach der »Natur der Dinge« gewesen. *Betrachte aufmerksam die Dinge der Natur, und du erfährst etwas von der Natur der Dinge.* An diesem Aphorismus hatte er sehr lange gefeilt. Er hatte die Natur nie oberflächlich betrachtet, wollte immer ihren tieferen Sinn ergründen. Hatte er ihn jetzt erfahren? Jetzt, nach dem Tod seines Sohns, als er vom Leben nicht mehr viel erwartete? Armin erschauerte.

Mit Rakoto konnte er seine Theorie natürlich auch nicht besprechen, der hatte sich mit Evolutionsbiologie bisher kaum befasst, wie sich im Wald bei der Außenstation herausgestellt hatte. Wie Armin aus den Unterlagen wusste, hatte Rakoto in Fianar zwei Jahre lang Umwelttechnik studiert und war dann als Ranger zu *Madagascar National Parks* gegangen.

Auf der anderen Seite kam Rakoto aus einer Kultur, in der das Sterben und der Tod ganz anders gesehen wurden als in der »westlichen Welt«. Ein Europäer setzte den Tod mit einer Katastrophe gleich, ein Madagasse nicht. Das nahm Armin zumindest an. Er dachte an die Famadihana, die Umwendung der Toten. Keine Trauergemeinde, sondern ein Freudenfest. Aber hatte Rakoto nicht gesagt, dass eine Beerdigung in Madagaskar auch eine traurige Angelegenheit sei?

Er wollte mit Rakoto bei Gelegenheit darüber sprechen. Zunächst wollte er jedoch etwas über die Mentalität der Madagassen in Erfahrung bringen, um als Moderator nicht zu versagen. Armin stand von seinem Schreibtisch auf und ging in den Nachbarraum. Rakoto blickte von seinen Unterlagen auf.

»Rakoto, hättest du bitte kurz Zeit?«

»Ja, Monsieur«, antwortete Rakoto und sah ihn erwartungsvoll an.

»Zuerst musst du mir versprechen, nie mehr Monsieur zu sagen.«

»Ja, Monsieur Armin«, sagte Rakoto lachend. »Ich verspreche es!«

»Würdest du mal eben zu mir rüberkommen? Im Sitzen lässt es sich besser besprechen.«

»Ja, natürlich«, antwortete Rakoto. Sie setzten sich an den sonnigen Besprechungstisch. Armin blickte einen Moment konzentriert vor sich auf den Tisch und wandte sich dann an Rakoto.

»Rakoto, wir haben doch auf unserer Fahrt hierher darüber gesprochen, dass die Madagassen über viele Dinge anders denken als wir Europäer. Kannst du mir ein Beispiel nennen, was für euch besonders wichtig ist?«

Rakoto runzelte die Stirn. »Natürlich hat jede Volksgruppe ihre eigenen Sitten und Gebräuche. Aber eines ist uns allen wichtig, und das ist die Gemeinschaft.«

Armin lehnte sich zurück und faltete die Hände vor dem Bauch. »Was bezeichnet ihr als Gemeinschaft? Umfasst das alle Madagassen oder nur die jeweilige Gruppe?«

Rakoto sah nach oben.

»Das umfasst sogar den ganzen Kosmos. Einer unserer wichtigsten Begriffe ist *Fihavanana*. Das bedeutet so etwas wie Freundschaft. Aber nicht nur die Freundschaft zwischen zwei oder wenigen Menschen, sondern zwischen allen Menschen, Stämmen und Völkern«, antwortete Rakoto, während er mit den Händen einen Kreis beschrieb.

»Und was hat das mit dem Kosmos zu tun?«, fragte Armin.

»*Fihavanana* bedeutet ...« – Rakoto blickte wieder nach oben, als warte er auf eine Eingebung – »... dass das ganze Universum und alle Lebewesen nur ein Ziel haben: das Leben zu erhalten und weiterzuentwickeln. Der Mensch ist auf diesem Wege am weitesten fortgeschritten. Er hat die Aufgabe, die Natur zu nutzen und zu bewahren.«

Armin dachte über Rakotos Worte nach. Das Universum hat das Ziel, das Leben zu erhalten und weiterzuentwickeln ... der Mensch am weitesten fortgeschritten ... Er war überrascht, wie nahe das seinen Gedanken der vergangenen Nacht war. Trugen auch die Toten dazu bei, das Leben weiterzuentwickeln? Machten sie Platz für das Neue? Darüber wollte Armin mit Rakoto allerdings nicht sprechen, er wollte sich auf die Natur konzentrieren. Wie war das noch? Der Mensch hat die Aufgabe, die Natur zu nutzen und zu bewahren.

»Dann wärt ihr ja die idealen Naturschützer«, sagte er.

»Ja, du hast recht – wir wären es vielleicht, wenn wir nicht so viele und nicht so arm wären«, sagte Rakoto und senkte den Kopf.

»Tut mir leid, ich wollte dich nicht kränken«, sagte Armin betroffen.

»Du hast mich nicht gekränkt, ich leide ja selber darunter.«

Vielleicht sollte er seine Gedankenwege um die Toten doch ansprechen, dachte Armin. Wer konnte schon sagen, wann sich wieder eine Gelegenheit dazu bieten würde?

»Hängt eure Beziehung zu den Toten auch mit dem Gemeinschaftsgefühl zusammen?«, fragte er.

»Ja, sicher! Wir glauben, dass die Toten auch zur Gemeinschaft gehören. Ohne Ahnen gäbe es keine Lebenden, die Menschheit könnte nicht weiterbestehen. Bei einer *Famadihana*, wie wir ja auf der Fahrt gesehen haben, nehmen die Lebenden Kontakt mit den Seelen der Toten auf. Deshalb ist es ein Freudenfest«, sagte Rakoto.

Armin musste wieder an Manuel denken. Er stellte sich vor, wie er ihn aus dem Grab nahm und herumtrug. Freude konnte er dabei nicht empfinden. Nur tiefe Trauer. Er spürte, wie ihm Tränen in die Augen stiegen, blinzelte ein paarmal hastig und fasste sich verlegen an die Nase.

»Zu welcher Bevölkerungsgruppe gehören die Bewohner des Dorfs, in dem wir gestern waren? Sind das auch Betsileo wie hier in Fianar?«, fragte er dann mit bemüht fester Stimme.

»Nein, sie gehören zu den Tanala. Das kann man ungefähr mit ›Waldmenschen‹ übersetzen«, erwiderte Rakoto.

»Das stimmt ja in diesem Fall fast noch. Haben die Tanala sonst noch irgendwelche Besonderheiten?«

Rakoto schaute wieder kurz nach oben.

»Im Aufstand gegen die Franzosen wurden sie fast völlig ausgerottet. Danach sind aber wieder viele Menschen aus dem Osten und aus dem Westen eingewandert. Dadurch haben sich ihre Bräuche stark verändert.«

»Ich nehme an, dass sie dann auf die Vazaha nicht besonders gut zu sprechen sind«, sagte Armin.

Rakoto nickte. »Ja, das stimmt.«

»Wovon leben die Tanala heute?«, fragte Armin.

»Natürlich bauen sie Reis und andere Feldfrüchte an, aber ihre Lebensgrundlage waren bis vor Kurzem die Jagd und der Fischfang.«

»Das heißt, dass das Jagdverbot für sie einen echten Einschnitt bedeutet. So langsam wird mir klar, dass wir vor keiner einfachen Aufgabe stehen.« Armin ließ sich in seinen Stuhl zurückfallen. »Gibt es auch irgendwelche Besonderheiten, die uns entgegenkommen könnten?«

Rakoto dachte kurz nach. »Als Waldmenschen kennen sie sich sehr gut aus mit den Heilkräften der dort wachsenden Pflanzen. Gegen jede Krankheit und Verletzung kennen sie irgendein Mittel.«

»Dann sollte ihnen ja einiges an der Erhaltung des Waldes gelegen sein«, sagte Armin.

»Das ist richtig, aber ein Wald, in dem sie nicht mehr jagen dürfen, ist für sie nur noch halb so viel wert.«

»Wie sieht es mit der Nutzung des Holzes aus?«, fragte Armin. »Ihre Hütten bestehen ja fast vollständig aus Bambus.«

»Ja, aber das ist kein Problem, der Bambus wächst schnell wieder nach. Die großen Bäume werden nur für besondere Gebäude genutzt, wie zum Beispiel das Haus des Dorfältesten oder das Tranobe.« Tranobe betonte Rakoto auf der letzten Silbe.

»Was ist das Tranobe?«, fragte Armin.

»Tranobe heißt ›großes Haus‹. Es ist das Gemeinschaftshaus, das es in jedem Tanala-Dorf gibt. Meist steht es ganz oben auf einem Hügel.«

»Das ist mir gar nicht aufgefallen.«

»Es steht ein Stück oberhalb vom Haus des Dorfältesten und ist von Bäumen umgeben.«

Armin beugte sich nach vorn und stützte seine Hände auf den Knien ab.

»Wird das Holz auch exportiert?«

»Eigentlich nicht«, antwortete Rakoto zögernd.

»Was heißt eigentlich?«

»Es gibt im Dorf einen Mann, der mit Bananen und Gewürzen handelt. Er verkauft ab und zu auch Holz. Vor allem Palisander, der bringt am meisten Geld.«

»Wo wird das Holz geschlagen?«

»Bis jetzt noch außerhalb des geplanten Schutzgebiets.«

»Was meinst du mit *bis jetzt*? Befürchtest du, dass es nicht so bleibt?«

Rakoto sah Armin mit ernstem Blick an.

»Außerhalb gibt es nicht mehr viel Palisander.«

Familie

»Bonjour, Vazaha.«
»Noro, das heißt: ›Bonjour, Monsieur‹«, sagte Rakotos Frau lachend zu ihrem Sohn.
»Bonjour, Monsieur«, sagte Noro artig und gab Armin noch einmal die Hand.
»Bonjour, Noro«, grüßte Armin zurück. Der Junge hatte dieselben dunklen, mandelförmigen Augen wie sein Vater.
Rakotos Wohnung lag im zweiten Stock eines mehrgeschossigen Mietshauses im Zentrum von Fianar. Armin wusste, dass seine Frau Rasoa hieß und dass sie zwei Kinder hatten, die zehnjährige Lala und den achtjährigen Noro. Als er die beiden nun vor sich sah, wurde ihm schmerzlich bewusst, dass das Thema Familie für ihn abgeschlossen war. Doch er hätte die Einladung Rakotos schlecht zurückweisen können.
Auch Lala streckte Armin ihre Hand entgegen und grüßte mit »Bonjour, Monsieur!«. Dabei nickte sie so heftig, dass die in ihr schwarzes, lockiges Haar geflochtenen Zöpfe lustig auf und ab wippten.
Armin wandte sich an Rasoa und gab ihr die als Geschenk verpackte Flasche Wein, die er während der Begrüßung der Kinder in der linken Hand gehalten hatte. Rasoa bedankte sich und stellte das Geschenk unausgepackt auf ein kleines Schränkchen. Sie trug ein weißes, kurzärmeliges Strickkleid und eine Perlenkette, die ihre bronzefarbene Haut und die schwarzen, schulterlangen Haare betonten. Armin gefiel ihre freundliche, offene Art. Rasoa und Rakoto passen gut zusammen, dachte er. Sie strahlten eine Leichtigkeit und Vertrautheit aus, an die Armin

sich kaum mehr erinnern konnte. Sie waren wohl das, was man ein glücklich verheiratetes Paar nannte.

Auch Renate und er hatten gut zusammengepasst. Zumindest hatten das alle gesagt. Aber waren sie glücklich verheiratet gewesen? Sicher, sie waren sehr vertraut miteinander. Aber wo war die Leichtigkeit geblieben? Sie war nicht erst mit Manuels Tod verschwunden, sondern hatte ihrer Beziehung schon vorher gefehlt. Hätte ein zweites Kind daran etwas geändert? Das war jetzt belanglos geworden. So etwas wie Glück konnte Armin sich nicht mehr vorstellen. Allenfalls gab es für ihn noch Ablenkung von der Trauer.

Vom Flur gingen drei Räume ab, die nur durch Perlenvorhänge abgeteilt wurden. Geradeaus sah Armin in die Küche, in der ein Herd und ein kleiner Tisch mit zwei Stühlen standen.
»Ich muss noch das Essen fertigmachen«, sagte Rasoa und ging in die Küche.
Die Kinder zogen sich in den rechts liegenden Raum zurück, in dem Armin zwei große Betten und einen Schreibtisch aus hellem Holz sah, auf dem Schulhefte und Stifte lagen. Wenn es nur diese drei Räume gab, war das wohl das Schlaf- und Arbeitszimmer für die ganze Familie. Rakoto wies in den Raum zu ihrer Linken, streifte seine Hausschuhe ab und stellte sie neben den Eingang. Armin schob seine Schuhe neben Rakotos schwarze Pantoffeln. Der Raum, den er nun betrat, war eindeutig das Wohnzimmer. Es wurde beherrscht von einer Garnitur aus einem Sofa und zwei Sesseln, die mit ihrem dunklen Holzgestell und den mit goldenem Brokat bezogenen Polstern sehr wuchtig und rustikal wirkten. Über den Kopfteilen der Sessel und des Sofas hingen Häkeldeckchen. Die massiven Möbel erinnerten Armin an das Wohnzimmer seiner Kindheit. Sehr modern war hingegen der Flachbildfernseher, der an einer

Schmalseite des Raums auf einem hölzernen Schränkchen mit blüten- und blattförmigen Intarsien stand. An der Längsseite gegenüber dem Eingang befand sich eine Glastür, die auf den Balkon führte.

Armin machte Anstalten, sich auf das Sofa zu setzen. Doch Rakoto forderte ihn mit einer knappen Geste auf, auf einem der Sessel Platz zu nehmen. Er wartete, bis Armin sich niedergelassen hatte, bevor er sich selbst setzte.

Obwohl sich Armin schon oft mit Rakoto unterhalten hatte und sich gut mit ihm verstand, fühlte er sich jetzt in dieser familiären Vertrautheit fremd und unsicher.

»Möchten Sie … ch … möchtest du etwas trinken? Vielleicht einen madagassischen Rosé?«, fragte Rakoto.

»Probieren würde ich den schon gerne«, antwortete Armin. »Ich habe noch nie madagassischen Wein getrunken.«

Rakoto ging hinaus und kam kurze Zeit später mit einer bereits entkorkten Flasche und zwei Kristallgläsern zurück. Nachdem er eingeschenkt und die Flasche abgestellt hatte, sah Armin auf das Etikett. »Grand Cru« stand groß darauf, und darunter »Gris de gris«. Da Armin sich seit seinem Studium in Freiburg für Wein interessierte, waren ihm diese Begriffe bekannt. Grand Cru hieß so viel wie »Große Lage«, eine Bezeichnung, die nur für besonders guten und teuren französischen Wein verwendet wurde. Und »Gris de gris« war ein besonders heller Rosé. Das bestätigte sich, als Armin das Glas hob und wie gewohnt zunächst einmal die Farbe des Weins begutachtete. Ein blasses Orange, das an eine unreife Aprikose erinnerte.

Nachdem Rakoto und Armin sich gegenseitig »Santé« gewünscht hatten, schwenkte Armin das Glas und schnupperte daran. Wie für einen Rosé nicht anders zu erwarten, überwogen die fruchtigen Aromen. Armin nahm einen kleinen Schluck und bewegte ihn zwischen Zunge und Gaumen.

Rakoto hatte bereits einige Schlucke getrunken und das Glas wieder abgestellt. Er sah Armin interessiert zu, wie er auf dem Wein herumkaute und ihn dann mit andächtigem Blick durch die Kehle rinnen ließ.

»Wie ich sehe, bist du Weinkenner«, sagte Rakoto mit einem unsicheren Lächeln. »Dann wirst du wahrscheinlich von unseren Weinen enttäuscht sein.«

»Nein, der ist doch ganz gut«, erwiderte Armin und stellte sein Glas ab. Das »ganz« war schon eher als Einschränkung gemeint, Grand Cru war zweifellos eine starke Übertreibung. Aber von einem Rosé erwartete Armin auch nicht viel mehr, als dass er kühl, frisch und fruchtig war.

»Wir Madagassen trinken nicht viel Wein, der wird eher für die Touristen gemacht«, sagte Rakoto.

»Was trinkt ihr dann hauptsächlich?«, fragte Armin. Er war froh, auf ein Thema gestoßen zu sein, das weder etwas mit Familie noch mit ihrer Arbeit zu tun hatte.

»Zum Essen trinken wir meist Ranovola. Das ist eine Art Tee, der nach dem Kochen aus dem im Topf angebrannten Reis gemacht wird«, sagte Rakoto. Armin hatte zwar schon davon gehört, aber getrunken hatte er Ranovola noch nicht.

»Manchmal trinken wir aber auch Bier, und die Kinder bekommen ab und zu ›Bonbon Anglais‹.«

»Ja, das ›Three Horses Beer‹ kenne ich schon, das schmeckt recht gut. Aber was ist ›Bonbon Anglais‹?«, fragte Armin.

»Das ist eine erfrischende, aber ziemlich süße Limonade, natürlich von Coca Cola.« Rakoto verzog das Gesicht zu einem Grinsen, dann verfinsterte sich sein Blick.

»Viele Madagassen trinken leider etwas anderes, den *Toaka gasy*. Das ist ein selbst gebrannter Schnaps aus Zuckerrohr. Er ist billig, aber man bezahlt ihn mit Abhängigkeit und sozialem Abstieg. Manchmal sogar mit Erblindung.«

»Alkoholismus ist auch in Deutschland ein ernstes Problem«, sagte Armin.
Rakoto schaute ungläubig. »Gibt es denn in Deutschland auch Arme?«
Armin runzelte die Stirn. »Ja, es gibt in Deutschland sogar Obdachlose, die auf der Straße leben. Aber der Alkoholismus ist bei uns nicht nur ein Problem der Armen.«

Aus der Küche war das Klappern von Besteck und Geschirr zu hören, außerdem die hellen Stimmen von Rasoa und den beiden Kindern. Armin verstand zwar nichts, da sie madagassisch sprachen, aber die vielen A's und rollenden R's klangen fröhlich und entspannt wie ein plätschernder Bergbach.
Dann kamen Lala und Noro mit Tellern und Besteck herein. Sie deckten für drei Personen. Nachdem sie wieder hinausgegangen waren, kam Rasoa mit einer Suppenschüssel und stellte sie in die Mitte des Tisches. Sie war mit einer Brühe gefüllt, in der grüne Blätter, gelbgrüne, kamillenartige Blütenköpfe und Fleischstücke schwammen.
»Kennen Sie Romazava?«, fragte Rasoa, zu Armin gewandt.
»Ja, das habe ich schon einmal gegessen«, sagte Armin. »Ich weiß allerdings nicht, was das für grüne Blätter und gelbe Blüten sind.«
»Wir sagen Anamalao dazu, die Franzosen nennen es Brèdes mafane. Es ist ziemlich scharf, ich hoffe, das macht Ihnen nichts?«
»Nein«, gab Armin zurück. »Ich esse gern etwas schärfer.«
»Dann bin ich ja beruhigt«, lächelte Rasoa, ging wieder aus dem Zimmer und kam kurze Zeit später mit einer großen Schüssel Reis und einer kleinen Schale mit fein geschnittenen Tomaten, rohen Zwiebeln und Gewürzen zurück.
»Das ist Rougail«, sagte sie. Dann setzte sie sich auf das Sofa und schob die Reisschüssel zu Armin.
»Bitte, bedienen Sie sich!«

Armin nahm zwei Schöpfkellen voll Reis und schob die Schüssel zu Rasoa, die sie sofort an Rakoto weitergab. Am Besteckklappern, Murmeln und Lachen hörte Armin, dass Lala und Noro in der Küche aßen.

Die Brühe mit den Blättern und dem Fleisch wurde über den Reis gelöffelt, darüber kam dann noch der Rougail. Armin kannte den Begriff nicht, er kam wahrscheinlich vom Rot der Tomaten und vom Knoblauch. Er kostete ein wenig davon. Es schmeckte angenehm kühl und zitronig, die Mischung war wohl mit Zitrone oder Limette mariniert. Beim Kauen schmeckte Armin neben den Tomaten, dem Knoblauch und den Zwiebeln auch die exotische Schärfe von Ingwer heraus.

Dann probierte er die grünen Blätter mit den gelben Blüten. Tatsächlich waren die Blätter scharf, aber es war eine völlig andere Schärfe. Sie hatte einen Anklang an Pfeffer und verursachte ein Kribbeln an der Zungenspitze, die ganz pelzig wurde.

Dieses Geschmackserlebnis erinnerte Armin an einen Waldspaziergang mit Manuel, bei dem er ihn aufgefordert hatte, das pfeilförmige Blatt des Aronstabs zu pflücken und ein kleines Stück davon abzubeißen. Manuel kaute darauf herum und erklärte, dass er gar nichts schmeckte. Kurz darauf verzog er das Gesicht, sah Armin vorwurfsvoll an und spuckte mehrmals heftig aus. Armin wusste, dass das gar nichts nützen würde. Die spitzen Silikatkristalle hatten sich bereits in Manuels Zunge gebohrt und brannten heftig. Die Wirkung ließ aber nach wenigen Minuten nach, sonst hätte er Manuel das natürlich nicht zugemutet.

Armin zuckte zusammen, als Rasoa ihn fragte, ob es denn schmecke. »Ja … sehr gut!«, lobte Armin. »Ich habe zwar schon Romazava gegessen, aber das war bei Weitem nicht so gut.«

Rasoa lächelte geschmeichelt. »Es freut mich, dass es Ihnen schmeckt. Sie können gern öfter zum Essen kommen.«
Armin räusperte sich. »Ja, ich komme gerne einmal wieder. Aber ich möchte Sie ... ich möchte Ihr Familienleben nicht stören.«
»Sie stören uns überhaupt nicht«, sagte Rasoa lachend, und es klang ehrlich. »Wir freuen uns, wenn Sie unser Gast sind!«
Armin nickte lächelnd, sagte aber nichts. Und schon war es wieder da, das Bild von Renate und Manuel. Wie sie zu dritt am Tisch saßen und während des Essens diskutierten. Meist ging es um Manuels schulische Leistungen, die zuletzt sehr durchwachsen gewesen waren. In Mathematik hatte er keine Probleme, da ging es ihm wie Armin damals. Wenn man logisch denken konnte und ein paar Regeln begriffen hatte, ging das wie von alleine. Aber in den Sprachen und anderen Fächern, bei denen man sich auf den Hosenboden setzen und lernen musste, waren Manuels Zensuren ziemlich abgesackt. Renate hatte ihn fast täglich ermahnt, mehr zu tun, um sich sein Abitur nicht zu vermasseln. Armin war zwar auch dieser Meinung, mischte sich aber nur selten in die Diskussionen zwischen Mutter und Sohn ein. Er konnte verstehen, dass Manuel auch an anderen Dingen Interesse hatte und nicht nur lernen wollte. Besonders freute er sich darüber, dass Manuel auch mit vierzehn oder fünfzehn Jahren noch mit ihm in die Natur hinausging, um Tiere zu beobachten und Pflanzen zu bestimmen.
Renates Ehrgeiz erinnerte ihn manchmal an seine eigene Mutter, der die Leistungen ihrer Kinder manchmal wichtiger gewesen waren als deren Wohlergehen. Selbst wenn er eine Zwei heimgebracht hatte, war er ausführlich befragt worden, wie der Notendurchschnitt und was die beste Note gewesen sei. Die Zwei wurde erst dann akzeptiert, wenn andere auch nicht besser waren. Ihr Sohn musste der Beste sein. Der Klassenbeste. Meist war Armin das auch.

Manuels Schulnoten hingegen waren nun belanglos geworden. Manuel war tot. Aus einer kleinen Familie war ein getrenntes Paar geworden. Und ein Grab.

Rasoa war wieder in die Küche gegangen und sprach mit Lala und Noro. Die Reaktion der Kinder hatte zuerst einen aufmüpfigen, dann einen enttäuschten Unterton. Es war wohl auf der ganzen Welt dasselbe, wenn Kinder ins Bett geschickt wurden. Nach einigen Minuten kam Rasoa mit einem Holztablett zurück, auf dem drei Teller mit karamellisierten Bananenhälften und eine Flasche Rum standen. Daneben lag eine Streichholzschachtel.
»Mögen Sie Ihre Banane flambiert?«, fragte Rasoa, nachdem sie das Tablett abgestellt hatte.
»Ja, warum nicht?«, antwortete Armin und zuckte lächelnd mit den Schultern.
Rasoa gab einen ordentlichen Schuss Rum über die Banane, entzündete das Streichholz und hielt es an die Banane. Eine blaue Flamme loderte auf. Mit Rakotos Banane verfuhr sie ebenso, ihre eigene flambierte sie nicht.
»Gibt es bei Ihnen in Deutschland auch Bananen?«, fragte Rasoa, als sie zu essen begannen.
»Bei uns wachsen keine Bananen, dafür ist der Winter zu kalt«, antwortete Armin. »Aber man kann sie kaufen, sie werden aus wärmeren Ländern importiert.«
»Auch aus Madagaskar?«, fragte sie und sah Armin mit offenem Blick an.
»Nein, Bananen nicht. Aber Vanille und Pfeffer, die kommen auch aus Madagaskar.«
»Ja, an der Ostküste gibt es viel Vanille und Pfeffer. Aber dass die bis nach Deutschland kommen, hätte ich nicht gedacht.«
Armin dachte an die vermeintliche Aufforderung »Geh doch hin, wo der Pfeffer wächst!«. Dort war er jetzt angekommen.

Andry

Nachdem sie von der RN 7 in Richtung Ranomafana abgebogen waren, um Rakotos Freund Andry, den Nationalpark-Ranger, zu besuchen, wurde es bergiger. Die Reisfelder in den Tälern und auf den Terrassen und der trockene, rote Boden an den Hängen waren für Armin nun schon ein gewohntes Bild.
Es war Freitag, der letzte Tag von Armins erster Arbeitswoche in Madagaskar. Teresa war im Büro geblieben, um die in der Außenstation abgerufenen Daten auszuwerten. In Ranomafana war sie schon oft gewesen, vor allem dann, wenn Pat Wright dort war.
»Grüßt Andry von mir«, hatte sie zum Abschied gesagt. »Vielleicht weiß er ja schon, was den Goldi umgebracht hat.«

Anfangs passierten sie nur wenige, kümmerliche Wälder auf einigen Hügelkuppen und an steilen Hängen. Je weiter sie nach Osten kamen, desto schroffer und felsiger wurde es, und umso mehr nahm der Waldanteil zu. Immer wieder rissen Steinbrüche klaffende Wunden in die Landschaft.
Dann verschwand die Straße im großen Wald. Nur noch vereinzelt fraßen sich Reisterrassen in kleine Seitentäler. Parallel zur Straße rauschte ein Bach. Schließlich stießen sie auf ein breites, offenes Tal und überquerten auf einer überraschend modernen Brücke einen kleinen Fluss. Reste einer halb zerfallenen alten Holzbrücke waren daneben zu sehen.
»Das ist der Namorona«, sagte Rakoto, »jetzt sind wir bald da.«

Die Straße war kurvenreich, hatte aber kaum Schlaglöcher. Man wollte die Touristen offenbar nicht verärgern. Von rechts war das Rauschen des Namorona zu hören.

»Sollen wir kurz beim Wasserfall anhalten?«, fragte er wenig später.
»Ja, gern! Da waren wir damals auch.«
Rakoto stellte den Wagen am Straßenrand ab. Zwei Autos standen bereits vor ihnen. Auch ohne das Rauschen hätte man den Wasserfall nicht verfehlen können, ein großes Schild wies den Weg. Das war damals noch nicht da, dachte Armin zurück. Als sie ankamen, standen bereits einige Touristen an der blau beschrifteten und mit Tiermotiven bemalten Mauer. *Rain Forest of Ranomafana. Chute Andriamamovoka. Rivière Namorona.* Auch hier waren Renate und er damals alleine gewesen, die Mauer hatte es noch nicht gegeben.
Armin blickte auf den Wasserfall hinunter. Das Wasser teilte sich in mehrere Stränge auf und schoss über die klobigen Felsen. Dort, wo sie nicht durch die weißen Wasservorhänge verdeckt waren, sah Armin die dunkelgrünen Teppiche der *Hydrostachys*-Pflanzen, die es nur in Madagaskar gab. Sie krallten sich am Felsen fest und trotzten mit ihren biegsamen Stängeln den Kräften des Wassers. Diese Pflanzen hatten Armin bereits bei seiner damaligen Reise besonders beeindruckt. Vielleicht, weil sie sich dem anbrandenden Wasser nicht mit Härte entgegenstemmten wie ein Fels, sondern ihm durch ihre Biegsamkeit widerstanden, durch ihre Flexibilität.
Rakoto beugte sich zu Armin.
»In der Regenzeit führt der Wasserfall viel mehr Wasser!«
Armin nickte. Obwohl er mit Renate damals auch in der Trockenzeit hier gewesen war, hatte er den Wasserfall tatsächlich viel großartiger in Erinnerung.
Als sie weiterfuhren, zeigte ein großes Schild nach rechts zum Nationalpark.
»Möchtest du gleich zum Nationalpark fahren oder erst in den Ort?«, fragte Rakoto.

»Ich würde gerne den Ort sehen. Ich bin gespannt, was sich seit damals verändert hat.«
»In achtzehn Jahren hat sich einiges getan«, sagte Rakoto. »Damals waren wahrscheinlich kaum Touristen da.«
»Ja, das stimmt«, antwortete Armin. »Wir waren die einzigen!«
Rakoto lachte.
Sie fuhren an einem großen, modernen Gebäude vorbei, dessen orangefarbene Ziegel mit einem grünen Blechdach kontrastierten.
»Das ist das Centre ValBio«, sagte Rakoto. »Hierher kommen Forscher und Studenten aus aller Welt. Außerdem werden hier die Nature Guides ausgebildet. Andry hat hier sein Büro, er wird dir nachher sicher mehr darüber erzählen. Vielleicht haben sie in ihrem Labor schon herausgefunden, womit der Pfeil vergiftet war.«
Links am Hang sah Armin eine Ansammlung kleiner, gleichförmiger Häuser, die durch ihre bambusgedeckten Dächer und ihre braunen Fassaden auf den ersten Blick wie traditionelle madagassische Wohnhäuser wirkten. Dann erkannte Armin, dass sie überwiegend aus Beton gebaut und braun angestrichen waren. Und dass sie noch nicht alt sein konnten.
»Das ist eine neue Bungalowanlage«, sagte Rakoto. »Es gibt ein paar solcher Camps in Ranomafana.«
Auf dem Weg ins Dorf kamen sie an mehreren Hinweisschildern zu weiteren Camps oder Hotels vorbei. Es waren wieder mehr Menschen auf der Straße. Der Wald war einem grünen Gewirr aus kultivierten Bäumen und Stauden gewichen. Am häufigsten waren die zerschlitzten Fahnen von Bananenstauden, und immer wieder ragten die langen, schlanken Stämme von Palmen empor. Am Straßenrand türmte sich ein großer Berg frisch geernteter Bananenbüschel, deren noch grüne, kleine Früchte übereinander griffen wie zahllose Finger. Als

sie die ersten Häuser des Dorfs erreicht hatten, watschelte ein Trupp von weiß, grau und braun gemusterten Gänsen vor dem Wagen her. Rakoto musste im Schritttempo hinter ihnen herfahren, bis sie gemächlich zur Seite wichen.

Sie fuhren an schmucklosen, ein- oder zweistöckigen Häusern mit verrosteten Blechdächern vorbei. Im Zentrum des Dorfes kamen sie zu einer flachen Halle mit rotbrauner Fassade und einem giftgrünen, aus pyramidenförmigen Elementen konstruierten Blechdach. Aus jeder Öffnung quollen Souvenirs wie Körbe oder aus den Fasern der Raphia-Palme gebastelte Tiere. Vor dieser Markthalle stand eine Reihe von Holzgestellen mit Wellblechdächern, auf denen vor allem Obst und Gemüse angeboten wurde. Die Berge von Ananas, Bananen, Mandarinen, Kokosnüssen und anderen Früchten ließen Armin das Wasser im Mund zusammenlaufen.

Ein Stand bot gigantische Jackfrüchte feil, die Armin von seinem letzten Besuch kannte. Die wie riesige Kartoffeln geformten gelbgrünen Früchte wurden manchmal über einen halben Meter lang. Sie waren über und über mit kleinen Noppen besetzt und wuchsen direkt aus dem Stamm eines relativ niedrigen Baumes. In der Abendsonne leuchteten die Früchte, als wären sie Lampions. Armin hatte sie damals in der Hafenstadt Manakara fotografiert, die etwa 150 Kilometer südöstlich von Ranomafana am Indischen Ozean lag. Renate und er hatten auch einmal eine Frucht gekauft und verzehrt. Das gelbliche, milchig-klebrige Fruchtfleisch schmeckte sehr süß, man bekam es kaum mehr von den Händen. Die hellbraunen Samenkerne hatten sie damals übrig gelassen, obwohl auch sie essbar waren. Vermutlich wurden die getrockneten Samen auch für die Halsketten verwendet, die neben den Jackfrüchten am Gestell hingen. Ein Tourist in Cargohose und Sonnenkappe hielt gerade seine Digitalkamera darauf. Armin sah einige wei-

tere Touristen zwischen den Verkaufsständen. Dennoch waren es viel mehr Verkäufer als Käufer. Wie immer in Madagaskar.
»Sind die Menschen hier auch Tanala?«, fragte er Rakoto, der den Wagen langsam durch den Ort steuerte.
»Ja, ein paar Kilometer von hier liegt Ifanadiana, das ist ihr Siedlungszentrum.«
»Dann haben sie aber vom Nationalpark hier ganz schön profitiert, oder?«
»Ja, das stimmt. Viele arbeiten auch als Nationalpark-Guides. Aber darüber kann uns Andry nachher mehr sagen, er bildet sie schließlich aus.«
Das Hüttenspalier weitete sich zu einem größeren Platz, der mit bunten Verkaufsständen vollgestellt und von kastenförmigen Gebäuden gesäumt war. Das musste der Marktplatz sein, das Ortszentrum. Rakoto bestätigte Armins Vermutung und schlug vor, rechts in einer Seitenstraße anzuhalten.
»Hier haben wir damals übernachtet!« Armin zeigte nach vorn auf ein lang gestrecktes, graues Gebäude mit drei Torbögen in der Mitte. Rakoto parkte am Straßenrand. »Das habe ich mir gedacht. Es war früher das einzige Hotel hier.«
Als sie ausgestiegen waren, konnte Armin über den Bögen noch schwach die Aufschrift »Station Thermale de Ranomafana« erkennen. In seiner Erinnerung war das Gebäude weiß getüncht und in einem gepflegten Zustand. Heute war es grau und wirkte wie eine leblose Ruine. Kein Mensch war zu sehen. Armin schaute Rakoto an. »Kann man hier nicht mehr übernachten?«
»Nein, das Hotel wurde vor ein paar Jahren geschlossen. Man hätte es renovieren müssen. Da war es billiger, neue Hotels und Lodges zu bauen.«
Gegenüber heute erschien Armin die Reise vor achtzehn Jahren fast wie ein Abenteuer. Renate und er waren auf eigene Faust

gereist, hatten nichts vorgebucht. Nach Ranomafana waren sie von Manakara aus mit dem Taxi-Brousse gefahren. Dann hatten sie im Hotel von der amerikanischen Forschergruppe erfahren und waren losgegangen, um sie zu suchen.

Armin unterdrückte ein Seufzen. Es war keine gute Idee gewesen, hierherzukommen. Er schüttelte den Kopf, als wolle er die Gedanken an seine Familie abschütteln.

Sie gingen an einem großen, von schütterem Gras bewachsenen Platz vorbei, auf dem Kinder und Jugendliche Fußball spielten – neben ihnen grasten friedlich einige Zebus. Auf einem schmalen Pfad gingen Armin und Rakoto an den Namorona. Sie erreichten eine notdürftig zusammengezimmerte Holzbrücke, neben der ein bizarres Gerippe aus rostigem Eisen in die Höhe ragte.

»Das war einmal ein Brückengeländer«, sagte Rakoto, als er Armins fragenden Blick sah. »Die Brücke wurde beim letzten Zyklon zerstört. Anfang des Jahres hatten wir zwei davon. An der Küste haben sie furchtbare Verwüstungen angerichtet. Es gab auch Tote.«

»Gibt es jedes Jahr solche Stürme?«, fragte Armin.

»Fast jedes Jahr«, antwortete Rakoto. »Aber in den letzten Jahren kamen sie öfter und stärker.«

Das lag wahrscheinlich am Klimawandel, dachte Armin. Er war froh, dass diese Wirbelstürme nur selten bis ins Hochland vordrangen.

»Bonjour, Monsieur Kiefer.« Andry lächelte Armin an und schüttelte ihm die Hand. »Es freut mich, Sie kennenzulernen. Mein Freund Rakoto hat Sie bereits angekündigt.«

Sein rundes, freundliches Gesicht leuchtete unter dem kurzen schwarzen Kraushaar. Als er Rakoto begrüßte, musste der sich etwas bücken, da Andry deutlich kleiner war.

Armin erwiderte das Lächeln. »Hat er auch gesagt, dass ich vor achtzehn Jahren schon einmal in Ranomafana war?«

»Ja, das hat er gesagt. Damals gab es den Nationalpark noch nicht. Und ich war erst zwölf Jahre alt und wusste noch nicht, dass ich einmal hier landen würde. Damals habe ich die Lemuren noch gegessen, nicht geschützt.« Andry lachte glucksend. »Aber setzen wir uns doch.« Andry zeigte auf seinen Besprechungstisch in der Ecke des Raumes, um den die vier schwarz überzogenen Stühle standen, die auch in ein deutsches Büro gepasst hätten.

»Was heißt eigentlich ValBio?«, fragte Armin, als sie sich gesetzt hatten. »Kommt das ›Val‹ von ›Tal‹?«

»Nein, das kommt von Valorization, Bewertung. Und ›Bio‹ kommt von Biodiversität. Der volle Name des Centre ValBio ist ›Internationales Forschungs- und Trainingszentrum zur Bewertung der Biodiversität‹.«

»Ich denke, ich bleibe lieber bei ›ValBio‹«, sagte Armin lächelnd. »Seit wann steht das Gebäude?«

»Es wurde vor fünf Jahren eingeweiht. Es geht auf eine Initiative von Pat Wright zurück«, sagte Andry. »Vor einem Jahr wurden Ranomafana und Andringitra sogar in die Liste des Weltnaturerbes der UNESCO aufgenommen.«

»Ja, davon habe ich gehört«, sagte Armin. »Rakoto hat mir erzählt, dass Sie als Ranger auch für die Ausbildung der Nationalpark-Guides zuständig sind.«

»Ja, das stimmt«, antwortete Andry. »Heute dürfen nur noch ausgebildete Guides führen.«

»Wie viele ausgebildete Guides gibt es denn?«, wollte Armin wissen.

»Etwa fünfzig«, antwortete Andry. »Aber wie wäre es, wenn wir direkt nach draußen gehen? Dort können wir auch noch über alles reden.«

»Gerne! Darf ich aber vorher noch fragen, ob Sie schon etwas über die Todesursache des Lemuren herausgefunden haben?«
»Ach ja, das hätte ich fast vergessen. Das goldene Bündel mit dem roten Pfeil, das Rakoto vor einigen Tagen hier abgeliefert hat. An dem Pfeil haben wir Alkaloide gefunden. Das sind pflanzliche Inhaltsstoffe, die meist giftig sind.«
»Ja, ich weiß, ich bin Biologe. Haben Sie herausgefunden, von welcher Pflanzenart die Alkaloide stammen?«
»Nein, dafür haben wir hier nicht die Ausrüstung. Ich habe eine Probe nach Tana an die Universität geschickt, vielleicht finden die etwas heraus.«

Sie fuhren einige Kilometer entlang der Straße und bogen dann in den Wald ab. Der Boden war nass, die Luft dampfte. Der Wagen schaukelte und ruckte, sodass der Wald gefühlt in alle Richtungen schwankte. Trotzdem versuchte Armin, sich einen ersten Eindruck zu verschaffen. Die Bäume waren nicht sehr hoch, die höchsten vielleicht um die zwanzig Meter. Kein Primärwald, aber trotzdem sehr vielfältig.
Andry zeigte nach oben. »Die Bäume hier, das sind Erdbeer-Guaven. Sie gehören zwar nicht hierher, aber die Lemuren sind ganz scharf darauf. Vor allem im April und Mai, wenn sie Früchte tragen.«
Kaum hatte Andry das gesagt, kam Bewegung in einen der Bäume. Andry stoppte das Fahrzeug.
»Ich denke, wir steigen kurz aus und schauen uns die Rotstirnmakis an.«
Armin versuchte, die Tür möglichst leise zu öffnen und vorsichtig auszusteigen, während Andry und Rakoto sich keine besondere Mühe gaben.
»Sie sind nicht besonders scheu«, erklärte Andry, als sie draußen waren.

Tatsächlich befand sich die Gruppe von Lemuren immer noch an derselben Stelle. Mit dem Fernglas sah Armin fünf katzengroße, graubraune Lemuren durch die Äste turnen, deren Schwanz ungefähr genau so lang war wie der übrige Körper. Zwei Tiere saßen nebeneinander auf einem dicken Ast und sahen in seine Richtung. Sie hatten eine spitze, schwarze Schnauze, das Schwarz zog sich auch um die Augen bis zur Stirn. Im Kontrast dazu standen zwei weiße Fellflecken oberhalb der Augen, die wie große Augenbrauen wirkten. Die Stirn war bei einem der beiden tatsächlich rotbraun, wie der Name Rotstirnmaki erwarten ließ, beim anderen jedoch dunkelgrau.
»Der mit der roten Stirn ist das Männchen«, nahm Andry Armins Frage vorweg.
Nach einigen Minuten stiegen sie wieder in den Wagen und fuhren weiter. Am Wegrand standen Baumfarne mit ihren ausladenden Schirmen, und auch am Boden sah man viele Farnwedel.
»Ich sehe überall Farne«, sagte Armin, zu Andry gewandt. »Wie viele Arten gibt es hier ungefähr?«
»Es gibt in Ranomafana über 140 Arten«, sagte Andry, »darunter allein sieben verschiedene Baumfarne.«
»In ganz Deutschland gibt es nicht viel mehr als fünfzig Farnarten«, sagte Armin, »und Baumfarne gibt es bei uns gar nicht.«
»Mmh«, machte Andry nur, denn er musste den Wagen an einer tiefen, matschigen Fahrrinne vorbeilenken.
Ein Stück weiter änderte sich das Bild. Braune und grüne Bambusstämme standen dicht gedrängt nebeneinander, manche waren umgeknickt und durcheinandergeworfen wie Mikadostäbe.
Armin erschrak, als der Wagen plötzlich stehen blieb und der Motor aufheulte. Die Räder drehten durch. Sie waren offenbar in einem Schlammloch hängen geblieben. Andry betätigte

abwechselnd Kupplung und Gas und schaukelte so den Wagen geschickt wieder aus dem Loch heraus. Dann häuften sich die Löcher, Andry musste den Wagen abstellen.

Sie folgten dem Weg noch ein kleines Stück und bogen dann auf einen schmalen Pfad ab, der in den Wald führte. Die Bäume tropften, die Luft dampfte noch mehr. Grüne Hölle? Für Armin war es eher sein grüner Himmel! Brodelndes Leben, Meisterwerk der Evolution. Armin versuchte, den Wald wieder mit seinem wissenschaftlichen Blick zu erfassen. Er erkannte vor allem die gigantischen, in regelmäßigen Abständen geringelten Halme des Riesenbambus. Grashalme, so dick wie Baumstämme. Sie waren im Reich der Bambuslemuren.

Nach kurzer Zeit blieb Andry stehen, hob die Hand und lauschte. Armin hörte einen quäkenden Laut, der sich wie »kuui« anhörte. Welcher Vogel war das wohl?

»Hapalemur aureus«, sagte Andry. Ein Goldener Bambuslemur also.

Armin hob sein Fernglas an die Augen und suchte den Bambus ab. Tatsächlich, da saß etwas auf einem schräg stehenden Stamm. Armins erster lebender »Goldi«.

Andry forderte sie mit einem Handzeichen auf, noch etwas näher heranzugehen. Armin versuchte, möglichst leise aufzutreten. Rakoto blieb hinter ihm.

Bald waren sie nur noch etwa dreißig Meter von der Stelle entfernt, wo Armin den Lemuren gesehen hatte. Armin ließ sein Fernglas über die kreuz und quer liegenden Bambusstämme wandern. Ja, da war er. Der Lemur saß aufrecht auf einem schiefen Bambus und knabberte an einem Zweig. Auch er war etwa katzengroß, etwas kleiner als der Rotstirnmaki. Sein goldbrauner, senkrecht herabhängender Schwanz war deutlich länger als sein Körper. Der Lemur ließ sich nicht beim

Fressen stören, manchmal schien er sogar gelangweilt auf sie herabzuschauen. Dabei konnte Armin seine dunkelbraune Schnauze mit der goldbraunen Umrahmung gut erkennen. Auch der Bauch war goldbraun, die Flanken und der Rücken unauffällig graubraun. So war er von oben gut getarnt. Sogar die Rückseite des Schwanzes war graubraun.

Was fraß er da eigentlich genau? Armin sah, wie der Bambuslemur einen hellgrünen Trieb fraß. Wie im Lehrbuch, dachte Armin – er frisst vor allem die jungen, für die anderen Bambuslemuren giftigen Teile.

Nachdem sie den Lemuren noch einige Minuten beobachtet hatten, gab Andry das Zeichen zum Aufbruch.

»Wie viele Goldene Bambuslemuren gibt es noch in Ranomafana?«, fragte Armin.

»Genau weiß das keiner, da es im Nationalpark viele weitgehend unerforschte Bereiche gibt. Aber hier in der Umgebung ist der Bestand ganz gut. Mehr Sorgen mache ich mir um das Gebiet zwischen Ranomafana und Andringitra, aber dafür seid ihr ... eh, sind Sie ja zuständig.«

»Darf ich fragen, ob Sie Tanala sind?«

Andry ließ wieder sein glucksendes Lachen hören. »Ah, Sie spielen auf die Lemuren an, die ich in meiner Kindheit gegessen habe. Ja, ich bin Tanala, und bei den Tanala war es bis vor Kurzem ganz normal, Lemuren zu jagen und zu verspeisen. Ich habe in meiner Jugend auch Lemuren gejagt, mit dem Blasrohr. Vielleicht kenne ich ihre Lebensgewohnheiten deshalb so gut.« Wieder lachte er.

»Aber heute jagen auch die Tanala keine Lemuren mehr«, sagte Rakoto mit einem Seitenblick auf Armin.

»Zumindest nicht, um sie zu verspeisen«, ergänzte Armin. »Und Blasrohre werden offenbar gelegentlich auch noch verwendet.«

»Ah ja, Sie beziehen sich auf den getöteten Bambuslemuren. Ich denke, das war ein Jugendstreich«, sagte Andry und lächelte. »Da würde ich mir keine großen Gedanken machen. Es sei denn, es passiert noch öfter.«

Sie verließen das Bambusdickicht und kamen in einen Abschnitt mit unterschiedlichen Bäumen und einzelnen Baumfarnen. Nach wenigen hundert Metern zeigte Andry auf einen schrägen Baumstamm, den wohl der letzte Zyklon umgedrückt hatte. Tatsächlich, dort saßen fast reglos zwei dunkle Gestalten nebeneinander.
»Wir können ruhig näher herangehen«, sagte Andry leise, »sie vertragen einiges.«
Leise gingen sie weiter. Bald sah Armin durch das Fernglas, dass er alte Bekannte wiedertraf. Es waren zwei Edwards' Sifakas, die Pat Wright Renate und ihm vor achtzehn Jahren gezeigt hatte. Sie saßen dicht hintereinander wie zwei Rodler auf einem Schlitten. Der vordere hatte die Beine angezogen, der hintere ausgestreckt. Sie waren deutlich größer als der Goldene Bambuslemur, ihr Körper vielleicht einen halben Meter lang. Ihr Gesicht und die ausgeprägte Schnauze waren tiefschwarz, die Augen leuchtend rotbraun. Auch der überwiegende Teil des Körpers war schwarz. Im Kontrast dazu stand das Cremeweiß der Flanken und des Rückens im unteren Drittel. Bei dem vorderen Tier ging das Schwarz allmählich in ein schmutziges Weiß über, bei dem hinteren war der Wechsel abrupt, das Weiß war reiner.
Als sie nur noch etwa zehn Meter von ihnen entfernt waren, sahen sie sich nervös um und gaben grunzende Laute von sich. Waren sie nun doch zu nahe gekommen?
Da ertönte ein markerschütterndes Kreischen, schrill wie eine quietschende Bremse. Armin zuckte zusammen.

Andry klopfte ihm lachend auf die Schulter. »So etwas hast du noch nie gehört, oder? Das ist der Schwarzweiße Vari, er ist neben dem Indri wohl das lauteste Tier des Regenwalds. Das war sein Warnruf, vielleicht ist irgendwo eine Fossa unterwegs.«
Dem Namen nach kannte Armin die Fossa, die einem Puma ähnelte, aber deutlich kleiner war. Trotzdem war die Fossa das größte Raubtier Madagaskars. Und das einzige, das auch größere Lemuren erbeuten konnte.
Kurze Zeit später ertönte in der Nähe ein lautes Bellen, das in ein Röhren überging.
»Das sind die Soziallaute der Varis. Dort drüben turnen sie durch die Bäume.« Andry zeigte die Richtung mit dem Arm an. Bald sah auch Armin die kontrastreich schwarz und weiß gezeichneten Lemuren, die mit eleganten Sprüngen von Ast zu Ast und von Baum zu Baum schwebten. Als sie näherkamen, erkannte er ihr dunkles Gesicht, das aussah, als wäre es von einer weißen Halskrause eingerahmt.
»Dass sie so laut sind, wird den Varis vielleicht noch zum Verhängnis«, sagte Andry mit traurigem Blick. »Sie sind leicht zu jagen und außerhalb der Nationalparks fast verschwunden. Selbst hier in Ranomafana sind sie selten. Wir haben großes Glück, dass wir heute welche sehen.«

War es möglich, dass es schon dunkel wurde? Armin blickte auf die Uhr. Kurz nach 18 Uhr. Durch das konzentrierte Beobachten war die Zeit wie im Fluge vergangen.
Jetzt erst bemerkte Armin, dass es um ihn herum richtig laut geworden war. Am Tag hörte man immer wieder Vogelstimmen, manchmal auch andere Tierlaute, aber das war bei einem Waldspaziergang in Deutschland auch nicht anders. Erst abends und vor allem nachts hatte der Regenwald seine eigene Stimme, seinen eigenen Klang, gab sein eigenes Konzert. Zuerst

hörte man das Zirpen der Grillen und das Trillern der Zikaden, dann kamen nach und nach die Rufe der Baumfrösche dazu, die melodisch flöteten oder im Stakkato keckerten. Die tieferen Laute kamen vermutlich von Eulen. Oder von Lemuren? Armin wusste es nicht zu sagen.

»Im Nationalpark leben insgesamt zwölf Lemurenarten, vier davon haben wir schon gesehen«, sagte Andry. »Nun kommen wir zu denen, die bei Nacht aktiv sind.«

Andry schaltete seine Taschenlampe ein und leuchtete die Bäume ab. Bereits nach kurzer Zeit zeigte er mit dem Lichtstrahl auf zwei glimmende Punkte.

»Das ist unser Zwerg, der braune Mausmaki. Er ist gar nicht selten, aber tagsüber bekommt man ihn fast nie zu Gesicht.«

Vom Lichtschein geblendet, verharrte der kleine Lemur bewegungslos. Er war tatsächlich nicht viel größer als eine Maus und hatte große, kugelrunde Augen. Sein buschiger Schwanz war länger als der Körper. Er ähnelte ein wenig der in Deutschland verbreiteten Haselmaus.

Nach wenigen Metern wies Andry mit seiner Taschenlampe auf einen weiteren Punkt. Armin konnte zuerst gar nichts erkennen.

»Madagaskar ist ja nicht nur für seine Lemuren, sondern auch für seine Chamäleons bekannt. Hier ist eines von ihnen.«

Als Armin sich dem beleuchteten Punkt im Gestrüpp näherte, sah er den »Erdlöwen« – das war die deutsche Übersetzung des Namens. Dieses hier war tatsächlich nicht besonders groß, vielleicht zehn Zentimeter lang. Im Schein der Taschenlampe wirkte das Tier ziemlich blass. Erst als Andry die Lampe herunterdimmte, sah man auch die Farben. Die an abstrakte Malerei erinnernde unregelmäßige Mischung aus Giftgrün und Rotbraun war in dieser Umgebung normalerweise eine gute Tarnung. Mit seinem breiten Maul, dem hohen, gewölbten Rücken und dem nach unten eingerollten Schwanz wirkte das Chamäleon wie eine Kreuzung zwischen einer Schnecke und einer Kröte. Es klammerte sich mit seinen zweigeteilten Greifhänden an einen Ast, seine beiden aus dem Kopf stehenden Augen bewegten sich unabhängig voneinander in verschiedene Richtungen. Mit diesen Augen konnten Chamäleons auf große Entfernung kleine Tiere erspähen, sich ihnen unendlich langsam nähern und sie dann mit ihrer langen Schleuderzunge erbeuten. Das hier hatte aber gerade andere Sorgen und war sicher froh, als Andry seine Lampe wieder ausknipste.

Sie gingen langsam weiter. Rakoto hielt sich stets hinter Armin. War da nicht ein Rascheln? Andry blieb stehen und lauschte. Als er den Weg vor ihnen ableuchtete, huschte ein katzenartiges Tier aus dem Unterholz, lief ein Stück den Weg entlang und verschwand. Im Schein der Taschenlampe konnte Armin kurz das braune Fell mit schwarzen Flecken und den buschigen Schwanz erkennen. Eine Wildkatze? Nein, die gab es in Madagaskar nicht.

»Fanaloka«, sagte Andry nur kurz, und Armin wusste, dass er damit eines der wenigen madagassischen Raubtiere meinte. Es war kaum größer als eine Katze und erreichte nur etwa die halbe Länge der Fossa. Beide hatte Armin bisher noch nicht in freier Wildbahn zu Gesicht bekommen.

Andry leuchtete weiter die Bäume ab. »Avahi«, sagte er nach kurzer Zeit und zeigte mit seinem Lichtstrahl auf eine Astgabel. Mit seinem Fernglas erkannte Armin zwei eulenartige Tiere mit großen Augen und wollig-dichtem Fell. Wollmakis, so hießen die Avahis auf Deutsch. Das passte gut. Sie erinnerten Armin an die putzigen Ewoks aus der letzten Episode von Star Wars.

Als sie im Wagen saßen, verspürte Armin zum ersten Mal, seit er hier war, so etwas wie Zufriedenheit. So viele Lemurenarten bekam man sonst wohl nirgends an einem Tag zu sehen. Der Wagen schaukelte, Armin wurde schläfrig, die Augen fielen ihm zu.

Plötzlich wurde er ruckartig nach vorn gerissen. Andry hatte den Wagen abrupt abgebremst und machte das Licht aus. Er sah konzentriert in den Wald. In der Ferne war ein schwacher Lichtschein zu erkennen, dann blitzte es ein paarmal.

»Ich muss nachsehen, was da los ist«, sagte Andry. »Wollt ihr mitkommen?«

Rakoto und Armin stimmten zu und stiegen mit ihm aus. Er nahm die Taschenlampe mit, knipse sie jedoch nicht an. Rakoto und Armin blieben dicht hinter ihm. Der Lichtschein kam näher. War es eine Taschenlampe? Nein, es mussten sogar mehrere sein, Armin sah ein grelles Licht und ein paar schwächere Leuchtpunkte. Dann hörten sie Stimmen. Andry blieb stehen. Mindestens eine Frauenstimme konnte Armin heraushören. Sie unterhielten sich auf Französisch. Wahrscheinlich eine Touristengruppe mit einem Guide, dachte Armin. Andry ging weiter und gab ihnen das Zeichen, ihm zu folgen. Offenbar hatte noch niemand sie bemerkt. Armin erkannte nun fünf Personen. Vier davon waren hellhäutig, darunter eine Frau. Der fünfte, ein schmächtiger junger Madagasse, war wohl der Guide. Der blickte auch als erster in ihre Richtung, als sie noch etwa fünfzig Meter entfernt waren. Erst dann schaltete Andry seine Lampe ein und ging zügig auf die Gruppe zu.

Der Guide starrte ihn erschrocken an. Sein Körper war angespannt, er sah kurz über die Schulter, als überlegte er, wegzulaufen. Doch er blieb wie erstarrt stehen. Andry ging auf ihn zu und leuchtete ihm direkt ins Gesicht.

»Du weißt, dass Nachtführungen verboten sind.«

Der Guide blickte verlegen auf den Boden und brachte ein leises »Ja.« hervor.

»Was haben Sie gerade fotografiert?«, wandte er sich an die Touristen. »Ich habe die Blitze gesehen.«
»Eine Fossa«, sagte ein älterer, kräftiger Mann. »Was ist daran verboten?«
»Habt ihr sie angefüttert?«, fragte Andry.
Der Mann sah verlegen zum Guide.
»Natürlich habt ihr sie angefüttert. Außerdem habt ihr geblitzt. Es ist immer das Gleiche. Und genau deshalb habe ich Nachtführungen verboten.«
Andry bedachte den Guide mit einem strengen Blick.
»Du kommst morgen in mein Büro und bringst deine Lizenz mit.«

Laufen

Als Armin in seiner Laufkleidung aus dem Hotel kam, war er zunächst überrascht ob der vielen Menschen, die bergauf in Richtung Oberstadt gingen.
Erst dann fiel ihm auf, wie festlich die meisten gekleidet waren. Die Männer dunkel, oft in Anzug und Krawatte. Die Frauen in farbigen Röcken und zumeist weißen Blusen, manche auch in eleganten einfarbigen Kostümen. Auch die Kinder waren herausgeputzt. Manche kleinen Jungen von weniger als zehn Jahren waren in einen Anzug gezwängt, sodass sie wie verkleidet aussahen. Die Mädchen trugen wie ihre Mütter Rock und Bluse. Besonders elegant kamen die jungen Mädchen daher, deren Alter Armin zwischen sechzehn und achtzehn schätzte. Ihre Röcke, oft rosa, karminrot oder purpurrot, schimmerten wie Seide. Ihre meist schwarzen, glatten oder akkurat zu Zöpfen geflochtenen Haare glänzten in der Sonne.
Erst als er die Kirchenglocken läuten hörte, wurde Armin bewusst, dass die Menschen auf dem Weg zur Sonntagsmesse waren. Seine Eltern hatten ihn als Kind ebenfalls oft mit in die Kirche genommen, doch als Erwachsener hatte er außer zu Hochzeiten, Taufen oder Weihnachten kaum mehr einen Gottesdienst besucht.
Viele der Kirchgänger hielten ein Buch in der Hand, vermutlich ein Gesangbuch oder eine Bibel. Im Vorbeigehen sahen die meisten ihn freundlich an, in manchen Blicken spiegelte sich auch Verwunderung. Verwunderung über einen Touristen, der am heiligen Sonntag unschlüssig in der kurzen Jogginghose vor seinem Hotel stand.

Armin hatte zunächst Hemmungen, an den sonntäglichen Kirchgängern vorbeizujoggen. Am Vortag hatte er eine Laufstrecke ausgemacht, die ihn auf die *Corniche* oberhalb von Fianar führte. Mit Corniche wurde hier nicht eine Küsten- oder Uferstraße bezeichnet, sie war vielmehr zu Kolonialzeiten, wohl als Panoramastraße, oberhalb von Fianarantsoa erbaut worden. Heute war »Straße« bereits zu viel gesagt, in Deutschland waren die meisten Feldwege in einem besseren Zustand. Da die Corniche letztlich nirgendwo hinführte, war sie kaum befahren.
Es gab eine »Petite Corniche« direkt über der Stadt und eine »Grande Corniche« weiter oben. Da sich beide nach zwei bis drei Kilometern vereinigten, konnte Armin sie zu einem Rundkurs von knapp sechs Kilometern verbinden. Für den Anfang reichte das.
Das Wetter war ideal für einen Lauf. Sonnig, aber nicht übermäßig warm. Zunächst ging es bergauf, nicht allzu steil. Armin bog rechts in die Petite Corniche ab. Auch hier kamen ihm sonntäglich gekleidete Menschen entgegen und musterten ihn mit freundlichem Erstaunen. Die Bebauung wurde lockerer, nach rechts öffnete sich der Blick auf das Häusermeer des Stadtzentrums. Davor breitete sich ein Oval von terrassierten und parzellierten Feldern aus. In den Reisfeldern, auf denen das Wasser stand, spiegelte sich der blaue Himmel. Andere Felder zeigten das Rotbraun des blanken Bodens oder das schmutzige Grün abgeernteter Halme.

Armin atmete ruhig. Er hatte seinen Rhythmus gefunden. Es ging leicht bergauf, was ihm am liebsten war. Hatte irgendein Philosoph nicht einmal gesagt, die besten Gedanken kämen ihm, wenn er leicht bergauf ginge? Der Name des Philosophen wollte ihm nicht einfallen.
Armin war kein Sprinter, sondern vielmehr ein Langstreckenläufer. Bereits beim Tausendmeterlauf im schulischen Sportun-

terricht hatte er viele hinter sich gelassen, im Fünftausender war er einer der Besten. Lange beließ er es bei den fünf Kilometern, die er aber nicht auf dem Sportplatz, sondern im Wald lief. Das hatte zu jeder Jahreszeit seinen eigenen Reiz, außerdem konnte er während des Laufens Tieren und Pflanzen begegnen.
Als Armin dann hörte, dass in seiner Heimatstadt ein Marathon stattfinden sollte, packte es ihn. Er begann, längere Strecken zu trainieren. Zuerst zehn, dann zwanzig Kilometer. Bald lief er seinen ersten Halbmarathon, der ihm keine großen Anstrengungen bereitete. Ein Jahr später stand dann der Marathon auf dem Programm. Das war schon eine größere Herausforderung, aber er hatte offenbar genügend trainiert. Er brauchte weniger als vier Stunden und konnte im Ziel noch lächeln. Das hatte er sich vorgenommen.

Ein kurzes Stück ging es bergab, danach wieder umso steiler hinauf. In einem lichten Wald duftete es aromatisch, Armin konnte den Geruch nicht genau einordnen. Wahrscheinlich eine Mischung aus Eukalyptusbonbon und Kiefernöl, denn der Wald bestand fast ausschließlich aus australischem Eukalyptus und asiatischen Kiefern.
Als der Wald sich wieder öffnete, blickte Armin auf die von Bergen umrahmte Stadt. Sie wirkte wie eine flache, mit Reis gefüllte Schale. Er sah zu der langgestreckten Bergkette im Osten hinüber. War die blaugrüne Farbe dem Dunst zu verdanken, oder war das schon der Regenwald?
Armin dachte an die erst zwei Tage zurückliegende Exkursion mit Andry und Rakoto in den Regenwald von Ranomafana zurück. An die vielen Lemuren, aber auch an die anderen Tiere und Pflanzen und vor allem an das nächtliche Zusammentreffen mit der Touristengruppe. Ob Andry dem Guide seine Lizenz abgenommen hatte?

Dass die Tiere nun häufiger gestört wurden, war eine der Schattenseiten des Tourismus. Auf der anderen Seite gab es jetzt allerdings einen Grund, den Wald zumindest in der Umgebung von Ranomafana zu erhalten. Vielleicht war die gelegentliche Störung der Tiere sogar das kleinere Übel, zumal es im Nationalpark weite Bereiche gab, die so gut wie nie von Menschen aufgesucht wurden.

Armins Schritte waren ruhig und gleichmäßig. Die Sonne blendete ihn nun schräg von vorne, Schweiß lief ihm über das Gesicht. Immer wieder wischte er ihn mit dem Handrücken von der Stirn, denn das Brennen in den Augen war ihm zuwider.
Das Laufen gab Armin innere Kraft, seine Gedanken waren während des Laufens meist positiv.
War er nun in Madagaskar angekommen? Mit Rakoto hatte er sich sofort gut verstanden. Bereits während der Fahrt hatte Armin so etwas wie Verbundenheit gespürt, und auch bei seiner Familie hatte er sich wohl gefühlt. Die etwas unterwürfige Art würde er ihm auch noch abgewöhnen, das war vielleicht noch ein Erbe der Kolonialzeit.
Wie Teresa zu ihm stand, konnte Armin nur schwerlich einschätzen. Da sie sich selbst als Projektleiterin beworben hatte, konnte er sogar verstehen, wenn sie ihm gegenüber Vorbehalte hatte. Sie hatte bereits einige Jahre in Madagaskar gearbeitet und kannte sich sowohl im Gebiet als auch mit den Lemuren bestens aus. Und dann wurde ihr einer vor die Nase gesetzt, der all diese Kenntnisse nicht hatte. Ein Mann natürlich. Einer, der sein Biologiestudium abgeschlossen hatte, im Gegensatz zu ihr. Sie war eine Frau. Sie hatte ihr Studium vorzeitig abgebrochen. Um zu Jane Goodall nach Afrika zu gehen. Um Primaten-Forscherin zu werden. Das hatte auch ohne abgeschlossenes Stu-

dium funktioniert. Nur zur Projektleiterin – da hatte es nicht gereicht.

Nun ging es wieder bergab, die Schritte wurden leichter, der Atem flacher. Oberhalb der Straße sah er eine Gruppe von Wohnhäusern, darüber eine dunkle Felswand. Armin war es gewohnt, allein zu laufen. Im eigenen Rhythmus. Die Gedanken auf sich einströmen zu lassen. Wie bei einer Meditation. Einer Laufmeditation.
Sollte er Teresa einfach fragen, ob sie einmal mit ihm laufen würde? Sie wirkte sehr sportlich und war deutlich jünger als er, sodass sie sicher mithalten konnte. Vielleicht war es sogar er, der sich anstrengen musste, um mit ihr mitzukommen?
An diesem Wochenende war Teresa in der Außenstation. Ob sie wohl die meisten Wochenenden dort verbrachte? Dann würde aus dem gemeinsamen Laufen sowieso nichts werden. Abends ging es ebenfalls nicht, da es früh dunkel wurde. Vielleicht morgens vor der Arbeit?

Wieder ging es bergauf, an der Einmündung einer Straße vorbei, dann durch eine dicht bebaute Siedlung. Armin behielt seine Schrittfrequenz bei, verkürzte jedoch seine Schritte und musste tiefer atmen.
Wieder sonntäglich gekleidete Menschen, die ihm entgegenkamen. Zwei junge Frauen mit purpurfarbenen Kostümen und schwarzen Schuhen sahen Armin mit verlegenem Lächeln an. Er lächelte zurück.

Der tote Bambuslemur. Es hatte Teresa tief getroffen, so als wäre eine ihr liebe Person verstorben. Armin spürte einen leichten Groll in sich aufsteigen. Diese Frau trauerte um ihren »Goldi« und hatte keine Ahnung davon, dass er um seinen einzigen

Sohn trauerte. So schnell würde er es ihr auch nicht sagen. Er wollte kein Mitleid.

Nun ging es steil bergab. Armin musste seine Schritte abbremsen, um auf dem von Schrunden zerfurchten Boden nicht umzuknicken oder gar zu stürzen. An einer Stelle sah der Weg wie abgebissen aus. Armin blickte in eine tief eingeschnittene Erosionsschlucht, die das in der Regenzeit herabschießende Wasser in die Erde gegraben hatte.
Nochmal bergauf. Steil. Sehr steil. Sehr kurze Schritte. Schnelles Atmen. Keuchen. Der schlimmste Anstieg war geschafft.

Die Nacht der Ratten. Sein fieberhaft niedergeschriebener Essay. Die Mail an Hans-Peter. Er hatte gehofft, schon eine Antwortmail von ihm vorzufinden. Aber das war nicht der Fall gewesen. Das Gespräch mit Rakoto. Irgendetwas daran hatte ihn tief berührt. War es der unverrückbare Glaube, dass alle Lebewesen miteinander verbunden waren? War das ein tieferes Verständnis von Ökologie, von Evolution, als die rein wissenschaftliche Sichtweise? *Der Mensch hat die Aufgabe, die Natur zu nutzen und zu bewahren.* Aber letztendlich hatten die Madagassen ihren Anteil der Erde auch nicht viel besser behandelt als die Europäer den ihren. Auch sie hatten einen Großteil ihrer Natur vernichtet, um Reis und andere Nutzpflanzen anzubauen. Um zu überleben, um sich zu vermehren. *Seid fruchtbar und mehret euch*, stand schon in der Bibel. Galt das nur für den Menschen? Durfte er andere Lebewesen an der Vermehrung hindern, um sich selbst zu vermehren, immer weiter zu vermehren?
Als Armin vor 18 Jahren in Madagaskar war, hatte die Insel vielleicht zwölf Millionen Einwohner, heute waren es mehr als zwanzig Millionen. Allerdings zählte Deutschland auf einer

deutlich kleineren Fläche achtzig Millionen Einwohner. Die vermehrten sich jedoch nicht mehr. Es waren auch mehr als genug, dachte Armin. Auch Renate und er hatten nur ein Kind gehabt, und das war jetzt tot.

Armin schüttelte den Kopf. Er konnte nachdenken, worüber er wollte, immer endete es beim Tod seines Sohnes. Selbst in Madagaskar konnte er hingehen, wo er wollte, immerzu musste er an die Reise vor achtzehn Jahren denken und daran, dass sie in Madagaskar ihr einziges Kind gezeugt hatten.

Nun erreichte Armin die Einmündung der Grande Corniche. In einer Haarnadelkurve ging es wieder in die Gegenrichtung, immer noch stetig bergauf. Bald war der höchste Punkt erreicht. Nun würde es fast nur noch bergab gehen.

»Ihr könnt gerne an der nächsten Ratsversammlung teilnehmen. Sie findet immer am Montag statt«, hatte der Dorfälteste eingeladen, als sie vor dem toten Lemuren standen. Würde eine Ratsversammlung ähnlich verlaufen wie eine Gemeinderatssitzung in Deutschland? Dort war Armin öfter zusammen mit Vertretern der Naturschutzbehörde aufgetreten, um eine Schutzgebietsplanung zu erläutern. Er wusste, dass es immer Gegner dieser Planungen gab. Bisweilen war sogar das Wort »Enteignung« gefallen. Die Juristen der Naturschutzbehörde hatten dann auf die »Sozialpflichtigkeit des Eigentums« verwiesen. Das hatte die Gegner zwar nicht zufriedengestellt, aber sie konnten dem nicht viel entgegensetzen. In Deutschland ging es aber in der Regel nicht um Natur-, sondern um Kulturlandschaften, die weiterhin genutzt werden durften. Keiner geriet in Not, wenn ein Schutzgebiet ausgewiesen wurde. Die Nutzung durfte lediglich nicht intensiver werden. Und die Besucher mussten auf den ausgewiesenen Wegen bleiben.

Hier in Madagaskar war das anders. Da die tropischen Böden bereits nach wenigen Jahren ihre Fruchtbarkeit verloren, wurden immer neue Waldstücke gerodet, um weitere Felder anzulegen. Wanderfeldbau wurde das genannt. Oft wurde der Wald einfach abgebrannt, die Asche erhöhte für ein paar Jahre die Bodenfruchtbarkeit.

In Ranomafana verdienten viele ihr Geld nun mit dem Tourismus, aber in dem schwer zugänglichen Dorf Sahakely würde das wohl kaum funktionieren. Die steilen Hänge hinter dem Ort wären zwar nicht für den Wanderfeldbau geeignet, aber doch für die Jagd. Außerdem wurde dort das Holz für den Bau der Häuser geholt. Das alles war in einem Schutzgebiet nicht mehr möglich. Wie Armin gehört hatte, konnte man in Madagaskar ein Schutzgebiet auch gegen den Willen der Bewohner ausweisen. Eigentlich war das klar, sonst würde es vermutlich nie bewerkstelligt werden. In Deutschland war das mit den Naturschutzgebieten genauso. Wenn sämtliche Eigentümer zustimmen müssten, würde man nie zum Ziel kommen. Aber da ging es ja bei niemandem an die Substanz. Es gab sogar noch eine finanzielle Förderung, wenn man seine Fläche im Sinne des Naturschutzes bewirtschaftete. Wie sollte Armin den Menschen im Dorf gegenübertreten? Sollte er sagen, der Schutzkorridor sei zum Schutz der Lemuren nun einmal nötig, und sie hätten sich damit abzufinden? Irgendeinen Vorteil mussten sie doch davon haben. Armin fiel der Modebegriff »Win-win-Situation« ein. Beide Partner sollten profitieren. Aber Armin kannte ja nicht einmal die Bedürfnisse der Dorfbewohner – wie sollte er dann herausfinden, wie sie vom Nationalpark profitieren könnten? Was erwarteten sie von ihrer Zukunft? Dachten sie überhaupt an ihre Zukunft oder lebten sie ausschließlich in der Gegenwart? War es das Privileg der Reichen, Gesättigten, an die Zukunft zu denken? Derjenigen, die sich nicht jeden Tag darum sorgen

mussten, genug zu essen zu haben? War es überhaupt ein Privileg?
Auch für Armin hatte das Wort Zukunft seit Manuels Tod einen anderen Klang bekommen. Die Vergangenheit wollte er hinter sich lassen, aber wo lag seine Zukunft? Wo würde er in zehn Jahren sein? Zukunft ... Zukunft ... Zukunftswerkstatt! Ja, natürlich! Eine Zukunftswerkstatt!
Nun war Armin fast am Ziel, er musste sich nur noch bergab treiben lassen. An den angespannten Oberschenkelmuskeln spürte er, dass er in Deutschland schon längere Zeit nicht mehr gelaufen war.
Zukunftswerkstatt. Robert Jungk, Zukunftsforscher. Die Zukunftswerkstatt war in Deutschland zu Zeiten der Studentenrevolte in den 1960er-Jahren aufgekommen. Robert Jungk, einer der ersten, die als Zukunftsforscher bezeichnet wurden, hatte sie etabliert. Armin hatte eine solche Zukunftswerkstatt einmal in einem Dorf im Schwarzwald abgehalten. Die Bewohner sollten sich Gedanken darüber machen, wie ihr Dorf in fünfzehn Jahren aussehen sollte. Daraus wurden dann konkrete Projekte abgeleitet. Das hatte sehr gut funktioniert damals, alle waren mit Begeisterung dabei gewesen. Die fünfzehn Jahre waren fast um, als Armin nach Madagaskar abreiste. Der Ortsvorsteher hatte ihn sogar gefragt, ob er eine Wiederholung der Zukunftswerkstatt nach fünfzehn Jahren für sinnvoll hielt. Armin hatte eher zurückhaltend reagiert. Nach Manuels Tod hatte er seine Energie für solche Dinge verloren. Und wieder war er da, der Stich.

Armins Atem hatte den gleichmäßigen Rhythmus verloren. Er bekam Seitenstechen. Jetzt tief und ruhig atmen. Er sah über Fianar hinweg zu den Bergen, über denen sich in der Ferne die Wolken türmten. Hinter diesen Bergen lag das Dorf, das ihn bald auf die Probe stellen würde.

Krise oder Chance?

In jeder Krise steckt eine Chance – bisweilen aber ist die Krise des Einen eine Chance für das Andere.

Katta

Ratsversammlung

Der Dorfälteste bat Rakoto und Armin, auf den Schemeln neben ihm Platz zu nehmen. Dann sah er fast entschuldigend zu Teresa und deutete auf die Schemel an der Wand. Teresa blickte Armin mit hochgezogenen Brauen und aufeinander gepressten Lippen an, als wollte sie sagen: »Siehst du, ich habe es dir ja gleich gesagt!«. Armin hob kurz die flache Hand und hoffte, dass sie jetzt nicht protestieren würde.
Sie saßen im einzigen Raum des Tranobe, des großen Holzhauses auf dem Hügel. Von außen ähnelte es dem Haus des Dorfältesten, allerdings war es deutlich größer. Das Außengerüst war aus mächtigen Stämmen erbaut. Die Füllung zwischen den Stämmen bestand jedoch nicht aus Bambusstäben, wie bei den Hütten, sondern aus gehobelten Brettern eines dunkelbraunen, leicht ins Rötliche gehenden Holzes. Palisander.
Im Innern gab es zwar einen Holzboden, aber keinen Tisch oder Schrank. Nur niedrige Holzschemel – einige an der Wand, andere waren in der Mitte des Raumes im Kreis aufgestellt. Einer von ihnen war mit geschnitzten Ornamenten verziert. Der Schemel des Dorfältesten.
An den Wänden hing eine Reihe von Holztafeln mit Intarsien, die offenbar Szenen des Dorflebens darstellten. Auf einer Tafel erkannte Armin Menschen mit Blasrohren, die sie auf einen Baum mit Lemuren richteten.
Nach und nach erschienen die Mitglieder des Ältestenrats. Wie in einer stummen Prozession betraten sie schweigend den Raum, nickten dem Dorfältesten sowie Rakoto und Armin zu und setzten sich dann auf ihren Platz. Manche warfen Teresa

einen kurzen, irritierten Blick zu. Die meisten trugen wie der Dorfälteste ein langes Hemd und eine Kopfbedeckung. Schließlich war nur noch der Schemel gegenüber dem Dorfältesten frei.
Nach einigen Minuten trat ein Mann mittleren Alters durch die Tür, Armin schätzte ihn auf um die vierzig. Er trug kein langes Hemd wie die übrigen, sondern einen dunklen Anzug und eine rote Krawatte. Er sah kurz zum Dorfältesten, nickte ihm jedoch nicht zu. Dann ließ er seinen Blick längere Zeit auf Teresa ruhen, die auf ihrem abseits vom Ratstisch stehenden Schemel die Arme wie ein trotziges Kind vor der Brust verschränkt hatte. Schließlich drehte er seinen Kopf grinsend zum Dorfältesten, ging zu seinem Schemel, zog ihn rumpelnd zu sich und setzte sich.
Der Dorfälteste, der die ganze Zeit fast reglos dagesessen hatte, erhob sich nun und sprach einige madagassische Sätze. Dann begrüßte er Rakoto und Armin auf Französisch und bat die Anwesenden, ebenfalls französisch zu sprechen, soweit sie es beherrschten. Wenn nicht, müsse Rakoto übersetzen.
Der Dorfälteste bat Armin, sein Anliegen zu schildern.
Armin erhob sich und begrüßte die Anwesenden. Er erläuterte, warum sie hier waren, und betonte, dass die Tierwelt des hiesigen Waldes auf der ganzen Welt einmalig sei.
»Der Goldene Bambuslemur kommt weltweit nur in den beiden Nationalparks Ranomafana und Andringitra vor. Und in dem Gebiet dazwischen, in dem euer Dorf liegt. Damit der Goldene Bambuslemur nicht ausstirbt, muss auch dieses Gebiet geschützt ...«
»Wenn es diesen Bambuslemuren hier noch gibt, dann haben wir ihn ja genügend geschützt. Da brauchen wir keine Nachhilfe von euch Vazaha«, unterbrach der Mann mit dem Anzug. »Ich bin übrigens Unternehmer, Pierre Tovoarimino«, fügte er hinzu, so als würde die Bezeichnung »Unternehmer« seinen Worten größeres Gewicht verleihen.

Armin verspürte den Impuls, auf den toten Bambuslemuren zu verweisen. Es war aber jetzt nicht der richtige Zeitpunkt, damit konnte er alles kaputt machen. Er atmete zweimal tief durch und sprach dann weiter.

»Auch in Deutschland, wo ich herkomme, werden neue Schutzgebiete nicht von allen begrüßt. Daher verstehe ich es, wenn ihr skeptisch seid. Aber vielleicht bietet ein solches Schutzgebiet für euch auch Chancen. In Ranomafana zum Beispiel profitieren die Bewohner sehr stark vom Tourismus.«

»Natürlich, in unser abgelegenes Dorf kommen massenweise Touristen, wenn sie in Ranomafana das Gleiche sehen können. Das glauben Sie doch selbst nicht«, kam wieder der Zwischenruf von Tovoarimino, der Armin herausfordernd fokussierte.

»Ich habe nicht gesagt, dass die Chance ausschließlich im Tourismus besteht«, sagte Armin. »Ich habe auch nicht gesagt, dass ich jetzt schon wüsste, worin die Chance besteht. Aber ich weiß aus anderen Projekten, dass es verschiedene Möglichkeiten gibt. Und ich verspreche euch, dass wir euch unterstützen.«

»Auf eure Unterstützung können wir verzichten«, sagte Tovoarimino in scharfem Ton, »wir wissen selbst am besten, was wir brauchen. Und auch, was wir nicht brauchen, und das ist ein Schutzgebiet.«

»Mich würde aber interessieren, was ihr braucht, damit wir euch besser unterstützen können«, sagte Armin. »Ich habe auch schon eine Idee, wie ich das erfahren könnte.«

Für Armin schien der Zeitpunkt gekommen, auf die Zukunftswerkstatt einzugehen, doch der Dorfälteste forderte die Ratsmitglieder auf, das bisher Gesagte zu kommentieren oder Fragen zu stellen.

Ein älterer Mann mit breitem Gesicht und grauen Kraushaaren stand auf. »Unser Dorf wäre besser erreichbar, wenn man endlich eine Straße nach Ifanadiana bauen würde. Das hat unser

Präsident schon vor Jahren versprochen. Aber von seinen Versprechungen bleibt nur das Schutzgebiet übrig.«
Das läuft tatsächlich ganz ähnlich wie in Deutschland, dachte Armin.
»Was den Straßenbau angeht, können wir leider nichts für euch tun«, sagte er. »Aber wir können euch dabei helfen, eure Wünsche zu formulieren und an der richtigen Stelle vorzutragen.«
Ein alter Mann mit zerfurchtem Gesicht erhob sich langsam und blickte Armin an. Dann begann er, madagassisch zu sprechen. Armin sah kurz zu Rakoto, der nickte ihm zu. Der Mann sprach ruhig und besonnen, machte immer wieder kurze Pausen. Als er fertig war, setzte er sich wieder.
Rakoto erhob sich und übersetzte. »Athanase Rabearivelo hat gesagt, dass die Tanala ein Volk des Waldes sind. Sie leben vom Wald, von seinen Pflanzen und Tieren. Der Wald hat ihnen immer das gegeben, was sie zum Leben brauchten, mehr habe es nicht bedurft. Aber da die Tanala auf den Wald angewiesen sind, haben sie ihn auch geschützt. Das sieht man daran, dass die Tiere und Pflanzen, die der weiße Mann nun schützen will, alle noch da sind. Wenn die Tanala ihren Wald nicht mehr nutzen dürfen, dann haben sie auch keinen Grund mehr, ihn zu schützen.«
Während Rakoto übersetzte, blickte Armin konzentriert vor sich auf den Boden. Danach sah er Athanase Rabearivelo einige Sekunden direkt in die Augen. Dieser erwiderte den Blick ruhig und unbewegt.
»Ich kann diesen Einwand gut verstehen«, begann Armin. »Durch die bisherige Nutzung wurde euer Wald nicht zerstört, aber viele andere Wälder in Madagaskar. Und nun sollt ihr dafür büßen und dürft euren Wald nicht mehr nutzen. Vielleicht gibt es hier eine Lösung. Auch in Europa dürfen beispielsweise die Randbereiche von Nationalparks genutzt werden. Eine andere

Möglichkeit wäre ein Biosphärenreservat, das den Menschen stärker einbezieht. Vielleicht können wir das auch hier vorschlagen. Das heißt allerdings nicht, dass die Jagd auf Lemuren wieder erlaubt wird. Vielleicht aber das Sammeln von Pflanzen oder die Nutzung des Holzes für die Hütten.«
Der alte Mann nickte und bestätigte auf Französisch, dass er verstanden habe.
Pierre Tovoarimino, der während Armins Antwort mit vor der Brust verschränkten Armen auf seinem Schemel gesessen hatte, riss seine Hände ruckartig nach oben.
»Was heißt hier Nutzung des Holzes für die Hütten? Ihr Vazaha hättet am liebsten, wenn wir in unseren Hütten blieben und Ruhe gäben! Unsere Bäume sollen wir im Wald lassen, damit ihr euch an den Lemuren erfreuen könnt. Das Geld damit können ja andere verdienen.«
Athanase Rabearivelo warf Tovoarimino einen verächtlichen Blick zu.
»Es ist ein großer Unterschied«, begann Armin vorsichtig, »ob ihr das Holz für euch selbst nutzt oder ob ihr es verkauft. Eure bisherige Nutzung war nachhaltig. Ihr habt nicht mehr Holz aus dem Wald geholt als das, was in derselben Zeit wieder nachgewachsen ist. Für den Export taugen aber nicht die schnell wachsenden Bäume wie Bambus oder Palmen, sondern nur die langsam wachsenden wie Palisander. Wenn die einmal weg sind, dauert es sehr, sehr lange, bis sie wieder nachgewachsen sind.«
Armin hätte am liebsten noch von »Raubbau« und »schnellem Geld« gesprochen, das nur Wenigen zugute käme, aber er wollte niemanden provozieren.
Der Dorfälteste blickte in die Runde. »Wenn es keine weiteren Fragen gibt, möchte ich etwas sagen.« Er sah Armin an. »Sie haben erwähnt, dass Sie Möglichkeiten haben, uns zu unterstützen. Ich möchte Sie bitten, diese Möglichkeiten nun darzulegen.«

Armin räusperte sich und straffte seinen Körper.
»Wir möchten nicht, dass das Schutzgebiet gegen euren Willen und ohne eure Mitsprache ausgewiesen wird«, begann Armin.
»Aber genau das wird ja gerade gemacht«, rief Tovoarimino dazwischen. Der Dorfälteste hob die Hand und sagte einen kurzen, scharfen Satz auf Madagassisch, der mindestens zwei zischende »tsy« enthielt, was »nicht« bedeutete. Tovoarimino sah den Dorfältesten mit bohrendem Blick an, doch er sagte nichts mehr. Der Dorfälteste nickte Armin zu.
»Wie gesagt, mir geht es um eure Mitsprache«, fuhr Armin ruhig fort. Zwischen den Sätzen machte er immer wieder kurze Pausen, um ihnen Nachdruck zu verleihen. »Wie auch aus den Beiträgen hier im Ältestenrat klar geworden ist, sind nicht alle derselben Meinung. Das ist völlig normal. Manche haben vielleicht auch noch gar keine feste Meinung. Und wir wissen natürlich erst recht nicht, was die übrigen Dorfbewohner wollen. Um dies zu erfahren, möchte ich eine Methode vorschlagen, die bei uns in Europa schon seit über vierzig Jahren angewandt wird. Sie hat sich bei der Lösung von Konflikten sehr bewährt. Früher war es nämlich auch bei uns nicht üblich, dass die Bürger bei Entscheidungen der Regierung mitreden. Mit dieser Methode konnte man zunächst einmal feststellen, was die Menschen nicht wollten. Aus diesen Kritikpunkten ergaben sich dann Wünsche und Visionen. Und aus diesen Wünschen wurden konkrete Projekte abgeleitet. Die Methode nennt sich Zukunftswerkstatt. Sie läuft in drei Phasen ab: Zunächst gibt es eine Kritikphase, dann eine Phantasiephase und zum Schluss eine Realisierungsphase.
Der Sinn der Zukunftswerkstatt ist es, dass Menschen über ihr eigenes Leben, über ihre eigene Zukunft bestimmen sollen«, schloss er. Noch als er ihn sprach, kam ihm sein Schlusssatz ein wenig zu pathetisch vor.

Pierre Tovoarimino schüttelte den Kopf. Der Dorfälteste sah Armin zunächst einige Sekunden mit wachem Blick an, dann fragte er in ruhigem Ton:
»Und was soll uns die Zukunftswerkstatt bringen?«
»Wir könnten zum Beispiel konkrete Vorschläge entwickeln, wie das Dorf vom Schutzgebiet profitieren kann«, antwortete Armin.
»Und wenn wir das Schutzgebiet ablehnen, was ist dann?«, fragte Tovoarimino mit scharfem Unterton.
Der Dorfälteste hob wieder die Hand zum Zeichen, dass er im Moment keine Kommentare oder Zwischenfragen duldete.
»Wer soll an der Zukunftswerkstatt teilnehmen? Der Ältestenrat?«, fragte er.
Armin überlegte, wie er darauf antworten sollte. Wie weit konnte er gehen, ohne das ganze Projekt zu gefährden?
»Wir könnten es auf den Ältestenrat beschränken«, begann er vorsichtig. »Aber ... aber in Europa versucht man, alle sozialen Gruppen daran zu beteiligen.«
Der Dorfälteste zog die Augenbrauen hoch. »Was heißt alle sozialen Gruppen? Sind damit auch Frauen und Kinder gemeint?«
»Kinder eher nicht, aber Frauen und Jugendliche, ja. In der Zukunftswerkstatt werden keine Entscheidungen getroffen, das bleibt weiterhin dem Ältestenrat vorbehalten. Es geht vor allem darum, wie sich die Einwohner die Zukunft ihres Dorfes vorstellen. Dazu gehören natürlich auch die Frauen. Und gerade die Jugendlichen sind doch eure Zukunft, oder nicht?«
Von draußen hörte man jetzt, da es still war im Raum, das schneidende Zirpen der Zikaden. Armin sah zu Teresa, die ihm einen skeptischen Blick zuwarf. Auch Rakotos Gesichtsausdruck spiegelte etwas wie Erstaunen wider. Die meisten Ratsmitglieder blickten verlegen zu Boden. Nur der Dorfälteste und Pierre Tovoarimino sahen zu Armin. War er zu weit gegangen?

Nach fast endlosen Sekunden sagte der Dorfälteste: »Wir müssen darüber sprechen. Ich bitte euch, draußen zu warten.«
»Natürlich«, sagte Armin und nickte Rakoto und Teresa kurz zu. Sie standen auf und verließen mit ihm das Tranobe. Es war längst dunkel geworden, doch der Mond war so hell, dass die Bäume vor dem Tranobe scharfe Schatten warfen. Aus den Bäumen zirpten Zikaden, vom Wald her klang das nächtliche Läuten der Baumfrösche. Armin, Teresa und Rakoto entfernten sich einige Schritte vom Gebäude.
»Es tut mir leid, dass sie dich so in die Ecke gesetzt haben«, sagte Armin, zu Teresa gewandt.
»Ich glaube, es war schon ein Privileg, dass ich überhaupt mit hinein durfte.«
Rakoto räusperte sich. »Ja, das stimmt. Normalerweise sind beim Ältestenrat keine Frauen zugelassen.«
Armin blickte zu Rakoto. »Dann war es wohl auch nicht klug, dass ich für die Zukunftswerkstatt die Frauen und Jugendlichen ins Spiel gebracht habe.«
Rakoto zögerte mit seiner Antwort.
»Ich fand es jedenfalls gut«, sagte Teresa fast trotzig.
Eine Weile standen sie schweigend da. Aus dem Tranobe war zuerst die ruhige Stimme des Dorfältesten zu vernehmen, dann das harte Stakkato von Tovoarimino. Da sie madagassisch sprachen, konnte Armin nichts verstehen. Er sah zu Rakoto, der zuckte mit den Schultern. Nach ungefähr zehn Minuten wurde es plötzlich ruhig im Gebäude. Sie hörten, wie sich Schritte näherten. Der Dorfälteste erschien an der Tür und bat sie, wieder einzutreten. Dort nahmen sie wieder ihre vorherigen Plätze ein. Zuletzt setzte sich der Dorfälteste und sah Armin einige Sekunden in die Augen.
»Wann wollen wir die Zukunftswerkstatt durchführen?«

Impakt

Als Armin am nächsten Morgen sein E-Mail-Postfach öffnete, durchzuckte es ihn. Da war sie, die Antwort von Hans-Peter. Mit zwei raschen Mausklicks öffnete er sie.

Lieber Armin,
es freut mich sehr, wieder einmal von Dir zu hören! Ich gratuliere Dir zu Deinem interessanten Job in Madagaskar. Das Thema Evolution hat Dich offenbar nicht losgelassen, wir haben ja im Studium schon viel darüber diskutiert. Mit Deinem Essay hast Du eine der brennendsten Fragen aufgegriffen, die nicht nur zurzeit, sondern seit Darwin diskutiert wird. Deine Hypothese ist sicherlich interessant und enthält auch einige Aspekte, die noch nicht zum »Allgemeingut« gehören, aber in dieser Form ist eine Veröffentlichung wohl tatsächlich nicht möglich. Bei wissenschaftlichen Publikationen ist es – wie Du sicher weißt – üblich, die Arbeiten, die zu diesem Modell geführt haben, zu zitieren. Du hast aber nur einige grundlegende Werke zitiert, wie z. B. die von »unserem« Professor. In Deiner Arbeit sind viele Gedanken enthalten, die bereits ausführlich in der Literatur besprochen wurden. Ein Stück weit lebt die Wissenschaft eben auch davon, dass einer den anderen zitiert – hier in den USA spielt der »Impact« von Veröffentlichungen wohl eine noch größere Rolle als in Deutschland.
Nun zum Inhalt Deines Essays: Die meisten Evolutionsbiologen zweifeln nicht mehr daran, dass Katastrophen in der Entwicklungsgeschichte eine Rolle gespielt haben. Die Ursachen und Auswirkungen sind allerdings noch sehr umstritten. Hinzu kommt, dass der »Neokatastrophismus« hier in den USA eher ein Thema der Krea-

tionisten ist. Sie benutzen die Katastrophen für ihre »Chronologiekritik« und wollen damit belegen, dass die Bibel eben doch recht hatte. Als Evolutionsbiologen müssen wir daher sehr zurückhaltend damit umgehen, um nicht dem »Intelligent Design« in die Hände zu spielen. Keinesfalls dürfen wir irgendwelche Spekulationen in die Welt setzen, die ihnen wieder Auftrieb geben – Du weißt, dass das Thema bei uns viel brisanter ist als in Deutschland und in manchen Bundesstaaten sogar in die Schulen Eingang gefunden hat. Daher finde ich Deine Ausführungen zwar interessant – und keinesfalls abwegig! –, von einer Veröffentlichung würde ich aber abraten.
Vielleicht kannst Du es ja im Rahmen des Darwinjahrs als Diskussionsbeitrag in einer deutschen Fachzeitschrift unterbringen, ich wünsche Dir jedenfalls viel Glück und alles Gute.
Einen Tipp habe ich noch: Ein Kollege von mir, der Paläontologe Andrew H. Knoll, beschäftigt sich ebenfalls mit diesem Thema und hat vor einiger Zeit ein Buch herausgebracht, für das er sogar einen Preis bekommen hat. Es heißt »Life on a young Planet – The first three Billion Years of Evolution on Earth«. Knoll ist unter anderem auch der Frage nachgegangen, was sich nach einer Katastrophe abspielt – was ja genau Dein Thema ist. Du bekommst das Buch sicher problemlos über das Internet.

Herzliche Grüße
Dein Hans-Peter

PS: Ein anderes Buch, das in letzter Zeit nicht nur positiv von sich reden gemacht hat, dürfte Dich auch interessieren. Es stammt von dem englischen Paläontologen Simon Conway Morris und heißt »Life's Solution. Inevitable Humans in a Lonely Universe«. Morris versucht zu belegen, dass die Entstehung des Menschen quasi unvermeidlich war. Wie ich gehört habe, wurde das Buch inzwischen auch ins Deutsche übersetzt.

Eine überaus freundliche Abfuhr, dachte Armin. Sein Essay entsprach zwar nicht den wissenschaftlichen Gepflogenheiten, das war ihm klar. Aber man hätte ihn ja entsprechend überarbeiten können – wenn man gewollt hätte. Dass Hans-Peter aber generell von einer Veröffentlichung abriet, enttäuschte Armin sehr.

Hans-Peter hatte vom »Impact« einer Veröffentlichung gesprochen – damit aber nicht den Einschlag eines Himmelskörpers, sondern den Einfluss wissenschaftlicher Zeitschriften gemeint, den »Impact Factor«. Das war heute das Wichtigste in der Wissenschaft. Es ging nicht in erster Linie um neue Erkenntnisse, sondern darum, wie viel man veröffentlichte und wie oft man zitiert wurde. Dafür war »Rat Race« im Grunde auch der falsche Ausdruck. Anders als die Ratten waren die meisten Wissenschaftler schließlich unflexible Spezialisten. Armin war froh, dass er nicht zu ihnen gehörte.

Er erinnerte sich an den Vortrag eines amerikanischen Gastprofessors während seines Studiums – *The History of Science x-rated* war der Titel gewesen. Die Geschichte der Wissenschaft – für Jugendliche nicht geeignet. Die Wissenschaft war keine fortlaufende Erfolgsgeschichte, in der sich eine Entdeckung an die andere reihte, in der es nur Fortschritte gab. Nein, sie war ein steiniger Weg voller Rückschläge. Ein Wechsel von Evolution und Revolution. *Die Struktur wissenschaftlicher Revolutionen* hieß das Buch des amerikanischen Wissenschaftshistorikers Thomas Kuhn, das der Vortrag hauptsächlich behandelt hatte. In der wissenschaftlichen Welt hatte es damals eingeschlagen wie eine Bombe – oder wie ein Asteroid?

Ein Zitat aus dem Buch von Kuhn, das Armin nach dem Vortrag gelesen hatte, kam ihm nun wieder in den Sinn: *Was vor der Revolution Enten waren, sind nachher Kaninchen* – oder so ähnlich. *Was vor der Revolution Dinosaurier waren, sind nachher Säugetiere.* Das war der Paradigmenwechsel zwischen Kreide und Tertiär, verursacht durch einen Impakt.

Wenn Kuhn recht hatte, war die Geschichte der Wissenschaft ähnlich verlaufen wie die Geschichte des Lebens. Kein ständiger Fortschritt. Ein solcher hätte sich irgendwann einmal totgelaufen in den feinen Verästelungen der Spezialisierung. *Spezialisten wissen von immer weniger immer mehr, bis sie zuletzt von nichts alles wissen.* Diesen Satz hatte Armin von seinem Vater – woher der ihn wiederum hatte, wusste er nicht.

Und was war mit der Geschichte seines Lebens? War der Tod Manuels sein persönlicher Impakt?

Armin sah Manuel auf dem Motorroller. Es war dunkel, das Licht des Rollers erhellte die Straße vor ihm. Da näherte sich von rechts aus einer Nebenstraße ein weiteres Paar Scheinwerfer. Das Fahrzeug hätte anhalten müssen. Aber es fuhr, ohne zu bremsen, auf Manuel zu. Die Bremsen des Rollers quietschten, der Roller legte sich quer, krachte auf das Auto.

Manuel war sofort tot, hatten sie hinterher gesagt. Ein tödlicher Impakt, der Manuel keine Chance gelassen hatte. Eine Katastrophe für Renate und ihn.

Bedeutete dieser Impakt nur Verzweiflung und Trauer, oder steckte in ihm auch eine Chance?

Im Moment konnte Armin keine Chance darin erkennen. Gut, seine Entscheidung für Madagaskar war eine Art Paradigmenwechsel. Die Ratsversammlung, seine erste Bewährungsprobe, war auch ganz gut gelaufen. Mit seinem Essay hatte er weniger Erfolg. Sollte er ihn einfach vergessen? Hatte er etwas mit seiner persönlichen Katastrophe zu tun?

Natürlich hatte das, was ein Wissenschaftler erforschte, immer etwas mit ihm persönlich zu tun. Von Edward O. Wilson beispielsweise, dem Mitbegründer der Inselbiogeografie, wusste Armin, dass er mit sieben Jahren beim Angeln verunglückt und auf einem Auge erblindet war. Kurz zuvor hatten sich seine Eltern scheiden lassen. Da Wilson Probleme hatte, mit nur einem funktionstüchtigen Auge Vögel und Säugetiere zu beobachten, stürzte er sich auf die Insekten. Zunächst sammelte er Fliegen und steckte sie mit Nadeln auf Bretter, wie das bei den Entomologen, den Insektenkundlern, üblich war. Nach dem Zweiten Weltkrieg waren die Insektennadeln jedoch knapp, daher musste Wilson auf Ameisen ausweichen. Diese wurden nicht genadelt, sondern in Fläschchen abgefüllt. Heute war Wilson der weltweit berühmteste Ameisenforscher und einer der bekanntesten Evolutionsbiologen überhaupt. Armin erinnerte sich, dass ihn das TIME-Magazin einmal zu den 25 einflussreichsten Personen Nordamerikas gezählt hatte. Hätte er das auch erreicht, wenn er mit sieben Jahren nicht auf einem Auge erblindet wäre? Und wäre der Unfall auch passiert, wenn seine Eltern sich nicht hätten scheiden lassen?

Hätte Armin seinen Essay auch geschrieben, wenn Manuel noch lebte?

Eine Stunde später saß Armin mit Teresa und Rakoto zusammen am Besprechungstisch und blickte gedankenverloren auf seine Kaffeetasse. Er nahm kaum wahr, dass die Sonne strahlend hereinschien. Um diese Jahreszeit war es fast jeden Morgen so.

»Denkst du an die Zukunftswerkstatt?«, sprach Teresa ihn schließlich an.

Armin zuckte zusammen und sah verwirrt auf. »Nein, eigentlich nicht.«

»Entschuldigung, ich wollte dich nicht erschrecken!«, grinste sie.

Rakoto lachte und nippte an seinem Kaffee.

»Ihr werdet euch vielleicht wundern, aber ich habe gerade an Ratten gedacht«, gab Armin zurück.
»An Ratten?«, fragte Rakoto erstaunt. »Hast du Angst vor der Pest?«
»Wieso, gibt es die Pest in Madagaskar noch? Ich dachte, die gibt es nur in dem Lied.« Teresa begann leise zu singen. »*Wir lagen vor Madagaskar und hatten die Pest an Bord.*« Den zweiten Teil brummte Armin undeutlich mit.
Rakoto lachte. »Ja, ich kenne das Lied. Die Pest tritt in Madagaskar heute nicht mehr häufig auf, doch fast in jedem Jahr gibt es noch ein paar vereinzelte Fälle. Vor allem bei den Armen in der Umgebung von Tana. Sie leben nun mal mit Ratten unter einem Dach.«
»Ja, die Ratten sind Ubiquisten und Allesfresser, ein sehr erfolgreiches Modell der Evolution«, sagte Armin.
»Was sind Ubiquisten?«, fragte Rakoto.
»Das sind Tiere, die überall vorkommen. Die nicht auf ein bestimmtes Gebiet oder einen bestimmten Lebensraum wie den Regenwald beschränkt sind.«
»Das Gegenteil von unserem Goldi also«, fügte Teresa hinzu, während sie ihre Kaffeetasse auf den Tisch stellte. »Und wie kommst du jetzt ausgerechnet auf Ratten?«
»Ich habe letzte Woche von einer Ratte geträumt. In der Nacht, nachdem wir den toten Lemuren gefunden haben.«
»Oh ja, in jener Nacht habe ich kaum geschlafen«, sagte Teresa und blickte bekümmert vor sich auf den Tisch.
»Ich hatte auch nur diesen kurzen Traum. Danach hatte ich eine Art Eingebung, und die habe ich dann aufgeschrieben«, sagte Armin.
»Und was für eine Eingebung?«, fragte Rakoto.
»Es ging um die Evolution«, antwortete Armin. »Und um Katastrophen.«

»Katastrophen? Was für Katastrophen?«, fragte Rakoto.
»Um globale Katastrophen, wie zum Beispiel den Einschlag eines Himmelskörpers auf der Erde. Wie der Asteroid vor 65 Millionen Jahren, der die Dinosaurier zum Aussterben brachte. Das wiederum hat den Weg frei gemacht für die Säugetiere, aus denen schließlich wir Menschen hervorgegangen sind.«
Rakoto sah Armin ungläubig an.
Teresa beugte sich nach vorn und zog die Augenbrauen zusammen. »Aber inzwischen hat sich der Mensch selbst zur Katastrophe für seine Mitlebewesen entwickelt. Er ist selbst zur globalen Katastrophe geworden. Hast du das Buch ›Die sechste Auslöschung‹ gelesen?«
»Ich habe davon gehört, aber gelesen habe ich es nicht.«
»Da geht es erst einmal um die ›big five‹, die fünf globalen Katastrophen der Erdgeschichte. Die letzte davon war dein Asteroid am Ende der Kreidezeit. Hauptsächlich geht es in dem Buch aber um die sechste Katastrophe, uns Menschen. Der Mensch ist nicht die Krone der Schöpfung, sondern ihr Totengräber. Soll das das Ziel der Evolution gewesen sein?«
Teresa sprach das Wort Totengräber mit schneidender Schärfe aus. Armin zuckte unmerklich zusammen.
»Du weißt selbst, dass die Evolution kein Ziel hat. Allenfalls eine Richtung«, entgegnete er. »Außerdem ist nicht der Mensch als Art das Problem. Das Problem ist, dass es zu viele von uns gibt.«
Teresa holte Luft, sagte aber nichts mehr.
Rakoto blickte immer noch etwas skeptisch drein. Armin nahm einen Schluck Kaffee und wandte sich an ihn.
»Das mit den Katastrophen habt ihr wahrscheinlich nicht in der Schule gelernt. Hattet ihr Religionsunterricht?«
»Ja, ich war auf einer christlichen Schule«, sagte Rakoto.

»Dann hast du doch sicher von der Sintflut gehört, oder?«, fragte Armin.

»Ja, warum?«

»Die Sintflut war solch eine große Katastrophe, falls es sie wirklich gab. Aber in der Erdgeschichte gab es noch viel größere, bei denen ein Großteil aller Tiere und Pflanzen vernichtet wurde. Durch die Katastrophe vor 65 Millionen Jahren wurden nicht nur die Dinosaurier ausgerottet, sondern über die Hälfte aller Arten. Heute weiß man, dass damals im Golf von Mexiko ein Asteroid eingeschlagen hat, ein Himmelskörper von etwa zehn Kilometern Durchmesser.«

»Und warum sind sie dann auf der ganzen Welt ausgestorben?«, fragte Rakoto.

»Weil dieser große Himmelskörper eine weltweite Katastrophe ausgelöst hat. Nach dem Einschlag gab es Feuerstürme und gigantische Flutwellen. Aber das war nicht das Entscheidende. Es wurde so viel Material in die Atmosphäre geschleudert, dass jahrelang Dunkelheit und Kälte herrschten, wie nach einem Atomkrieg. Man spricht daher auch vom nuklearen Winter. Das konnten nur wenige Tiere und Pflanzen überleben. Große Tiere wie die Dinosaurier hatten gar keine Chance. Am ehesten überlebten kleine und flexible Tiere – wie es zum Beispiel die Ratten sind.«

»Gab es vor 65 Millionen schon Ratten?«, fragte Rakoto erstaunt.

»Nein, aber andere kleine, flexible Generalisten«, sagte Armin.

»Das würde ja zu den Spitzhörnchen passen, die lange als Vorfahren der Primaten galten. Sie sind etwa rattengroß und fressen alles, was sie finden können«, sagte Teresa.

»Ja, das würde passen. Aber wie du schon sagst, sind sie wohl nicht die Vorfahren der Primaten, sondern allenfalls mit ihnen verwandt. Aber wahrscheinlich haben die Ur-Primaten ganz ähnlich ausgesehen. Klein und flexibel.«

»Und was hat das mit dem Menschen zu tun? Der ist zwar flexibel, aber nicht gerade klein«, sagte Teresa und verzog das Gesicht.

»Die letzte globale Katastrophe liegt ja auch schon 65 Millionen Jahre zurück. Seither gab es allenfalls regionale Katastrophen wie zum Beispiel die Eiszeiten.«

»Und als vorläufig letzte Katastrophe kam dann der Mensch«, sagte Teresa bitter. »Trotz seiner Intelligenz und Flexibilität schafft er es nicht einmal, seine eigenen Lebensgrundlagen zu erhalten. Hast du dafür auch eine Theorie?«

Rakoto, der seit einiger Zeit nichts mehr gesagt hatte, sah verwirrt zwischen Teresa und Armin hin und her.

»Das wäre eigentlich die Fortsetzung meines Essays«, sagte Armin. »Da geht es aber dann nicht mehr um die biologische, sondern um die kulturelle Evolution.«

»Und da sind die Regeln ganz anders, oder wie?«

Nein, dachte Armin, aber wie sollte er das jetzt erklären?

»Die kulturelle Evolution setzt nicht beim einzelnen Menschen an, sondern ... bei der ganzen Gesellschaft«, sagte er bedächtig.

»Aber dann müsste es ja irgendwann genauso gut funktionieren wie in einem Ameisenstaat.«

»Mit dem Unterschied, dass der Ameisenstaat durch biologische Evolution entstanden ist. Eine Ameise kann sich nicht frei entscheiden, ob sie mitmacht oder nicht.«

»Und du meinst, der Mensch kann es. Er hat ja seinen freien Willen.«

Armin grinste unwillkürlich. Nun wurde es auch noch philosophisch. Die Frage nach dem freien Willen war eine der Kernfragen der Philosophie, die Armins Ansicht nach bisher nicht befriedigend beantwortet worden war.

»Bist du sicher, dass der Mensch einen freien Willen hat?«, fragte er und lächelte vielsagend.

»Mir reicht es, wenn ich meinen eigenen Willen habe!« Teresa schmunzelte. »Außerdem frage ich mich, wovon der Wille eigentlich frei sein soll. Frei von Vernunft?«

Armin lachte.

»Das hast du gut gesagt! Ich halte die Frage nach dem freien Willen eigentlich auch für müßig. Wenn ich eine Entscheidung treffe, ist sie ja von meiner Vorgeschichte beeinflusst. Wie ging es mir beim letzten Mal, als ich eine ähnliche Entscheidung getroffen habe? Wie ist mein Charakter, wie bin ich erzogen worden, was habe ich erlebt?«

Teresa sah Armin unverwandt an.

»Dann musst du ja mindestens eine Katastrophe erlebt haben, odr?«

Rakoto Ratsimamanga

»Hier ist schon wieder gerodet worden!« Rakoto sah Armin mit ernstem Blick an und zeigte auf das Luftbild, auf dem nur wenige grüne Gehölze in einer gelben Graslandschaft zu sehen waren.
»Vor fünf Jahren stand hier noch Wald.«
Armin blickte auf das Luftbild und versuchte, einen markanten Punkt zu finden, der ihm die Orientierung erleichtern würde. Rechts von der Stelle, auf die Rakoto mit dem Finger deutete, sah er einen Taleinschnitt, und direkt darüber begann auf dem Luftbild der Wald. Sie standen auf einem Hang oberhalb des Tals, doch hier war kein Wald. Hier wuchs Reis. Reis an einem Hang, ohne Terrassen für die Bewässerung. Das war ungewöhnlich.
»Kann man Reis auch am Hang anbauen?«, fragte Armin.
»Ja, diese Anbaumethode nennen wir Tavy«, antwortete Rakoto. »Das funktioniert aber nur zwei bis drei Jahre nacheinander, dann ist der Boden ausgelaugt und man muss neue Flächen roden. Daher ist die Tavy-Kultur heute eigentlich verboten.«
»Was heißt *eigentlich*?«, fragte Armin.
»Das heißt, dass sich offenbar kaum einer daran hält.« Rakoto blickte beschämt zu Boden, als wäre er persönlich dafür verantwortlich.

Teresa war wieder in der Außenstation, Rakoto und Armin führten die Abgrenzung des Schutzgebiets ohne sie fort. Da sie den Geländewagen mitgenommen hatte, ließen die beiden Männer sich von einem Freund Rakotos mit seinem Taxi chauf-

fieren, einem alten R4. Der war zwar ziemlich hart und unbequem, aber überraschend geländegängig.
Die rund fünf Jahre alten Satellitenbilder, die ihnen zur Verfügung standen, waren an vielen Stellen bereits nicht mehr aktuell. Obwohl die Brandrodung zur Anlage neuer Felder inzwischen verboten war, sahen sie immer wieder verkohlte Baumstümpfe. Armin erinnerte sich, dass er auf der Rückreise mit Renate die Insel nachts überflogen hatte. Unter sich hatten sie nur selten das weißliche Licht von Städten, aber immer wieder den rötlichen Schein des Feuers gesehen.

Armin und Rakoto stiegen auf einem Trampelpfad bergauf in Richtung Wald. Der Himmel war bedeckt, es war nicht besonders warm. Der August war in Madagaskar der kälteste Monat, außerdem befanden sie sich in über 1500 Metern Höhe.
»Wie viel Wald gibt es in Deutschland noch?«, fragte Rakoto unvermittelt, als sie am Waldrand angekommen waren. Obwohl die Frage eigentlich naheliegend war, erschrak Armin fast darüber. Wie konnte er Rakoto erklären, warum er den Wald in Madagaskar schützen wollte und nicht in Deutschland?
»In ganz Deutschland haben wir etwa 30 Prozent Wald. In den Gebirgen gibt es aber deutlich mehr. Hast du schon einmal vom Schwarzwald gehört?«
Rakotos Augen leuchteten. »Ja, ›Forêt-Noire‹ heißt eine Torte, die man beim Bäcker kaufen kann.«
Armin musste lachen. »Ich hätte nicht gedacht, dass es die Schwarzwälder Kirschtorte auch in Madagaskar gibt. Die wurde tatsächlich im Schwarzwald erfunden und hat offenbar die ganze Welt erobert.
Im Schwarzwald gibt es in manchen Gebieten wieder fast 90 Prozent Wald. Viele sagen sogar, das wäre zu viel.«
Rakoto runzelte die Stirn.

»Das verstehe ich nicht. Wie kann es zu viel Wald geben?«
Armin zog nachdenklich die Augenbrauen zusammen. »Du musst wissen, dass der Wald heute anders aussieht als früher. Es ist so etwas wie der Sekundärwald hier auf Madagaskar.«
»Ah ja, der Wald wurde schon einmal gerodet und ist dann wieder gewachsen.«
»Im Prinzip schon. Nur dass er meist nicht von selbst gewachsen ist, sondern aufgeforstet wurde. Und zwar überwiegend mit der Fichte. Das ist ein Nadelbaum, der besonders schnell wächst.«
»So ähnlich wie die Kiefern, die bei uns im Hochland gepflanzt wurden?«
»Ja, aber die Fichte hat kürzere Nadeln. Wird hier an Weihnachten auch ein Baum aufgestellt? Bei uns sind das meist Fichten oder Tannen.«
»Ja, die meisten Madagassen sind Christen und haben den Brauch übernommen. Hier sind es meist Kiefern, aber oft sind die Weihnachtsbäume auch aus Plastik.«
Armin schilderte Rakoto, dass es im Mittelalter sogar im Schwarzwald fast keinen Wald mehr gegeben hatte. Das Kleinholz verheizt, die größeren Bäume verbaut, in Häusern, in Schiffen, im Bergbau. Oder gerodet, um Ackerbau und Viehzucht zu betreiben. Heute war der Schwarzwald wieder stark bewaldet, aber überwiegend nicht mehr mit den ursprünglichen Mischwäldern, sondern eben oft mit Fichten aufgeforstet.

»Sollen wir uns einen Moment setzen?«, fragte Rakoto und zeigte auf einen langgestreckten, abgerundeten Granitblock, der einladend wie ein Sofa wirkte. Armin nickte.
»Wo waren wir stehen geblieben?«, fragte er.
»Es ging um die Rodung des Waldes. Gab es in Deutschland auch Brandrodung?«

»Ja, so etwas Ähnliches. Manche Flächen wurden immer wieder abgebrannt, um Weiden für das Vieh zu schaffen.«
»Aber heute gibt es das nicht mehr, oder?«
»Nein … eigentlich nicht«, antwortete Armin zögernd. »Manchmal wird es noch angewandt, um die Landschaft offenzuhalten.«
»Offenzuhalten? Was bedeutet das?«, fragte Rakoto.
»Wie ich am Anfang gesagt habe, gibt es heute im Schwarzwald eher zu viel als zu wenig Wald. Die Touristen wollen nicht immer nur im dunklen Wald wandern …«
»Das verstehe ich nicht. Zu uns kommen die Touristen doch gerade wegen des Regenwalds und der Tiere.«
Immer deutlicher wurde Armin bewusst, dass er als Naturschützer hier in Madagaskar völlig andere Ziele verfolgte, als er das in Deutschland getan hatte. Er hatte fast das Gefühl, er müsse sich das selbst erklären. Wie sollte er es dann Rakoto verständlich machen?
»Das ist gar nicht so einfach zu erklären, aber ich will es versuchen. In Deutschland gehen die Menschen auch gerne in den Wald, aber nicht unbedingt in einen dunklen Fichtenwald. Sie möchten immer wieder das warme Sonnenlicht spüren, wollen Aussichten genießen. Außerdem leben in Deutschland seltene Tiere und Pflanzen eher in der offenen Landschaft als im Wald. Deshalb verfolgen auch die Naturschützer das Ziel, die Waldflächen im Maß zu halten.«
Rakoto sah konzentriert zu Boden. Nach einigen Sekunden des Nachdenkens hob er den Kopf und blickte Armin an.
»Eines verstehe ich immer noch nicht. Wenn ihr im Schwarzwald gar nicht so viel Wald wollt, warum habt ihr ihn dann wachsen lassen? Warum habt ihr keine Nahrungsmittel auf den Flächen angebaut oder sie als Weiden für die Tiere genutzt?«

Natürlich, von der europäischen Agrarpolitik konnte Rakoto nichts wissen. Für ihn war es vermutlich völlig unverständlich, dass man landwirtschaftlich genutzte Flächen aufgeben konnte.
»Das ist für dich sicher schwer nachzuvollziehen. In Deutschland ist die Landwirtschaft in den fruchtbaren Tälern und Ebenen sehr intensiv, dort kann man Nahrungsmittel preisgünstig produzieren. In den steilen und weniger fruchtbaren Gebirgen lohnt es sich nicht mehr, obwohl die Landwirte … Subventionen bekommen.«
Armin wusste, dass das Wort Subventionen für diese Art der Zuschüsse nicht ganz richtig war, doch ihm fiel kein anderes französisches Wort ein.
»Subventionen? Dafür, dass sie Nahrungsmittel produzieren?«
»Ja, dafür, dass sie Nahrungsmittel produzieren, obwohl es sich nicht lohnt.«
Nun sah Rakoto in den Himmel. Das tat er offenbar immer dann, wenn er nicht mehr weiter wusste. Dann suchte er Armins Blick.
»Hier in Madagaskar würden die Menschen nicht überleben, wenn sie keine Nahrungsmittel produzieren würden. Deshalb ist es auch so schwierig, den Wald zu schützen.«
»Ja, das verstehe ich«, sagte Armin. »Aber du bist ja als Madagasse auch zu unserem Projekt gekommen, um den Wald zu schützen. Was hat dich dazu motiviert?«
Wieder ging der Blick Rakotos gen Himmel.
»Ich liebe den Wald. In meiner Kindheit war ich fast jeden Tag dort. In einem Wald, den es heute nicht mehr gibt.«
Armin schwieg nachdenklich.
»Hier in Madagaskar gibt es immer mehr Menschen und immer weniger Wald. Ich liebe auch die Menschen, aber es schmerzt mich, dass Mensch und Wald nicht zusammenleben können. Auch die Tiere und Pflanzen des Waldes gehören zur Fihavanana, zur Gemeinschaft.«

Rakotos Worte berührten Armin. Er dachte darüber nach, warum er die Natur schützte. Sicher war es nicht nur das wissenschaftliche Interesse oder die Erkenntnis, dass immer mehr Tier- und Pflanzenarten ausstarben und etwas dagegen getan werden musste. Auch er hatte einen Großteil seiner Kindheit in der Natur verbracht. Er liebte den Wald, er hatte für ihn etwas Großes, Erhabenes. Zumindest galt das für die alten Laub- und Mischwälder mit ihren mächtigen, knorrigen Bäumen, zwischen denen zahlreiche Kräuter, Farne und Moose Platz fanden. Fichtenmonokulturen, in denen die Bäume wie stumme Soldaten nebeneinander standen und der Boden von nichts anderem bedeckt war als von einem braunen, sterilen Nadelteppich, hatten den Namen »Wald« nach Armins Ansicht nicht verdient. Das waren reine Fichtenforste. *Willst du die Natur vernichten, pflanze Fichten, Fichten, Fichten.* Diesen Spruch hatte Armins Lieblingsprofessor bei Exkursionen immer wieder auf den Lippen.
Armin erinnerte sich daran, dass er vor seiner Diplomprüfung einen ausgedehnten Waldspaziergang gemacht hatte. Er war ruhig atmend durch einen Wald mit alten Buchen und Eichen spaziert. Es hatte ihm das Gefühl gegeben, dass es Größeres, dass es Wichtigeres gab als eine Diplomprüfung. Ja, dass es Wichtigeres gab als ein Menschenleben. Er hatte sich mit dem Wald verbunden gefühlt. Er hatte sich mit dem Leben verbunden gefühlt. Armin erinnerte sich jetzt auch daran, dass er damals auf einen am Boden liegenden Baumstamm gestoßen war, der über und über mit Moosen bewachsen war. Der Tod ermöglichte neues Leben. *Der Tod gehört zum Leben.*
Während seiner Diplomprüfung war Armin ganz ruhig gewesen, er hatte sie mit Bravour bestanden.
»Weißt du, warum ich Rakoto heiße?«, durchbrach Rakoto das Schweigen. »Meine Eltern haben mich nach Professor Rakoto Ratsimamanga benannt. Hast du schon von ihm gehört?«

»Nein«, antwortete Armin.

»Er wäre im letzten Jahr einhundert Jahre alt geworden, doch er ist mit 94 gestorben.«

»94 ist doch ein stattliches Alter«, sagte Armin.

Einen Moment dachte Armin daran, dass Manuel nur sechzehn Jahre alt geworden war. Doch der Stich blieb diesmal aus.

»Ja, aber bei ihm hätten alle gewünscht, dass er hundert geworden wäre. Er war nicht nur ein berühmter, sondern vor allem ein guter Mensch.«

»Was hat er denn gemacht?«, fragte Armin.

»Er hat die madagassische Heilkunde zur Wissenschaft weiterentwickelt. In Tana steht noch das Institut, das er gegründet hat. Er wollte dort aus den madagassischen Heilpflanzen Medikamente entwickeln. Als erster Afrikaner lehrte er Medizin an der Pariser Sorbonne. Später wurde er dann der erste madagassische Botschafter in Frankreich. Ich glaube, er war dann sogar Botschafter in Deutschland.«

»Und hatte er Erfolg mit der Entwicklung der Medikamente?«, fragte Armin. Er spürte, dass ihm vom Sitzen auf dem harten Stein sein Allerwertester schmerzte, stemmte sich mit den Händen etwas hoch und nahm eine andere Position ein.

»Ja, er hat hunderte von Heilpflanzen auf Testfeldern angebaut. Am liebsten hätte er alle Pflanzen Madagaskars in seinem Garten versammelt, um sie zu erhalten. Er hat sich aber auch intensiv für die Menschen eingesetzt, vor allem für die armen Bauern. Er hat sie nicht nur für das Sammeln von Heilpflanzen bezahlt, er hat ihnen auch viele Vorschläge gemacht, wie sie ihr Leben verbessern könnten.«

»Was für Vorschläge?«, fragte Armin interessiert. Er war fasziniert von der Begeisterung, mit der Rakoto von seinem Namensvetter sprach.

»Er hat zum Beispiel vorgeschlagen, dass sie nicht nur Reis anbauen sollten, sondern auch andere Nahrungspflanzen, um das Risiko zu verteilen. Sie sollten auch Fische und Enten züchten oder Maulbeerbäume pflanzen, um Seidenraupen zu ...«

Ein fremdartiges Piepen unterbrach ihn. Kein Vogel, sondern Rakotos Satellitenhandy. Vermutlich Teresa, es musste etwas passiert sein, sonst würde sie nicht anrufen.

Rakoto nahm das Handy aus seiner Jackentasche. Nach wenigen Sekunden ließ er es sinken und wandte sich mit ernstem Blick an Armin. »Es ist wieder ein Goldener Bambuslemur verschwunden.« Nach einer kurzen Pause fügte er hinzu: »Und das Signal ist wieder in der Nähe des Dorfes verloren gegangen.«

Fady

Vor dem Haus des Dorfältesten stiegen sie aus. Sie hatten Teresa an der Außenstation abgeholt und waren direkt ins Dorf gefahren. Es war schwül, am Himmel zogen dunkle Wolken auf.
Erst nach dem zweiten Klopfen vernahmen sie Schritte. Die Tür öffnete sich einen Spalt, und die Frau des Dorfältesten steckte vorsichtig den Kopf heraus. Rakoto sprach sie auf Madagassisch an, woraufhin sie nickte und sie ins Haus bat. Der Dorfälteste saß wie zuletzt auf seinem Schemel und hob ruhig den Kopf, als sie den Raum betraten.
»Was führt euch zu mir?«, fragte er würdevoll.
»Es wurde wahrscheinlich schon wieder ein Goldener Bambuslemur getötet!«, antwortete Teresa erregt.
Armin drehte sich zu ihr um und spreizte seine flache Hand vom Körper ab. Er hoffte, dass Teresa das Stoppsignal verstehen würde. Der Dorfälteste wies auf die anderen Schemel, die um die Feuerstelle standen.
»Ihr habt also wieder einen toten Lemuren gefunden?«, fragte der Dorfälteste ruhig, nachdem sie sich gesetzt hatten.
»Nein«, antwortete Armin und versuchte, ebenso ruhig zu bleiben. »Wir haben einige Lemuren mit Sendern versehen. So können wir feststellen, wo sie sind. Den letzten toten Lemuren haben wir dadurch finden können. Und jetzt ist wieder ein Signal verschwunden.«
»Was ist das für ein Sender?«, fragte der Dorfälteste. »Ich habe bei dem toten Lemuren nichts gesehen.«
»Der Sender war nicht mehr da, der Täter hat ihn wohl mitgenommen«, entgegnete Armin.

»Wisst ihr, wo der Lemur jetzt ist?«, fragte der Dorfälteste.

»Wir haben das letzte Signal nicht weit von der Stelle empfangen, wo wir auch den letzten Lemuren gefunden haben«, sagte Teresa. »Aber auf den Meter genau können wir das nicht feststellen.«

Der Dorfälteste sah nur kurz zu Teresa und richtete den Blick dann wieder auf Armin.

»Was schlagt ihr jetzt vor?«

»Wir wollen den Lemuren suchen und Sie bitten, ob Sie sich an der Suche beteiligen könnten.«

Der Dorfälteste sah konzentriert zu Boden. Nach einigen Sekunden blickte er Armin direkt in die Augen.

»Könnte noch jemand bei der Suche helfen?«, fragte er.

»Ja, aber in unseren Wagen passen höchstens noch zwei Personen«, antwortete Armin.

»Mein Enkel Joro kennt den Wald sehr gut. Er lebt bei uns, seine Mutter ist bei der Geburt gestorben.«

Etwa zehn Minuten später hörte Armin das aufgedrehte Röhren eines Motorrads, das näher kam und dann jäh abbrach. Der Dorfälteste stellte seinen Kaffeebecher auf den Boden und stand auf. Es klopfte an die Tür. Die Frau des Dorfältesten sah herein und sagte etwas. Hinter ihr sah man die Silhouette zweier Jugendlicher. Einer davon hatte krauses Haar und war klein und ziemlich mager. Der andere war mittelgroß und muskulös, von seinem Kopf standen filzige Haarsträhnen ab. Armin erkannte sie als die beiden Jungen, die er bei seinem ersten Besuch im Dorf auf dem Motorrad gesehen hatte.

Der Dorfälteste richtete einige Worte an den kleineren der beiden, Joro. Der kam herein und reichte Armin und Rakoto die Hand. Dann blickte er unentschlossen auf Teresa. Auf eine kurze Anweisung des Dorfältesten hin streckte er auch ihr die Hand entgegen.

»Es ist hier wohl nicht üblich, einer Frau die Hand zu geben«, sagte Teresa pikiert und streckte dem Jungen ihre Hand entgegen.

»Das ist Joro, mein Enkel«, stellte der Dorfälteste unbeirrt vor. Dann sah er zu dem anderen Jugendlichen, der im Türrahmen stehen geblieben war. Sein Blick wurde ernst. »Und das ist Fanilo, der Sohn von Pierre Tovoarimino.«

Armin erinnerte sich an den selbstsicheren Unternehmer aus der Ratsversammlung, den provokanten Gegenpart des Dorfältesten. Er schätzte das Alter der beiden Jungen auf ungefähr sechzehn. Wie Manuel.

Der Dorfälteste erläuterte seinem Enkel auf Madagassisch, worum es ging. Joro folgte den Ausführungen gespannt, zeigte dann auf den Türrahmen, wo Fanilo unschlüssig verharrte, und sprach zu seinem Großvater einige Worte, die wie eine Frage oder Bitte klangen.

»Er möchte wissen, ob sein Freund Fanilo auch mitkommen kann«, gab der Dorfälteste an Armin weiter.

»Sechs Personen passen wohl nicht in den Wagen«, entgegnete Armin.

Es folgte erneut ein kurzer Wortwechsel.

»Die beiden werden uns mit dem Motorrad folgen.«

Die Wolken wurden dichter und dunkler. Armin bot dem Dorfältesten den Platz neben Rakoto an und setzte sich nach hinten zu Teresa. Kurz nachdem sie losgefahren waren, begann es zu regnen. Dicke Tropfen zerplatzten auf der Windschutzscheibe, dann prasselte der Regen auf das Dach. Den beiden Jungen auf dem Motorrad hinter ihnen schien das nichts auszumachen. Sie lachten und fuhren Schlangenlinien.

Nachdem sie etwa einen Kilometer in den Wald gefahren waren, hielt Rakoto an. Der Regen hatte genauso schnell wieder aufgehört, wie er gekommen war. Wasser tropfte von den Bäumen, der Boden dampfte, die Luft war warm und schwer.

Armin schlug vor, die letzte Fundstelle aufzusuchen und von dort auszuschwärmen. Rakoto ging zielstrebig voraus, hinter ihm der Dorfälteste. Nachdem sie sich etwa zehn Minuten schweigend durch den vom herabtropfenden Wasser rauschenden Wald gearbeitet hatten, blieb Rakoto stehen und deutete auf den Boden. Hier hatten sie den Goldenen Bambuslemuren mit dem roten Pfeil im Rücken gefunden. Armin sah zu Teresa. Sie hatte den Kopf gesenkt und die Hände vor dem Bauch übereinandergelegt, als würde sie ein Gebet sprechen. Joro und Fanilo standen etwas abseits und blickten sich verlegen um.

»Ich würde vorschlagen, wir teilen uns in drei Zweiergruppen auf und suchen die nahe Umgebung ab«, sagte Armin.

Der Dorfälteste stimmte zu und winkte seinen Enkel zu sich. Rakoto sprach Fanilo auf Madagassisch an und tat sich mit ihm zusammen. Die dritte Gruppe bildeten Teresa und Armin. Sie einigten sich auf ihre jeweilige Suchrichtung, dann gingen sie los.

Der Waldboden war hier ziemlich kahl, sodass Teresa und Armin gut vorwärts kamen. Das Rauschen ging allmählich in ein Tropfen über, immer wieder war Vogelgezwitscher zu hören. Ab und zu knackte ein Ast. Ansonsten bewegten sie sich auf dem feuchten Boden recht leise.

Armin wischte sich das mit Schweiß vermischte Regenwasser vom Gesicht. Er suchte mit dem Fernglas die Umgebung ab. Ein paar Vögel flatterten erschrocken auf, als sie durch ein Bambusdickicht brachen. Teresa ging im Zickzack und suchte konzentriert den Boden ab. Plötzlich blieb Armin stehen und atmete tief ein. War da nicht wieder dieser süßlich-faulige Geruch? Da es geregnet hatte, wurde er vermutlich nicht sehr weit getragen. Armin gab Teresa ein Zeichen, stehen zu bleiben.

»Riechst du das auch?«

Teresa schnupperte. »Nein, was soll ich riechen?«

»Ich bin mir nicht sicher, aber ich glaube, es riecht nach Verwesung.«

Teresa sah Armin an. »Kannst du sagen, aus welcher Richtung es kommt?«

Armin befeuchtete seinen Zeigefinger und hielt ihn in die Luft, um festzustellen, woher der Wind kam. Doch er spürte nichts, es war völlig windstill. Die einzige Richtung, die ausschied, war die, aus der sie gekommen waren. Armin blickte nach vorn und atmete noch einmal tief ein, von rechts und links ebenfalls. War da ein Unterschied? Noch einmal drehte Armin den Kopf und schnupperte. Er dachte an seine Mutter, die eine sehr gute Nase gehabt hatte. War der Geruch auf der linken Seite ein klein wenig stärker? Armin zeigte nach links. »Versuchen wir es in dieser Richtung.«

Als sie etwa fünfzig Meter gegangen waren, blieb Armin stehen und sog noch einmal Luft ein. Der Fäulnisgeruch war etwas stärker geworden. Der Lebensraum passte, hier wuchs vor allem Riesenbambus. Teresa schnupperte ebenfalls, schüttelte aber dann den Kopf. Erst als sie nochmals fünfzig Meter gegangen waren, war es eindeutig, dass sie auf der richtigen Spur waren.

»Jetzt rieche ich es auch«, sagte Teresa.

Armin spürte, wie sich sein Magen zusammenzog. War es der süßliche Verwesungsgeruch oder die Angst vor dem, was ihn erwartete? Er nahm sein Fernglas an die Augen und suchte den Boden ab. An einer Stelle stockte er. Lag dort etwas? Er setzte das Fernglas ab und ging darauf zu. Dann sahen sie es, das goldbraune, katzengroße Bündel mit dem roten Pfeil im Rücken. Fast dasselbe Bild wie beim ersten Mal. Teresa rannte die letzten Meter und hielt sich die Hand vor Mund und Nase. Vor Entsetzen oder wegen des Geruchs? Wahrscheinlich war es beides, dachte Armin, und näherte sich mit langsamen Schritten dem Lemuren, den die Fliegen umschwirrten. Der ekelhaft süßliche Fäulnisgeruch wurde immer unerträglicher, der Druck auf Armins Magen stärker. Er versuchte, flach zu atmen. Er sah zu Teresa, die regungslos verharrte. Kurz verspürte er den Impuls, seinen Arm um ihre Schulter zu legen, um sie zu trösten, doch er ließ davon ab.

»Wenn die so weitermachen, gibt es hier bald keine Goldis mehr«, sagte Teresa mit tonloser Stimme. »Genau das wollen sie wahrscheinlich, odr?«

Armin wusste nicht, was er erwidern sollte. Auch er vermutete, dass jemand aus dem Dorf hinter den Todesfällen steckte, aber er glaubte nicht an ein gezieltes Komplott. War es vielleicht wirklich ein Jugendstreich, wie Andry vermutet hatte? Bei nur einem toten Lemuren hätte Armin das vielleicht noch akzeptiert. Aber bei zweien? Wie viele würden es noch werden?

»Rufen wir die anderen?«, fragte Armin.

»Ja, mach du das«, antwortete Teresa mit gedämpfter Stimme.

Armin legte die Hände um den Mund und formte einen Trichter.

»Haaallooo!«, rief er so laut wie möglich. Kurz darauf hörten sie aus der Ferne ebenfalls ein leises »Aaallooo!«. Das musste Rakoto sein.

»Haallooo!«, rief Armin noch einmal. Die Antwort kam prompt. Mehrmals ging es so hin und her, die Antworten kamen immer näher. Zuerst erschien Rakoto, hinter ihm Fanilo. Kurz darauf traf der Dorfälteste mit Joro ein. Rakoto und der Dorfälteste sahen betroffen auf den toten Lemuren. Die beiden Jugendlichen blieben einige Meter entfernt stehen und warfen sich betretene Blicke zu.

»Dieses Mal müssen wir die Polizei informieren. Das darf nicht so weitergehen«, sagte Armin so entschlossen wie möglich und blickte zum Dorfältesten.

Der sah zunächst noch einige Sekunden konzentriert auf den toten Lemuren und drehte sich dann zu Armin. »Ich glaube nicht, dass sich durch die Polizei etwas ändert. Seine Tat wollte der Täter zwar nicht vertuschen, aber er wird es verstehen, sich selbst zu verbergen.«

Teresa holte tief Luft. »Dann muss die Polizei eben alle Hütten durchsuchen. Vielleicht findet sie ja die Sender.«

Der Dorfälteste sah kurz zu Teresa, dann wandte er sich wieder an Armin.

»Ich mache euch einen Vorschlag, der vielleicht mehr bewirkt als die Polizei. Ich erkläre das Töten von Lemuren zum Fady.«

Kritik

»Ja, ich habe das Fady gegen das Töten von Lemuren offiziell verhängt«, sagte der Dorfälteste mit ruhiger Stimme, als Teresa ihn gleich nach ihrer Ankunft im Dorf danach fragte.

Dass ein Fady so etwas wie ein Tabu war und dass es je nach Region und Volksgruppe zahlreiche unterschiedliche Fadys gab, die das traditionelle Leben in Madagaskar beherrschten, stand in jedem Reiseführer. Fast überall galt, dass man nicht mit ausgestrecktem Finger auf Menschen oder andere Lebewesen zeigen durfte. Ansonsten konnten sich Fadys auf sämtliche Aspekte des Lebens beziehen. Häufig ging es darum, was man nicht essen durfte, und das variierte je nach Region, manchmal sogar in jedem Dorf. Ein für ein Dorf geltendes Fady konnte nur vom Dorfältesten ausgesprochen oder wieder aufgehoben werden.

Teresa war skeptisch gewesen, ob der Dorfälteste sein Versprechen halten würde. Doch Rakoto versicherte ihr, dass er das Fady aussprechen würde und dass es auch wirkungsvoll sei.
»Wer ein Fady bricht, wird aus der Dorfgemeinschaft ausgeschlossen«, erklärte er.
Armin hatte zunächst dafür plädiert, die Polizei einzuschalten. Letztlich war er jedoch froh, dass es doch nicht dazu hatte kommen müssen. Vermutlich hätte eine polizeiliche Untersuchung die geplante Zukunftswerkstatt gefährdet und damit nach Armins Überzeugung auch ihre ganze Arbeit.
Gerade einmal drei Wochen war Armin nun in Madagaskar, und vor zwei Tagen war er schon zum zweiten Mal mit einem

toten Lemuren im Gepäck im Dunkeln von Sahakely nach Ranomafana gefahren. Zum zweiten Mal hatten sie im Centre ValBio einen getöteten »Goldi« und einen rot gefiederten Pfeil abgeliefert, um die Todesursache klären zu lassen. Wahrscheinlich würde man auch diesmal Alkaloide finden und eine Probe zur genaueren Bestimmung an die Universität in Tana weitergeben. Bisher waren noch keine Ergebnisse des ersten Giftpfeils da, aber wahrscheinlich würde es ohnehin nichts bringen, wenn man das Gift einer Pflanzenart zuordnen konnte. Dass es sich um eine Pflanze handelte, die in der Nähe des Dorfes wuchs, lag auf der Hand.
Zwischen dem ersten und zweiten »Lemurenmord« lagen ziemlich genau zwei Wochen. Natürlich wusste man nicht, ob es der oder die Täter gezielt auf besenderte Lemuren abgesehen hatten oder ob auch andere Tiere getötet worden waren, die sich nur schwerlich auffinden lassen würden. Es war auch nicht klar, ob nur Goldene Bambuslemuren betroffen waren oder auch andere Lemurenarten. Hatte der Täter ganz gezielt nur besenderte Lemuren im Visier, war es ohne Zweifel ein Anschlag auf Teresas Projekt – oder ein Protest gegen das geplante Schutzgebiet.

Nun standen Armin und Rakoto nebeneinander im zentralen Raum der Dorfschule. Teresa saß ein paar Meter entfernt auf einem Stuhl.
Draußen war es bereits dunkel, und die Neonröhren an der Decke verströmten ihr helles, kaltes Licht. Aus einem Nebenraum hörte man das Surren eines Generators.
Die Schule war nicht nur das einzige Gebäude mit einem ausreichend großen Raum, sondern auch das einzige mit elektrischem Licht. Außerdem gab es hier eine große Tafel. Wie in einer Dorfschule saßen etwa zwanzig Personen in vier Tisch-

reihen zusammen. In der ersten Reihe saß der Dorfälteste mit seiner Frau und seinem Enkel Joro, neben und hinter ihnen hatte sich eine bunt gemischte Gruppe von Dorfbewohnern eingefunden. Armin erkannte einige Mitglieder des Ältestenrates, die Jüngeren waren ihm bislang noch nicht begegnet.
In der letzten Reihe saßen vier Jugendliche, zwei Mädchen und zwei Jungen, die Armin auf siebzehn oder achtzehn schätzte. Die Jungen waren mit Jeans, T-Shirts und Baseballmützen bekleidet und unterschieden sich damit äußerlich kaum von europäischen Jungen. Eines der Mädchen trug ebenfalls eine Jeans, dazu ein kurzärmeliges grünes T-Shirt mit einer weißen Aufschrift. Die Haare waren zu langen Zöpfen geflochten, um die immer wieder grellfarbene Gummis gewickelt waren. Das andere Mädchen, das wohl etwas älter war, hatte die Haare auf Höhe der Schläfen zu zwei schneckenartigen Knoten gedreht. Sie trug eine weiße Bluse und einen weinroten Wickelrock mit gelbem Blumenmuster.
Auch die älteren Frauen trugen Wickelröcke und kurzärmelige Blusen, ihre Haare waren jedoch kurz geschnitten. Auf den Köpfen erkannte Armin Kappen aus Bast, wie er sie im Dorf schon oft gesehen hatte. Sie sahen aus wie flache, umgedrehte Kochtöpfe, waren aber oben nicht rund, sondern viereckig. In die gelblich-weißen Naturfasern des Bastes waren grüne und rote Stränge eingeflochten. Wie er von Rakoto wusste, unterschieden sich die Hüte oder Kappen je nach Volksgruppe. Die älteren Männer trugen knielange Hemden, wie Armin sie schon von der Ratsversammlung kannte, sowie dieselbe Kopfbedeckung wie die Frauen.

»Ihr könnt jetzt alles loswerden, was euch nicht gefällt. Ihr könnt es entweder selbst auf diese Kartons schreiben,« Armin hielt einen hellroten Karton in die Luft, ungefähr so groß wie ein DIN-A5-Blatt, »oder ihr sagt es einem von uns, und wir notieren es dann. Fasst euch möglichst kurz, Stichworte reichen aus.«

Rakoto wiederholte Armins Worte auf Madagassisch. Bei der Vorbesprechung hatte er darauf hingewiesen, dass es im Dorf wahrscheinlich etliche Analphabeten gab, die man bloßstellen würde, wenn man alle zum Schreiben aufforderte.

Teresa erhob sich von ihrem Stuhl neben der ersten Reihe und nahm Armin einen Teil der roten Kartons ab. Rakoto holte schwarze Filzstifte von einem an der Wand stehenden Tisch. Als sie gerade begonnen hatten, die Kartons und Stifte an die Teilnehmer zu verteilen, öffnete sich die Tür, und im Türrahmen erschien Pierre Tovoarimino, elegant gekleidet, so wie in der Sitzung des Ältestenrates. Er sah sich kurz im Raum um, dann richtete er den Blick auf Armin.

»Habt ihr noch Platz für einen Unternehmer und seine Mitarbeiter?«, fragte er mit einem breiten Lächeln auf dem Gesicht.

Armin sah ihm in die Augen und bemühte sich, ebenfalls zu lächeln. »Natürlich, wie viele sind es denn?«

Pierre Tovoarimino drehte sich kurz um und gab ein Handzeichen. Nacheinander betraten sieben zumeist jüngere Männer den Raum und blickten unsicher um sich. Unter ihnen war auch Fanilo, Pierre Tovoariminos Sohn.

Armin wandte sich hilfesuchend zum Dorfältesten um. Der beobachtete die Szene mit unbewegter Miene. Auch Teresa und Rakoto standen reglos zwischen den Tischreihen.

Armin wandte sich schließlich an Rakoto. »Wir müssen noch ein paar Tische und Stühle holen.«

Sie gingen in einen Nebenraum, zwei jüngere Männer folgten ihnen. Auch einige von Tovoariminos Männern schickten sich an, ihnen zu helfen. Doch dieser rief sie in barschem Ton zurück.

Aus dem Nebenraum wurden drei Tische und sechs Stühle gebracht, zwei Plätze waren weiter vorn noch frei. Einer von Tovoariminos Mitarbeitern nahm diese Stühle und trug sie nach hinten.
Als alle Platz genommen hatten, verteilte Armin die Kartons auf den neuen Tischen, Rakoto legte ein paar Filzstifte dazu.
»Kann mir mal jemand sagen, worum es hier geht?«, fragte Pierre Tovoarimino provokativ und sah Armin an.
»Einen Moment, ich wiederhole es gleich für alle«, versuchte Armin ihn zu besänftigen. Er ging nach vorne und erläuterte noch einmal die Vorgehensweise. Tovoarimino lehnte sich zurück und steckte die Hände in die Taschen seines Jacketts. Als Armin darauf zu sprechen kam, dass die Kritik auf die Kartons geschrieben werden sollte, stieß er heftig den Atem aus.
»Warum können wir nicht einfach darüber reden?«, fragte er entrüstet. »Wir sind doch nicht in der Schule!«
Doch, wir sind hier in der Schule, lag Armin bereits auf der Zunge, doch er zwang sich, tief durchzuatmen.
»Wir können die Ergebnisse später besprechen. Zunächst soll jeder die Chance bekommen, etwas beizutragen.«
»Aber hier kann doch jeder reden, oder nicht?« Tovoarimino blickte herausfordernd in die Runde.
»Aber nicht jeder ist es gewohnt, seine Meinung in der Gruppe zu äußern«, sagte Armin beschwichtigend.
»Einige können auf jeden Fall besser reden als schreiben«, erwiderte Tovoarimino grinsend.
Der Dorfälteste erhob sich langsam und drehte sich zu ihm um.
»Wir haben im Ältestenrat beschlossen, dass wir diese Zukunftswerkstatt durchführen. Keiner ist gezwungen, mitzumachen. Wer sich jedoch dafür entscheidet, wird sich an die Regeln halten.«
Der Dorfälteste setzte sich wieder. Pierre Tovoarimino murmelte ein paar unverständliche Worte, dann nahm auch er

Platz. Es war ganz still im Raum. Armin erläuterte nun, dass sich die Kritik auf alles im Dorf beziehen könne, nicht nur auf das Schutzgebiet. Auf jedem Karton solle nur ein Kritikpunkt notiert werden.

Dann war nur noch das Schaben der Stifte auf dem Papier zu hören. Rakoto ging durch die Reihen, gab Hilfestellungen und füllte die eine oder andere Karte aus. Die meisten der Anwesenden waren offenbar des Schreibens mächtig.

Nach etwa fünfzehn Minuten fragte Armin, ob alle fertig seien. Einige nickten, andere schüttelten den Kopf.

»Lasst euch noch fünf Minuten Zeit, dann sammeln wir die Kartons ein«, sagte Armin. Einige wenige schrieben noch, bald aber hatten alle ihre Stifte beiseitegelegt. Armin begann, die Kartons in der ersten Reihe einzusammeln. Teresa ging nach hinten. Als sie zu Pierre Tovoarimino kam, grinste der sie an: »Frau Lehrerin sammelt die Schularbeiten ein.«

Teresa zog kurz eine Augenbraue hoch, dann nahm sie mit unbewegter Miene die Kartons an sich und brachte sie nach vorn. Armin winkte Teresa und Rakoto zu sich. Sie stellten sich nebeneinander auf, jeder mit einem Teil der Kartons in der Hand.

»Wir lesen jetzt die Kartons nacheinander vor und hängen sie an die Tafel«, sagte Armin. »Teresa übernimmt die französischen Texte, Rakoto die madagassischen und übersetzt sie dann. Ich hänge die Kartons an die Tafel und versuche, sie nach Themen zu ordnen. Wir diskutieren aber jetzt noch nicht darüber.«

»Wir haben hier anscheinend nichts zu sagen«, rief Tovoarimino von hinten.

Armin presste die Lippen aufeinander und schwieg. Er wandte sich zu Teresa, die den ersten Karton in der Hand hielt.

»Wir wollen kein Schutzgebiet«, las sie vor und sah Armin betroffen an.

Armin seufzte leise. Er nahm den Karton, riss ein Stück Klebestreifen von der Rolle und hängte ihn an die Tafel. Der nächste Karton war von oben bis unten auf Madagassisch beschrieben. Teresa gab ihn an Rakoto weiter. Nachdem der ihn vorgelesen hatte, übersetzte er. »Die Tanala sind ein Volk des Waldes und leben vom Wald. Wir haben den Wald bis heute erhalten und brauchen keine Vorschriften, wie er zu schützen ist.«

Das war klar formuliert, dachte Armin. Ähnliche Argumente hatte er auch in Deutschland oft gehört, meist von Landwirten. Wir haben doch bisher dafür gesorgt, dass die Flächen so erhalten blieben, und jetzt kommt ihr und wollt sie unter Schutz stellen. Meist hatte Armin ihnen recht gegeben, aber betont, dass eine Unterschutzstellung für sie von Vorteil wäre, da sie für die naturschutzgerechte Bewirtschaftung ihrer Flächen Zuschüsse bekommen könnten. Da die Landwirtschaft in solchen Gebieten unrentabel war, hatten die meisten dem Schutzgebiet schließlich zugestimmt. So konnte Armin aber hier in Madagaskar nicht argumentieren. Hier ging es nicht um Wiesen, sondern um Wald. Und es gab keine Zuschüsse.

Armin hängte den Karton unter den ersten, es ging um dasselbe Thema.

»Wir wollen im Wald jagen«, las Teresa.

»Das müssen wir als Kritik umformulieren«, sagte Armin. »In der ersten Phase soll zunächst nur kritisiert werden, die positiven Aussagen kommen später.«

Aufgeregtes Gemurmel setzte ein.

»Wie könnten wir es als Kritik formulieren? Hat jemand einen Vorschlag?«, fragte Rakoto.

Joro hob die Hand, und Armin nickte ihm zu. »Wir wollen nicht, dass die Jagd verboten ist«, schlug Joro vor.

»Ja, sehr gut, so schreiben wir es«, sagte Armin. Teresa nahm einen Filzstift und änderte den Text.

»Und wo hängen wir ihn hin?«, fragte Armin und sah in die Runde. »Hängt das mit dem Schutzgebiet zusammen oder ist das ein anderes Problem?«

»Natürlich hängt das mit dem Schutzgebiet zusammen«, meldete sich Tovoarimino zu Wort, »vor allem aber mit unserem Präsidenten. Er will die Schutzgebiete vergrößern, um international gut dazustehen. Was wir davon halten, interessiert ihn überhaupt nicht.«

Die meisten der Anwesenden nickten heftig.

»Also hängen wir es zu den anderen Kartons«, sagte Armin und klebte den Karton an die Tafel. Dann nickte er Teresa zu.

»Keine Straßen, keine Touristen«, las sie vor.

»Das ist ein neues Thema«, sagte Armin erleichtert und hängte den Karton neben die drei anderen.

Das Gemurmel wurde wieder lauter, einige gestikulierten wild und riefen sich etwas über größere Entfernungen auf Madagassisch zu. Pierre Tovoarimino saß mit verschränkten Armen am Tisch und sah zufrieden lächelnd in die Runde.

»Ihr habt später noch Gelegenheit, über die Themen zu sprechen. Bitte lasst uns jetzt erst einmal eure Probleme herausarbeiten«, bat Armin und hob beschwichtigend die Hände. Rakotos Übersetzung dauerte etwas länger als Armins Worte, er hatte damit allerdings auch mehr Erfolg. Es wurde tatsächlich ruhiger.

Armin hängte einen Karton nach dem anderen an die Tafel, bis schließlich alle verteilt waren. Es bestätigte sich, was er befürchtet hatte: Die größte Häufung fand sich bei den Themen Schutzgebiet und Jagdverbot. Für eine Bevölkerungsgruppe, die bis vor Kurzem hauptsächlich von der Jagd gelebt hatte, war das wohl auch verständlich, dachte Armin. Wahrscheinlich hatten auch Tovoarimino und seine Mitarbeiter das Ihrige dazu beigetragen.

Das Gemurmel war wieder lauter geworden.
»Ich bitte um etwas Ruhe, ich möchte das Ergebnis kurz zusammenfassen«, bat Armin. »Die meisten Kartons hängen hier, beim Thema Schutzgebiet, mit dem viele von euch nicht einverstanden sind.«
Sofort wurde es wieder lauter, der Geräuschpegel schlug Armin ins Gesicht wie eine eiskalte Welle. Er versuchte, die Gespräche zu übertönen, indem er seine Stimme anhob.
»Das zweitwichtigste Thema«, rief er über den Lärmteppich hinweg, »ist das Fehlen oder der schlechte Zustand der Straßen. Damit hängt auch der dritte Punkt zusammen. Das ist die Kritik, dass ihr vom Tourismus überhaupt nicht profitiert.«

Teresa und Armin und Rakoto verließen das Schulhaus, nachdem sie ein Foto von den Karten gemacht und diese dann abgehängt hatten. Sie waren überrascht, wie hell es war. Fast gleichzeitig sahen sie zu dem beinahe vollen Mond empor, der hoch am Himmel stand. Armin ließ den Blick über den Sternenhimmel schweifen, der hier in Madagaskar weitaus prächtiger war als in Europa. Die Milchstraße zog sich als dichter, milchiger Sternenbrei über das Firmament. Fast automatisch ging Armins Blick zum Kreuz des Südens, dem auffälligen Viergestirn, das von Mitteleuropa aus nicht zu sehen war.
Teresa und Rakoto standen links und rechts neben ihm auf dem ebenen Vorplatz der Schule und blickten ebenfalls schweigend in den Himmel. Vom Wald schallte ihnen das eintönige Stakkato der Baumfrösche entgegen. Darunter mischte sich ein melodiöser Ruf, der an das Sirenengeheul der Polizeiwagen in amerikanischen Filmen erinnerte.
Armin sah Rakoto fragend an. »Kommt jetzt die Polizei?«
Rakoto lachte. »Das ist Boophis luteus, der Sirenenfrosch. Man sieht ihn nur selten, aber an seinem Ruf erkennt man ihn sofort.«

Armin hatte den Sirenenfrosch bisher noch nie gehört.

»Wie lange wird das Froschkonzert noch zu hören sein?«, fragte Teresa.

»Solange es die Wälder noch gibt«, antwortete Rakoto.

»Und wie lange wird es die Wälder in Madagaskar noch geben?«, fragte Armin.

»Eines unserer Sprichwörter heißt: *Raha tsy misy ny ala, tsy misy ny rano ary raha tsy misy ny rano tsy misy ny vary* – Ohne Wald gibt es kein Wasser, und ohne Wasser gibt es keinen Reis«, sagte Rakoto.

»Das hört sich zwar gut an«, sagte Teresa, »aber im Hochland gibt es massenweise Reis, allerdings fast keinen Wald mehr.«

»Wir müssen eine Möglichkeit finden, wie sie vom Wald profitieren können«, sagte Armin. »Das heißt, diese Möglichkeit sollen die Dorfbewohner eigentlich selber finden, dafür machen wir ja die Zukunftswerkstatt.«

Hoffnungsvolle Monster

Teresa, Rakoto und Armin saßen zusammen mit dem Dorfältesten, dessen Frau und deren Enkel Joro um die Feuerstelle des Hauses. Sie hatten im Schulhaus übernachtet, wo es zwei kleine Schlafräume mit jeweils zwei Holzbetten gab. Das Frühstück aus Reis mit Maniokblättern war bereits verzehrt, etwas Kaffee noch in den Bechern geblieben. Der Kaffee war sehr aromatisch, er wurde am Rande des Regenwalds angebaut und im Dorf getrocknet und geröstet.
»Pierre Tovoarimino wird nicht mehr teilnehmen«, sagte der Dorfälteste mit unbewegter Miene. Armin, der gerade seinen Kaffeebecher an den Mund hatte heben wollen, erstarrte in seiner Bewegung und sah den Dorfältesten ungläubig an. Er wusste zwar, dass der Dorfälteste und Tovoarimino nicht gerade Freunde waren. Dennoch spürte er, dass er seine Freude nicht zu offen zeigen durfte.
»Danke«, nickte er daher knapp und führte den Kaffeebecher zum Mund.

Nach dem Frühstück begaben sie sich gemeinsam zur Schule, die nur wenige hundert Meter entfernt am Rande des Dorfes lag. Dort warteten schon drei Frauen und zwei Männer und blickten ihnen entgegen, die Frauen freundlich, die Männer eher skeptisch.
Als eine Viertelstunde später alle ihre Plätze eingenommen hatten, fehlte nicht nur Pierre Tovoarimino, auch seine Mitarbeiter und sein Sohn waren nicht erschienen.
Armin erläuterte entspannt die weiteren Schritte. Er forderte die Teilnehmer auf, sich zunächst zu vier etwa gleich großen Grup-

pen zusammenzutun. Nach Rakotos Übersetzung ergaben sich die Gruppen schnell. Meist schlossen sich die zusammen, die ohnehin schon nebeneinander saßen und sich offenbar am besten kannten. Es bildete sich eine Gruppe mit fünf Frauen unterschiedlichen Alters, zu denen auch die Frau des Dorfältesten gehörte. Joro blickte sich zu den vier Jugendlichen in der letzten Reihe um, fragte sie etwas auf Madagassisch und ging dann zu ihnen. Auch vier Männer aus dem Ältestenrat fanden sich zusammen, unter ihnen Athanase Rabearivelo.
Der Dorfälteste sagte, er habe noch etwas zu erledigen, und verabschiedete sich. Armin war ein wenig enttäuscht, dass er in dieser Phase nicht dabei sein würde, aber vielleicht wollte der Dorfälteste auch niemanden durch seine Anwesenheit beeinflussen.
Die Tische wurden so umgestellt, dass immer zwei ein Quadrat bildeten und sich jeweils eine Gruppe darum gruppieren konnte. Teresa und Rakoto verteilten Packpapierrollen, Wachsmalstifte, Scheren und Klebstoff. Armin holte einen Stapel bunter Kataloge und Zeitschriften aus einer Kiste, darunter auch alte Ausgaben der WWF-Zeitschrift »Vintsy«, die nach dem farbenfrohen madagassischen Eisvogel benannt war.
»Ihr könnt eure Wünsche malen oder auch etwas aus den Zeitschriften ausschneiden und aufkleben«, erläuterte Armin. »Die Gruppe sollte sich möglichst auf ein Motiv einigen, das sie darstellen will. Ihr habt zwei Stunden Zeit.«
Die meisten griffen sofort nach einem Stift oder einer Schere, um etwas zu malen oder auszuschneiden. Anders als am Vorabend war die Atmosphäre gelöst. Neben dem Schaben der Stifte, dem Rascheln des Packpapiers, dem Klicken der Scheren und dem sanften Gemurmel hörte man immer wieder auch fröhliches Lachen.
In Deutschland hatte Armin gerade in der Phantasiephase erlebt, dass die Stimmung – zumindest am Anfang – ziemlich ver-

krampft war. Hier in Madagaskar war das Malen und Gestalten von Bildern offenbar etwas völlig Normales.

Bald war die Unterstützung durch Teresa, Rakoto und Armin nicht mehr nötig, sie zogen sich auf drei Stühle in eine Ecke des Raumes zurück. Teresa sah zu Armin. »Das scheint ja wirklich gut zu klappen!«

»Ja, ich bin selbst überrascht. In Deutschland haben vor allem Ältere Probleme mit dem Malen, es ist ihnen eher peinlich«, berichtete Armin.

Rakoto blickte Armin erstaunt an. »Was ist daran peinlich, ein Bild zu malen?«

Armin überlegte einen Moment.

»Das Malen von Bildern wird bei uns den Kindern und den Künstlern überlassen, die anderen tun so etwas nicht.«

Rakoto schüttelte lachend den Kopf.

Nach einiger Zeit erhob sich Armin von seinem Stuhl und schlenderte durch den Raum, um die Fortschritte zu begutachten. Zuerst ging er zu den vier Frauen, die kurz zu ihm aufschauten, dann aber weitermalten. Zwei von ihnen waren schon etwas älter, die beiden anderen schätzte Armin auf Mitte zwanzig. Sie waren besonders farbenfroh gekleidet und trugen alle die typische Strohkappe auf dem Kopf. Auch ihr Gemälde war bunt und vielgestaltig. Es waren lange braune Stämme mit grünen Fächern zu sehen. Auf einigen dieser Bäume saßen Tiere mit schwarzer Hundeschnauze und hellem Rücken – vermutlich Sifakas. Neben den Bäumen standen Hütten und zahlreiche Menschen. An ihrer bunten Kleidung, der Kappe und der dunklen Hautfarbe waren einige von ihnen als Einheimische zu erkennen. Andere hatten eine deutlich hellere Hautfarbe, breitkrempige Hüte und einfarbig hellbraune Kleidung. Armin fragte sich zunächst, wer das sein konnte, kam aber dann darauf, dass die letzten Touristen, die das Dorf gesehen hatte, wohl ungefähr so ausgesehen haben mussten.

Neben einer Hütte rührte eine einheimische Frau in einem Topf, einige Touristen sahen ihr zu. Andere standen bei den Bäumen und schienen Lemuren zu beobachten, ein Tourist hielt eine Kamera vor das Gesicht.
Als Nächstes ging Armin zu den Jugendlichen. Joro drehte sich nervös um, als er sich näherte. Auf dem Packpapier erkannte Armin einen gigantischen Baum mit vielen verzweigten Ästen. Daneben waren einige kleinere Bäume dargestellt, einige davon an ihren grasartigen Blättern eindeutig als Bambus zu erkennen. Alles andere wurde nicht gemalt, sondern aus den Zeitschriften ausgeschnitten. Das war in diesem Fall auch einfacher, denn es handelte sich um die Tiere des Waldes, die in *Vintsy* alle zu finden waren. Die Jugendlichen klebten sie jeweils passend in ihren Lebensraum. Die drei Bambuslemuren saßen im Bambus, andere Lemuren und zahlreiche Baumfrösche im Palisander. Verschiedene Chamäleons wurden in den unteren Bereich der Bäume und an Sträucher gesetzt. Armin schaute eine Weile zu und sah, dass hauptsächlich Joro die Anweisungen gab, welche Tiere ausgeschnitten werden sollten und wohin sie zu kleben waren. Die anderen vier schnippelten und klebten nach seiner Regie, obwohl sie älter wirkten als Joro. Armin dachte einen Moment daran, dass Manuel, etwa gleichaltrig, hier wahrscheinlich eine ähnliche Rolle gespielt hätte. Joro hatte ihn schon des Öfteren an Manuel erinnert, und jedes Mal versetzte es ihm einen Stich.
Armin wandte sich der Männergruppe zu. Vom Alter her waren es wohl Familienväter, Armin schätzte sie auf um die dreißig. Sie diskutierten und gestikulierten. Es erinnerte an einen Stammtisch in Deutschland, wo über Politiker geschimpft wurde. Quer über das Papier in der Tischmitte hatten sie eine große Schlangenlinie gemalt, daneben einige Häuser. In der Mitte stand ein besonders großes Haus mit der Aufschrift »Hotely«.

Nun ging Armin zu den älteren Männern. Die sahen misstrauisch auf, als er an ihren Tisch kam. Er erkannte Bäume und einige aufgeklebte Lemuren. Zwischen den Bäumen standen dunkle Männer mit langen Stäben. Waren es Speere? Nein, es waren wohl Blasrohre, denn bei einem der Männer entsprang der Stab quasi direkt seinem Kopf und war auf einen Lemuren gerichtet.

Während des Mittagessens im Haus des Dorfältesten wurde Armin wieder unruhig, da er sich nicht sicher war, wie er mit der Phantasiephase fortfahren sollte. Er sah den Dorfältesten an, der seinen Blick ruhig erwiderte.
»Ich habe eine Frage«, begann Armin vorsichtig. »Ich habe von Rakoto gehört, dass die Madagassen die Musik und das Theater lieben. Ist das hier im Dorf auch so?«
Der Dorfälteste blickte Armin erstaunt an. »Musik und Theater gehören für uns zum Leben. Fast an jedem Wochenende gibt es hier ein Mpilalao.«
»Rakoto hat von Hira gasy gesprochen, dem Straßentheater mit Gesang, Tanz und Musik. Was ist Pilalau?«, fragte Armin.
»Mpilalao ist eine Form des Hira gasy. Es tritt nicht nur eine Gruppe auf, sondern mehrere. Das Publikum entscheidet, welche Gruppe es am besten gemacht hat.«
Armin wollte zwar nicht gleich einen Wettkampf daraus machen, aber ansonsten klang diese Auskunft vielversprechend.
»Wie lange würden die Gruppen brauchen, um eine Vorstellung einzuüben?«, fragte Armin.
»Höchstens zwei Stunden«, antwortete der Dorfälteste prompt. Aus seinem Unterton meinte Armin so etwas wie Begeisterung herauszuhören.
Ein Anliegen hatte er noch. »Es wäre schade, wenn die Theatergruppen sich nur gegenseitig zuschauen. Wäre es möglich, dass weitere Menschen aus dem Dorf dazukommen?«

Zum ersten Mal sah Armin so etwas wie ein Lächeln über das Gesicht des Dorfältesten huschen.
»Das ist überhaupt kein Problem. Zum Mpilalao kommen immer viele Menschen. Wann soll es stattfinden?«

Als sie nach dem Mittagessen wieder zur Schule kamen, warteten schon fast alle Teilnehmer vor der Tür. Die Frauen lachten und tuschelten, und auch die Männer wirkten lockerer als am Vormittag.
Als Armin das Mpilalao ankündigte, riss eines der jungen Mädchen die Arme hoch, einigen Frauen entschlüpften leise Freudenschreie. Rakoto bot an, bei den Vorbereitungen in der Schule zu bleiben, falls für die bühnengerechte Umsetzung der am Morgen gestalteten Bilder Hilfe vonnöten wäre; Teresa und Armin könnten so lange Pause machen. Das Angebot nahmen sie gerne an und gingen nach draußen.
Am Morgen hatte es einen kurzen Schauer gegeben, aber nun war der Himmel wolkenlos. Es war angenehm warm, die Temperaturen kletterten im Südwinter nur selten über fünfundzwanzig Grad. Aus der Ferne hörte man Stimmen und rhythmische Klopfgeräusche. Die Atmosphäre war ruhig und friedlich, kein einziger Motor war zu hören.
»Sollen wir einen Spaziergang zum Fluss machen?«, schlug Armin vor.
»Ja, warum nicht«, stimmte Teresa zu.
Direkt vom Vorplatz der Schule führte ein abschüssiger Weg an den Fluss hinunter, dessen Rauschen bereits von fern zu hören war. Der Weg war knapp zwei Meter breit und hatte auf beiden Seiten tiefe Fahrrinnen. Teresa und Armin gingen schweigend nebeneinander her, jeder in einer der Spuren. Schließlich brach Armin das Schweigen.
»Was sagst du nun zu unserer Zukunftswerkstatt?«

Teresa sah ihn an und lächelte. »Gestern war es eine Katastrophe, aber heute läuft es ganz gut an, odr?«

Armin grinste. »Hast du Katastrophe gesagt?«

»Oh, das hätte ich nicht sagen sollen, jetzt bist du wieder bei deinem Thema.«

»Du wirst lachen, ich habe tatsächlich schon darüber nachgedacht, was die Zukunftswerkstatt mit der Evolution gemeinsam hat.«

»Und das wäre?«

»Die Kritikphase hat die Funktion einer Katharsis, einer Reinigung. Man leert den Kropf, um Platz für Neues zu machen.«

»Und das kommt dann in der Phantasiephase, odr?«

»Ja, genau. Die Phantasiephase kann mit der Entwicklung nach einer Katastrophe verglichen werden. Es wird alles Mögliche und Unmögliche ausprobiert. Hast du schon mal etwas von der ›Hopeful-Monster-Hypothese‹ gehört?«

»Das kommt mir irgendwie bekannt vor, aber ich kann es gerade nicht einordnen.«

»Das ist ein Modell der Makroevolution.«

»Dann ist deines also nicht das erste?«

Armin zog kurz die Augenbrauen zusammen, überging Teresas Ironie aber dann kommentarlos.

»Die ›Hopeful-Monster-Hypothese‹ wurde in den Dreißiger- oder Vierzigerjahren des letzten Jahrhunderts entwickelt, von Richard Goldschmidt, einem deutschen Genetiker. Er war Jude und musste in die USA emigrieren.«

»Dann wundert es mich nicht, dass er sich von Monstern verfolgt fühlte.«

»Da hast du recht. Allerdings waren diese Monster weniger hoffnungsvoll. Goldschmidt hat die These aufgestellt, dass es neben den zahlreichen kleineren Variationen auch immer wieder größere Veränderungen des Erbguts gibt. Normalerweise sind diese Veränderungen tödlich, aber manchmal haben die dadurch entstandenen Monster aus irgendwelchen Gründen doch eine Überlebenschance. Das führt dann zu völlig neuen Entwicklungen. Man könnte fast *Neuschöpfungen* dazu sagen.«

»Ja, das passiert ja zum Beispiel bei Mutationen an Hox-Genen, odr?«, sagte Teresa.

Armin verharrte abrupt und blickte Teresa an, die nun ebenfalls stehen blieb. »Was ist los?«, fragte sie erstaunt.

»Ich wollte dir gerade erzählen, was ich Neues über die Hox-Gene gelesen habe. Aber offenbar weißt du ja schon alles.« Armins Stimme klang fast entrüstet.

»Erstens habe ich auch ein paar Semester Biologie studiert, und zweitens habe ich mich einem Aktionsbündnis gegen die so genannte ›grüne Gentechnik‹ angeschlossen. Da muss man schon gut informiert sein, um dagegen zu argumentieren, odr?«

Armins Biologiestudium lag nun doch schon etwas länger zurück. Damals war offenbar noch nichts über die Hox-Gene bekannt, und seither hatte sich Armin kaum noch mit Genetik befasst. Daher hatte er in dem Buch von Andrew H. Knoll, das ihm Hans-Peter empfohlen hatte – er hatte gleich ein wenig in den online verfügbaren Auszügen geschmökert –, zum ersten Mal etwas über die Hox-Gene erfahren. Diese waren nicht, wie die meisten anderen Gene, für einzelne Merkmale zuständig, sondern steuerten die Entwicklung vom Embryo zum fertigen Organismus. Wurde diese Entwicklung gestört, führte das entweder direkt zum Tod oder es kam zu monströsen Fehlentwicklungen, die ein Überleben in Konkurrenz zu anderen Organismen unmöglich machten. Knoll postulierte nun, dass nach einer Katastrophe, die nur wenige Arten überlebten, eine »tolerante Umwelt« mit nur wenigen Konkurrenten herrsche und dass in dieser Situation auch manche dieser durch Mutation an Hox-Genen entstandenen »Monster« überleben konnten.

»Trotzdem wird Goldschmidts These bis heute von den meisten Biologen abgelehnt. *Die Natur macht keine Sprünge.* Das ist seit Aristoteles nicht mehr aus den Köpfen zu bekommen.«
»Und du meinst also, die Natur macht doch Sprünge.«
»Ja, aber normalerweise führen diese Sprünge ins Leere. Nach Katastrophen ist das aber anders. Es gibt nur noch wenig Leben auf der Erde, also kaum Konkurrenz zwischen den Arten. Die Umwelt ist sozusagen tolerant, auch gegenüber größeren Mutationen.«
»Wie zum Beispiel Mutationen an Hox-Genen«, stimmte Teresa ein. »Und das gibt dann die hoffnungsvollen Monster, odr?«

Mpilalao

Als Teresa und Armin vom Fluss zurückkamen, waren einige Dorfbewohner bereits dabei, auf dem Platz vor der Schule das Mpilalao vorzubereiten. Sie betraten den Schulraum und waren überrascht, nur noch Rakoto dort anzutreffen, der die Stühle an die Tische rückte.
»Was ist los?«, fragte Armin. »Haben alle die Flucht ergriffen?«
»Nein«, antwortete Rakoto lachend. »Sie sind alle nach Hause gegangen, um sich zu schminken oder zu verkleiden. Mit der Planung waren sie schnell fertig.«
»Gibt es das Wort Planung auf Madagassisch überhaupt?«, fragte Teresa und lächelte Rakoto spitzbübisch an. Der aber schüttelte nur den Kopf und lachte.
Als sie wieder hinaus auf den Vorplatz gingen, kamen ihnen bereits die ersten Schauspieler entgegen. Armin erkannte manche von ihnen gar nicht wieder, so effektvoll waren sie verkleidet und geschminkt. Einige Frauen und Jugendliche hatten ihre Gesichter weiß angemalt und trugen Cargohosen oder Jeans, zwei hatten ein schwarz und rotbraun bemaltes Gesicht und einen langen Schwanz aus Stoff an den Gürtel gebunden. Es wurde gelacht und gescherzt, die Atmosphäre war fröhlich und entspannt. Armin spürte nichts von der konzentrierten Anspannung, die er aus Deutschland kannte, wenn eine Gruppe etwas präsentieren oder aufführen sollte.
Aus einem Nebenraum der Schule klangen spitze Trompetentöne und wimmernde Geigenlaute herüber. Eine junge, bunt gekleidete Frau kam mit einigen frischgrünen Palmwedeln

heran und legte sie in der Nähe des Holzpodestes ab. Armin sah ihr nach und bewunderte ihren stolzen, anmutigen Gang. Auch der Dorfälteste kam nun und sah sich um. Er nickte zufrieden und gab einige kurze Anweisungen.

Das Holzpodest war offenbar nur für die Musiker vorgesehen, mit seinen knapp drei mal zwei Metern war es für die Aufführungen selbst zu klein. Für das Publikum wurden etwa zwanzig Stühle aus der Schule gebracht und im Halbkreis aufgestellt. Armin, der neben dem Podest stand, kam sich zwischen den herumwimmelnden Menschen vor wie ein Felsbrocken in einem vorbeiplätschernden Gewässer. Als er die Straße in Richtung Dorfzentrum hochblickte, sah er von Weitem eine größere Gruppe von Menschen, die sich der Schule näherte. Dahinter kamen noch mehr. Das war ja fast wie beim sonntäglichen Kirchgang in Fianar. Kamen diese Menschen wirklich alle zum Mpilalao?

Als sie herankamen, blickte sich Armin hilfesuchend nach Rakoto um. Der kam gerade aus der Schule.

»Rakoto, komm doch mal bitte«, rief er ihm zu. Rakoto kam zu ihm.

»Ich glaube, die Stühle reichen nicht«, sagte Armin.

Rakoto blickte zuerst zu den Stühlen, dann sah er Armin an und lachte. »Die Stühle sind doch nur für uns und den Ältestenrat. Die anderen sitzen auf dem Boden oder stehen.«

Armin schätzte, dass es etwa zweihundert Leute waren, die sich innerhalb kurzer Zeit versammelt und entweder hinter die Stühle gestellt oder daneben auf den Boden gesetzt hatten. Auch viele Kinder und Jugendliche waren dabei.

Die Männer des Ältestenrates und eine sehr alte Frau setzten sich auf die Stühle, ließen jedoch fünf Plätze in der Mitte frei. Teresa, Rakoto und Armin standen nun gemeinsam neben dem

Holzpodest, auf dem sich die Musiker mit ihren Instrumenten eingefunden hatten. Neben dem Trommler stand ein älterer, bärtiger Mann mit einem hüfthohen, saitenbespanntem Bambusrohr von vielleicht zehn Zentimetern Durchmesser. Dieses typisch madagassische Instrument kannte Armin bereits von seiner letzten Reise; in verkleinerter Form wurde es auch überall als Souvenir angeboten. Es war eine Valiha, auch Bambuszither genannt. Die drei weiteren Musiker spielten Trompete, Geige und Bambusflöte.
Der Dorfälteste, der eben noch Leute begrüßt hatte, kam nun zu Teresa, Rakoto und Armin und bat sie, sich neben ihn und seine Frau auf die freien Stühle in der Mitte zu setzen. Auf sein Zeichen hin begannen die Musiker zu spielen und zu singen. Einstimmiger Gesang und mehrstimmiger Refrain wechselten sich ab.

»Call and Response«, Ruf eines Vorsängers und Antwort des Chors. Das war für traditionelle afrikanische Musik typisch, hatte Armin gehört. Hatte auch das etwas mit Evolution zu tun? Die Umwelt rief, das Leben antwortete. Vielstimmig. Vielfältig.

Nach dem Stück kam die Gruppe der Jugendlichen aus einem Nebenraum und bildete einen Kreis um die Musiker. Armin zählte sieben Personen, offenbar hatten sich zwei weitere angeschlossen. Zwei von ihnen hatten ein weißes Gesicht und einen unförmigen Schlapphut auf dem Kopf. Zwei andere hatten die Backen schwarz und die Stirn rotbraun bemalt, waren einfarbig braun gekleidet und trugen einen langen Schwanz aus zusammengewickeltem braunem Stoff. Dass sie Lemuren darstellen sollten, hatte Armin sich gleich gedacht, aber durch die rotbraune Stirn, die schwarzen Wangen und das ansonsten gleichmäßige Braun erkannte Armin jetzt sogar die Art: Es waren

Rotstirnmakis, die häufigste Lemurenart in dieser Region. In einem der beiden erkannte Armin nun auch Joro. Er war es wohl auch gewesen, der die Kostüme und Bemalung so treffend gestaltet hatte.

Die junge Frau, die Armin vorhin gesehen hatte, stellte sich bewegungslos an den Rand und hob die Palmwedel schräg nach oben. Die Musiker spielten eine Art Marschmusik mit stampfendem Rhythmus. Die Schauspieler setzten sich in Bewegung und gingen in würdevoller Haltung langsam um die Musikgruppe herum. Plötzlich verstummte die Musik, Joro trat mit breitem Lächeln nach vorn. Er stellte seine Mitspieler vor und bat um Nachsicht, wenn nicht alles so klappen würde wie geplant.

Er ging dann zu dem anderen Lemurendarsteller und näherte sich mit ihm zusammen auf allen Vieren der Frau mit den Bambuswedeln. Dabei stießen sie grunzende Laute aus. Als sie bei der Frau angekommen waren, erhoben sie sich in den Kniestand und griffen mit den Händen abwechselnd nach oben, als ob sie klettern würden. Die Musiker hatten sich zu den Schauspielern umgedreht und versuchten, die passenden Töne zur Darstellung zu finden. Das Gehen wurde durch rhythmische Trommelschläge begleitet, das Klettern von einer Tonleiter der Valiha.

Ein paar Meter entfernt unterhielt sich eine junge Frau mit einem jungen Mann und betonte ihre Worte mit ausladenden Armbewegungen. Beide waren nicht verkleidet und nicht geschminkt, Einheimische also. Nach einiger Zeit näherten sich von hinten die zwei Weißgesichter mit den Schlapphüten und redeten aufgeregt auf sie ein. Dann zeigten sie auf den Baum mit den Lemuren. Die beiden Einheimischen verständigten sich kurz, dann nickte der junge Mann den Weißen zu, hielt seine rechte Hand nach oben und rieb Daumen und Zeigefinger aneinander. Nachdem sie sich einig geworden waren, wurden die Weißgesichter mehrere Runden um die Musiker herum und schließlich zu den Bäumen mit den Lemuren geführt, die sie durch die zu einem Fernglas geformten Händen betrachteten. Nun ging es wieder einige Runden zurück, und zum Schluss wechselten einige Scheine den Besitzer. Alle strahlten, besonders die Lemuren und der Baum. Das Publikum klatschte und johlte begeistert, die Musiker spielten einen Tusch.

Nach einem weiteren Musikstück kam die nächste Darstellergruppe an die Reihe. Die vier Männer mittleren Alters, die am Vormittag ein Bild gestaltet hatten, dazu vier Frauen und mehrere Kinder. Einer der Männer machte Lenkbewegungen und kam auf eine Gruppe mit weiß bemalten Gesichtern zu. Die Valiha schepperte monoton. Mit einer einladenden Handbewegung forderte der Fahrer die Weißgesichter zum Einsteigen auf. Einer nach dem anderen winkelte das Bein an, als wolle er in ein Fahrzeug klettern, und reihte sich hinter dem Fahrer ein. Nun deutete der Fahrer das Umdrehen des Zündschlüssels an, die Valiha begann wieder zu scheppern. Nach und nach setzten auch die anderen Instrumente ein. Während der Fahrer die Fäuste krampfhaft ballte, als würde er ein Lenkrad halten, begannen die Mitfahrer zu schwanken und zu zittern.
Das Schwanken und Zittern wurde immer heftiger, die Musik immer lauter und kreischender. Die weißen Gesichter verzogen sich zu bizarren Grimassen, einige hielten sich die Hand vor den Mund, andere fassten sich an den Bauch. Bald lehnten sich die ersten aus dem Fenster und gaben Würgelaute von sich. Die Kinder, die zunächst erstaunt auf die Erwachsenen geblickt hatten, hüpften nun nach dem Rhythmus der Musik auf der Stelle, andere wälzten sich auf dem Boden.

Die Zuschauer konnten sich vor Lachen nicht mehr halten, auch der Dorfälteste lachte mit. Die Darsteller wurden vom Lachen angesteckt, die geordnete Reihe löste sich zunehmend auf.
Der Fahrer hob den Arm, die Valiha hörte auf zu scheppern. Die Weißgesichter torkelten nach draußen und taten nochmals so, als würden sie sich übergeben. Danach verließen sie die Bühne und warteten im Hintergrund.
Der Fahrer ging zu dem von der Gruppe gestalteten Bild, das an der Wand des Schulhauses hing, und bildete mit geschwungener Handbewegung die dargestellte Straße nach. Dann zeigte er auf das große Hotel in der Mitte des Bilds. Mit Lenkbewegungen kam er wieder zurück und forderte die Touristen mit einem einladenden Winken auf, erneut ins Auto zu steigen. Diesmal lief alles ganz geordnet ab, die Touristen schaukelten nur noch ein wenig und strahlten über das ganze Gesicht. Auch die Musik hatte sich beruhigt und spielte gleichmäßige Rhythmen und harmonische Klänge.

Die nächste Darbietung gestalteten die vier älteren Männer in schlichten braunen Umhängen aus grobem Gewebe. Zwei von ihnen hielten je einen langen Holzstab in der Hand, die anderen beiden hatten zwei ovale grüne Blätter links und rechts auf ihre Strohkappen gesteckt. Viel Mühe haben sie sich mit ihrer Verkleidung nicht gegeben, dachte Armin, aber das sollten wohl die Ohren irgendwelcher Tiere sein.
Ernst und würdig schritten alle vier im Kreis. Die Geige spielte dazu eine getragene Melodie in Moll, die wie ein Trauermarsch klang.
Einer der Männer trat nach vorne und sprach auf Madagassisch zum Publikum. Dann gingen die zwei mit den Blattohren in gebückter Haltung um das Publikum herum und versteckten sich dahinter. Die anderen beiden bewegten sich vorsichtig

über die Bühne, hielten immer wieder die linke Hand über die
Augen und spähten in Richtung des Publikums. Es war ganz
still, als wollten die Anwesenden, die nun zu Darstellern des
Waldes geworden waren, die Tiere nicht verraten.
Plötzlich streckte einer der beiden Jäger die Hand aus. Nun
schlichen sich die beiden Jäger um das Publikum herum an die
Tiere heran, begleitet von leisem, rhythmischem Trommeln.
Armin drehte sich um, sah aber nichts, da die Leute hinter den
Stühlen dicht gedrängt standen.
Nach kurzer Zeit erschienen die Tiere auf der anderen Seite des
Publikums und gingen vorsichtig in Richtung Musikgruppe.
Bevor sie sich dahinter verstecken konnten, erschienen jedoch
die beiden Jäger und setzten ihre Stäbe an den Mund. Die
Valiha setzte mit einem Vibrato ein, das immer lauter wurde.
Da durchschlug ein gewaltiger Paukenschlag die Szene. Die
beiden Tiere sackten zusammen und lagen reglos auf dem
Boden, die beiden Jäger drehten sich zum Publikum und ver-
neigten sich. Einige klatschten vorsichtig, andere schüttelten
den Kopf. Armin sah zum Dorfältesten, der die Szenerie mit
steinernem Blick beobachtete.

Dann betraten acht Frauen die Bühne, darunter auch die Frau
des Dorfältesten. Sie und drei weitere traten in der traditionellen bunten Kleidung auf, die anderen vier trugen Hosen und
hatten wieder weiß bemalte Gesichter. Die Weißgesichter hielten sich im Hintergrund, die anderen brachten Bambusrohre
und frische Bambuswedel. Eine schlug mit einem Holzhammer
vier Bambusrohre in den Boden, die Pauke übertönte die Ham-
merschläge. Dann steckten zwei andere die Bambuswedel in die
Rohre und bogen sie so zurecht, dass sie ein Dach bildeten. Das
wurde von einer anmutigen Melodie der Bambusflöte begleitet.
Als sie damit fertig waren, kamen die Touristen und sahen sich

die Konstruktion bewundernd und kopfnickend an. Die vier Einheimischen begrüßten sie, stellten einen Topf mit Reis auf den Boden und baten sie, sich zu ihnen zu setzen. Als sie eine Weile in der Runde gesessen und miteinander geredet hatten, sah die Frau des Dorfältesten in Richtung der Musiker und gab ein Handzeichen. Die sieben jungen Darsteller des ersten Stücks kamen freudestrahlend hinter den Musikern hervor und mischten sich unter die acht Frauen.

Auf der Bühne befanden sich nun sechs Weißgesichter, sechs Einheimische, zwei Lemuren, ein Baum und eine Bambushütte. Der Trompeter stieß schrille, kreischende Töne aus. Auch die große Pauke, von der bisher nur vereinzelte Schläge zu vernehmen waren, gab nun ein immer schnelleres und lauteres Stakkato von sich, als wolle sie die anderen Instrumente übertönen. Es war ein wildes und immer lauter werdendes flötendes, quietschendes, kreischendes und trommelndes Gewirr.

Das Publikum begann, rhythmisch zu klatschen. Schließlich war es nur noch eine Kakophonie aus Klatschen, hervorstechenden Bravorufen und verirrten Tönen.

Volk des Waldes

Als Teresa, Rakoto und Armin am nächsten Morgen zum Schulhaus kamen, standen die meisten Teilnehmer der Zukunftswerkstatt bereits in kleinen Gruppen davor und unterhielten sich lebhaft. Der Boden dampfte noch von dem kurzen, kräftigen Schauer, der nach Sonnenaufgang niedergegangen war. Die Frauen und die jungen Männer begrüßten sie freundlich, einige hoben die Hand und sagten »Hallo!« oder »Bonjour!«, ein paar klatschten begeistert.
Im Schulhaus standen die Tische wieder in Reihen wie am ersten Tag, an der Wand hingen die vier Gemälde und Collagen vom Vortag.
Zunächst sollten diese Bilder in Worte gefasst werden. Die Gruppen hatten ihre Karten innerhalb kurzer Zeit mit Stichworten bedeckt. Fast alle schrieben auf Französisch, nur die Karten von Athanase Rabearivelo musste Rakoto noch übersetzen. Armin las die Karten vor, Teresa heftete sie nach Themengruppen geordnet an die Tafel. Wie erwartet gab es eine Gruppe mit Baumaßnahmen, wie einem Hotel oder einer neuen Straße, eine, in der es um den Tourismus ging, und eine dritte, in der die traditionelle Nutzung des Waldes im Vordergrund stand.
Nun würde es zum ersten Mal eine Bewertung geben. Beim Vorlesen der Karten überlegte Armin sich eine Taktik, um die positiven Naturschutz-Ansätze aus der Phantasiephase in die Realisierungsphase hinüberzuretten. Als Moderator musste er eigentlich unparteiisch sein, aber das glaubte ihm hier wahrscheinlich sowieso niemand.

»Nun geht es darum, was wir von diesen Ideen als Nächstes realisieren wollen«, sagte Armin, nachdem alle Karten verteilt waren. »Jeder bekommt nun drei rote Klebepunkte und klebt sie auf eine oder mehrere der Karten, die an der Tafel hängen. Es soll nicht unbedingt das herausgestellt werden, was ihr für das Wichtigste haltet, sondern das, wo ihr aktiv mitwirken wollt. Es können auch mehrere Punkte auf eine Karte geklebt werden.«
Teresa und Rakoto gingen durch die Reihen und teilten die Klebepunkte aus. Dann forderte Rakoto die Teilnehmer auf, nach vorne zu kommen und ihre Punkte auf die Karten zu verteilen. Armin zog sich in den hinteren Teil des Raumes zurück. Er trat von einem Fuß auf den anderen und blickte angespannt zu Boden. Rakoto blieb vorne und gab weitere Erläuterungen, Teresa setzte sich auf ihren Stuhl an der Wand.
Als sich die meisten wieder auf ihren Platz gesetzt hatten, sah Armin nach vorne zu den Karten und Punkten. Ja, seine Rechnung war aufgegangen. Die meisten Punkte klebten bei dem Thema, das er mit »Ökotourismus« überschrieben hatte. Einer der Männer aus dem Ältestenrat zeigte entrüstet auf die Karten und redete kopfschüttelnd mit Athanase Rabearivelo, der neben ihm saß.
»Es ist jetzt nicht so, dass manche Wünsche unter den Tisch fallen und niemals verwirklicht werden sollen. Wir müssen herausarbeiten, was wir direkt anpacken und weiterbringen können. Natürlich ist die Straße schlecht und sollte ausgebaut werden – aber könnt ihr das selbst machen? Natürlich wäre ein Hotel vielversprechend, aber kommen auch genügend Gäste? Manche würden gerne wieder Lemuren jagen wie früher, aber dann würden sie gegen das Fady verstoßen. Also hängen die meisten Punkte auf dieser Seite, weil ihr dort selbst aktiv werden könnt«, sagte Armin und konzentrierte sich dabei vor allem auf die Älteren.

»Und was sollen wir konkret tun?«, fragte einer aus dem Ältestenrat mit scharfer Stimme.
»Das müsst ihr selbst entscheiden, aber wenn ihr wollt, können wir euch dabei helfen«, sagte Armin. »Wir sollten nun zum Abschluss konkrete Projekte entwerfen, mit denen sofort begonnen werden kann. Es muss sich natürlich auch jemand finden, der es in die Hand nimmt.« Um dies zu unterstreichen, streckte Armin seine halb geöffnete Hand nach vorn und bewegte sie auf und ab.
»Und wer entwirft diese Projekte?«, fragte eine junge Frau in einer grünen Bluse.
»Ihr selbst«, sagte Armin. »Dazu bilden wir noch einmal vier Gruppen. Jede Gruppe soll eine Projektidee entwickeln.«

Als alle wieder in ihren Reihen saßen und vier vollgeschriebene Papierbögen an der Wand hingen, trat als Erster ein kleiner, ungefähr vierzigjähriger Mann mit kurzgeschorenen schwarzen Haaren nach vorne. Seine Gruppe wollte den Ausbau der Straße voranbringen und hierzu eine Eingabe bei der regionalen Verwaltung machen.
Für die nächste, rein weibliche Gruppe kam die junge Frau in der grünen Bluse nach vorn und sprach sich für den Bau eines Hotels in traditionellem Baustil aus, in dem die Frauen des Dorfs heimische Gerichte anbieten wollten.
Für die Männer aus dem Ältestenrat sprach Athanase Rabearivelo – auf Französisch! Auch wenn er immer wieder nach Worten suchen musste. Er sprach über die Tanala, das Volk des Waldes und über die Jagd. Armin sah fragend zu Rakoto, der die Hand mit gespreizten Fingern fast unmerklich hob. Armin nickte. Dann blickte er zu den übrigen Teilnehmern, die geduldig dasaßen und zuhörten. Hatten sich die alten Männer tatsächlich mit einem Projekt befasst oder trauerten sie einfach nur den Traditionen nach?

Von der Jagd kam Athanase Rabearivelo zum Fischfang, dann zur Ernte von Wildhonig und zur Herstellung von Honigwein. Schließlich sprach er vom Schutzgebiet und den Verboten, die damit verbunden wären. »Der Wald ist unsere Lebensgrundlage, die wir ehren und bewahren. Das wollen wir auch weiterhin tun, aber wir wollen ihn auch nutzen. Wir wollen keine Lemuren mehr jagen, aber wir möchten weiterhin Fische fangen und Honig ernten. Und wir brauchen das Holz für unsere Hütten. Wir schlagen vor, die Umgebung unseres Dorfes aus dem Schutzgebiet herauszunehmen.«

Armin nickte bedächtig.

Nun kam die letzte Gruppe an die Reihe, als ihr Sprecher trat der Dorfälteste nach vorn. Es herrschte gespannte Ruhe, als er die Stimme erhob.

»Ich gebe dir recht, Athanase. Die Tanala waren immer ein Volk des Waldes, sie lebten von der Jagd und vom Fischfang«, begann er. »Einige von euch meinen, das sollte weiterhin unser Weg sein. Ein Waldvolk muss sich aber auch für den Wald verantwortlich fühlen, und wir wissen, dass es immer weniger davon gibt. Jeder kennt das Sprichwort ›*Ohne Wald gibt es kein Wasser, und ohne Wasser gibt es keinen Reis*‹. Wenn wir weiter vom Wald leben wollen, müssen wir ihn schützen. Aber wie können wir vom Wald leben, wenn wir nicht mehr jagen und fischen dürfen? Wir müssen die Früchte ernten, die uns der Tourismus bietet. Da wir aber ein abgelegenes kleines Dorf sind, müssen wir uns etwas einfallen lassen. Unser zweites Kapital neben dem Wald sind unsere Kinder und Jugendlichen. Wir müssen ihnen eine Zukunft bieten, und warum sollte die nicht im Wald liegen?«

Armin atmete auf. Er war überrascht über das Plädoyer des Dorfältesten und überlegte, was er darauf erwidern sollte.

»Mir ... mir ist klar, dass sich der Tourismus in dem abgelegenen Sahakely nicht so entwickeln wird wie in Ranomafana. Aber

es gibt auch Touristen, die das Abenteuer suchen und sich für das Leben in einem madagassischen Dorf interessieren.«
»Und wie erfahren diese Menschen von unserem Dorf?«, fragte der Dorfälteste.
Teresa, die bisher schweigend auf einem Stuhl an der Seite des Raums gesessen hatte, stand ruckartig auf.
»Franz Stadelmann, ein Freund von mir aus der Schweiz, hat mehrere Jahre in Madagaskar verbracht und hat in Tana ein Reisebüro gegründet. Der kann uns sicher dabei helfen, das Dorf bekannt zu machen.«
Der Dorfälteste sah zu Teresa und nickte, sagte jedoch nichts.
»Das ist eine gute Idee« sagte Armin. »Außerdem könnte ich mir vorstellen, auch hier im Dorf Guides auszubilden. Ich denke dabei nicht nur an Nature Guides wie in Ranomafana, sondern auch an solche, die den Touristen etwas über das Leben im Dorf näherbringen können.«
Armin sah, wie Athanase Rabearivelo und einige andere aus dem Ältestenrat skeptisch den Kopf schüttelten. Von Touristen, die in ihrem Dorf herumspazierten und die Einheimischen in ihrem täglichen Leben störten, hielten sie offensichtlich gar nichts.
Eine Frau aus der Hotelgruppe hob die Hand.
»Statt eines Hotels könnten wir für die Touristen auch einige traditionelle Hütten etwas außerhalb des Dorfes bauen. So können sie doch am besten erfahren, wie wir leben.«
Von einigen kam zustimmendes Nicken.
Armin sah zum Dorfältesten hinüber, als erwarte er von ihm so etwas wie ein Schlusswort. Der räusperte sich.
»Ich freue mich über die vielen guten Vorschläge, die heute gemacht worden sind. Wir werden nächste Woche im Ältestenrat besprechen, welche davon wir umsetzen wollen.«

Renate

Lieber Armin,
über einen Monat bist Du jetzt schon in Madagaskar. Da ich seit Deiner Abreise nichts mehr von Dir gehört habe, möchte ich mich auf diesem Weg einfach mal bei Dir melden.
Ich könnte mir vorstellen, dass Dich die Erinnerung an unsere Madagaskarreise jetzt, wo Du wieder dort bist, immer wieder einholt. Für mich ist sie immer noch unsere schönste gemeinsame Reise. Allerdings muss ich nun auch immer daran denken, dass wir damals unseren Manuel gezeugt haben ...
Denkst Du auch noch so oft an ihn? Manchmal habe ich das Gefühl, an meiner Trauer zu ersticken. Ständig all diese Erinnerungen. Diese Lücken. Dieser Schmerz.
Um dem Schmerz nicht so gnadenlos ausgeliefert zu sein, habe ich mich voll und ganz in meine Arbeit gestürzt. Offenbar ganz erfolgreich, denn ich bin vorige Woche zur Teamleiterin befördert worden. Das bedeutet, dass ich mich jetzt wesentlich mehr um Personalführung kümmern muss als vorher – vor allem dann, wenn es Konflikte im Team gibt. Ich hoffe, die Konzernleitung weiß, was sie da entschieden hat ...
Wie geht es Dir in Madagaskar? Du bist ja nun auch Leiter eines Teams, als Moderator und Mediator fällt dir das sicher nicht schwer.
Vielleicht hätte uns beiden eine Mediation nach Manuels Tod auch helfen können. Ich glaube aus heutiger Sicht, dass wir einfach unfähig waren, gemeinsam zu trauern. Dass du gegangen bist, hat mich zwar tief getroffen, aber inzwischen kann ich es sogar irgendwie verstehen. Naja, zumindest nachvollziehen.

Ich komme ganz gut zurecht, mach Dir keine Sorgen um mich.
Herzliche Grüße
(Deine) Renate

Armin starrte gedankenverloren auf seinen Bildschirm. Was wollte Renate ihm mit dieser Mail sagen? Wollte sie tatsächlich nur wissen, wie es ihm ging? Oder wollte sie ihm mitteilen, dass sie ohne ihn zurechtkam? Armin las die Mail noch einmal, vielleicht war etwas zwischen den Zeilen zu lesen.
Eigentlich passten versteckte Botschaften nicht zu Renate. Sie passten auch nicht zu ihrer Beziehung. Renate und er waren immer offen miteinander umgegangen. Wenn sie unterschiedlicher Meinung waren, hatten sie das ausdiskutiert und sich meist einigen können. Nur selten war aus ihrer Diskussion ein Streit geworden.
»Wir wollen uns alles sagen, was uns bewegt und was uns am anderen stört«, hatten sie sich versprochen. Irgendwann war nur noch der zweite Teil des Versprechens übrig geblieben. Jede Kleinigkeit, die den einen am andern störte, wurde auf den Tisch gebracht. Da reichte es schon, wenn Armin in seinem Arbeitszimmer das Licht brennen ließ, oder wenn Renate ihre Einkäufe in Plastiktüten nach Hause brachte. Gnadenlos wiesen sie einander auf ihre Schwächen hin. »Du immer mit deinem …«, »Es ist immer dasselbe …«, »Von dir kann man ja nichts anderes erwarten …«. Aus Offenheit war Unzufriedenheit geworden.
Vielleicht waren die Botschaften hinter diesen Streiten am Anfang wirklich versteckt gewesen. Erst nach und nach wurde klar, dass Renate lieber einen gut verdienenden Professor zum Mann gehabt hätte als einen freischaffenden Gutachter mit unregelmäßigem Einkommen. Armin hingegen warf Renate ihr Sicherheitsdenken und ihren Materialismus vor. Außerdem

fand er, dass sie Manuel viel zu sehr bemutterte. In seinen ersten Lebensjahren empfand er das noch als normal, später jedoch war es ihm übertrieben vorgekommen.

»Du kannst Manuel nicht durchs Leben tragen«, hatte Armin auch gesagt, als sie über das Geschenk zu Manuels sechzehntem Geburtstag sprachen und Renate dagegen war, ihm einen Motorroller zu schenken. Er selbst hatte sich mit sechzehn ebenfalls ein gebrauchtes Mofa gekauft und erinnerte sich noch an die neu gewonnene Freiheit, die ihm das Fahrzeug verschafft hatte. Außerdem wurde man damit bei den Mädchen erst für voll genommen.

Manuels Roller fuhr ja auch kaum 50 Stundenkilometer. Was ihm zugestoßen war, hätte ihm auch als Fußgänger oder Radfahrer passieren können. Es war ein Impakt von außen, genau wie der Einschlag eines Meteoriten auf der Erde. Der für die einen den Tod, für die anderen eine Chance bedeutete. Armin erschauerte bei diesem Gedanken. Für wen sollte Manuels Tod eine Chance darstellen? Für ihn vielleicht? Oder für Renate?

Renate hatte ihm nach Manuels Tod keine Vorwürfe wegen des Rollers gemacht. Da sie von vornherein gegen das Geschenk gewesen war, hatte er das eigentlich erwartet. Hatte sie es unterlassen, um ihn zu schonen? Hatte sie gewusst, dass er das nicht ertragen hätte? Dass er sich selbst schon genug Vorwürfe machte?

Ich könnte mir vorstellen, dass Dich die Erinnerung an unsere Madagaskarreise jetzt, wo Du wieder dort bist, immer wieder einholt ... Wenn Renate wüsste, wie oft er tatsächlich daran dachte. Auch für ihn war es ihre schönste gemeinsame Reise gewesen. Sie waren jung, verliebt und hatten wenig Geld. Madagaskar war ihr Abenteuer, keiner aus ihrem Bekanntenkreis war jemals dort gewesen. Selbst die stundenlangen Fahrten im Taxi-Brousse hatten sie genossen. Hauptsache, sie waren zusammen.

Einmal hatte in einem alten, klapprigen Fahrzeug ein Teil des Bodens gefehlt, sie sahen die Straße unter sich hindurchrauschen. Ein bisschen mulmig war ihnen schon zumute gewesen, aber danach war es als besonderes Erlebnis in ihre Erzählungen eingeflossen.

Dann kam Manuel. In Madagaskar gezeugt. Als sie sich einen Namen überlegten, hatte es auch eine Rolle gespielt, dass *Manuel* wie auch Madagaskar mit der Silbe *Ma-* begann.

Armin war bei der Geburt im Krankenhaus dabei gewesen. Er hatte sich auf eine lange Prozedur mit Schmerzen und Stöhnen eingestellt, aber Manuels Kopf war bereits nach kurzem Pressen erschienen. Armin sah das Bild des kleinen Kopfes mit den geschlossenen Augen und den feuchten dunklen Haaren vor sich. Wie ihn die Hebamme sanft in ihre Hände nahm. Wie der Körper herausglitt. Wie die Hebamme ihm das Kind erst entgegenstreckte und es dann liebevoll zwischen Renates Brüste legte und zudeckte. Er hatte das Wunder einer Geburt erlebt, das Wunder der Geburt seines Sohnes.

An Manuels erste Jahre hatte Armin nur wenige Erinnerungen. Vielleicht lag es daran, dass Renate völlig in ihrer Mutterrolle aufging und er in dieser Zeit etwas neben sich stand. Nach dem Tod seines Professors hatte er keine Energie aufgebracht, seine Doktorarbeit bei einem anderen Betreuer fortzusetzen. Er hatte ja nun auch eine Familie zu ernähren. Daher hatte er sich einem Gutachterbüro angeschlossen und Aufträge zur Kartierung der Vegetation und der Vogelwelt übernommen. Da konnte ihm keiner etwas vormachen.

Wäre sein Professor damals nicht gestorben, hätte er die Doktorarbeit ziemlich sicher abgeschlossen. Hätte er dann im Anschluss etwas anderes gemacht? Hätte er die Universitätslaufbahn eingeschlagen wie Hans-Peter?

Schon wieder ein tödlicher Impakt, der seinen Lebensweg verändert hatte. Armin dachte an die Parallelen zu »seiner« Evolutionstheorie, seiner Katastrophentheorie. Wenn es nach Stephen Jay Gould ging, würden die Impakte das Leben nach dem Zufallsprinzip beeinflussen. Es wäre völlig offen, was dabei herauskam.

Nach Armins Theorie wäre das Potenzial bereits angelegt. Die Impakte würden nur darüber entscheiden, was davon zu welcher Zeit verwirklicht würde.

Welche der Hypothesen traf nun auf Armins Leben zu? Armin schüttelte impulsiv den Kopf. Sein eigenes Leben konnte man wohl nicht mithilfe der Evolution erklären. Und Manuels Leben schon gar nicht. Sein Tod hat seinen Potenzialen ein jähes Ende gesetzt.

Eigentlich hatte Manuel kein Einzelkind bleiben sollen. Sie wünschten sich einen gewissen Altersabstand, daher hatte Renate zunächst wieder die Pille genommen und sie erst wieder abgesetzt, als Manuel etwa eineinhalb Jahre alt war. Doch sie wurde nicht mehr schwanger. Als Manuel vier war, entschloss sich Renate, wieder zu verhüten. Sie wollte nicht ihr ganzes Leben als Mutter verbringen, sondern irgendwann auch beruflich erfolgreich sein. Armin hatte das akzeptiert, obwohl er gerne ein zweites Kind gehabt hätte.

Dennoch empfand er Renates Entscheidung im Nachhinein als ersten kleinen Riss in ihrer Beziehung. Hing ihr Entschluss auch damit zusammen, dass er kein regelmäßiges Einkommen hatte? Unter dem Strich verdiente er nicht viel weniger, als wenn er in der Naturschutzverwaltung gearbeitet hätte. Aber das Geld kam unregelmäßig, und er musste jedem Auftrag hinterherrennen. Für ihren Flug nach Madagaskar hatten sie das Geld mühevoll zusammensparen müssen, einen Teil hatten auch noch ihre

Eltern zugeschossen. Auf der Reise selbst kamen sie mit wenig aus. Das Leben in Madagaskar war billig, selbst relativ luxuriöse Hotels wie das Hôtel des Thermes in Antsirabe kosteten nicht mehr als ein deutsches Mittelklassehotel. Und die Fahrt mit der Bahn oder den Buschtaxis kostete fast gar nichts.
Daher war Armin überrascht, als nach Manuels Geburt für Renate die materielle Sicherheit so wichtig wurde. Wahrscheinlich war es ganz normal, wenn aus einer Zweierbeziehung eine Familie wurde. Dennoch fühlte Armin immer einen kleinen Stich, wenn Renate ihn auf die Uni-Karriere ihres gemeinsamen Kommilitonen Hans-Peter ansprach. Oder auf die Beamtenlaufbahn Bernds, eines anderen Mitstudenten, der nach seiner Promotion eine Stelle bei der Naturschutzverwaltung bekommen hatte.
Als Renate ihm eröffnete, dass sie sich auf einen Job als Pharmareferentin bewerben wolle, reagierte Armin entsetzt. »Du hast doch immer auf die Homöopathie geschworen, und jetzt willst du Vertreterin für die Schulmedizin werden?« Auch einige ihrer Studienfreunde hatten nach dem Studium diesen Weg gewählt, da sie als Biologen keine andere Chance sahen. Armin hatte das nicht gelten lassen. Wenn man wirklich wollte, hatte man immer eine andere Möglichkeit. Natürlich wusste Armin auch, dass Renate in ihrem Alter kaum mehr eine Chance hatte, eine adäquate Stelle als Biologin zu finden. Irgendwann hörte er mit seinen Versuchen auf, Renate die Pharmareferentin auszureden. Später war er dann ganz froh darüber, dass Renate ein eigenes Einkommen hatte. Die Anspielungen auf seine unsichere Tätigkeit waren damit versiegt.

Ob sie inzwischen mit einem anderen Mann zusammen war? Geschrieben hatte sie nichts davon. Oder war das die versteckte Botschaft in *Ich komme ganz gut zurecht*? Oder in der Klammer um *Deine*? Es musste nichts heißen. Vielleicht war es ja auch nur die Unsicherheit, wie sie ihm gegenübertreten sollte. War er etwa eifersüchtig? Nein, bestimmt nicht. Er würde sich für Renate freuen, wenn sie eine neue Beziehung beginnen würde. Teamleiter, ja. Und so langsam begann Armin, sich in Madagaskar zurechtzufinden.

Ich glaube aus heutiger Sicht, dass wir einfach unfähig waren, gemeinsam zu trauern. Ja, das stimmte. Armin hatte nicht über seinen Verlust sprechen wollen. Was hätte es auch zu sagen gegeben? Der Tod hatte gesprochen. Hatte ihnen Manuel weggenommen. Armin wollte sich zurückziehen und alleine damit fertigwerden. Renate wollte reden, reden, reden. Sie schlug vor, eine Therapie zur Bewältigung der Trauer zu machen. Armin wollte das nicht. Vielleicht war das typisch männlich. Ein Mann muss alleine mit seinen Problemen fertigwerden. Er fragte ja auch nie nach dem Weg.
Vielleicht wusste er aber auch von seiner Mediationsausbildung zu genau, wie so etwas ablief. Wenn man etwas durchschaute, glaubte man nicht mehr so richtig daran. Armin hatte sich in seine Arbeit gestürzt, sich geradezu um Moderations- und Mediationsaufträge gerissen. Konnte anderen helfen, aber Renate und sich selbst nicht mehr.

Armin ließ noch einmal die Zukunftswerkstatt Revue passieren, von der sie gestern zurückgekehrt waren. Auf der Fahrt nach Fianar war ihre Stimmung fast euphorisch gewesen. Die Zukunftswerkstatt war unerwartet gut gelaufen und hatte viele Vorschläge erbracht, bei deren Verwirklichung sie behilflich sein konnten. Dass der Dorfälteste die Projekte noch im Ältestenrat besprechen wollte, war für sie verständlich. Nach seinem vehementen Plädoyer für die Jugend waren sie sich aber fast sicher, dass er zumindest die Ausbildung der Guides durchsetzen würde. Andry würde sich sicher beteiligen, ohne ihn und seine Erfahrungen aus Ranomafana würde es kaum gehen.

Sie hatten sich auch darüber unterhalten, wer oder was das Projekt gefährden oder behindern könnte. An erster Stelle nannten sie Pierre Tovoarimino und seine Leute. Sie waren nach dem ersten Tag der Zukunftswerkstatt nicht mehr erschienen, doch niemand konnte wissen, was sie im Schilde führten.

Ein weiteres Problem waren sicher auch einige Männer aus dem Ältestenrat, die noch an den alten Traditionen hingen und von Touristen wenig hielten.

Armin, Teresa und Rakoto waren sich einig, dass die Waldnutzung in der Umgebung des Dorfes nicht verboten werden konnte. Der Fischfang und das Sammeln von Wildhonig sollte weiterhin gestattet bleiben, und auch eine nachhaltige Nutzung des Holzes.

Armin hatte noch einmal die Ausweisung eines Biosphärenreservats anstatt eines Nationalparks ins Spiel gebracht. Diese Schutzgebietskategorie wurde im UNESCO-Programm *Man and the Biosphere* entwickelt, inzwischen gab es weltweit über 500 Biosphärenreservate. Wie der Name des Programms sagte, stand hier im Gegensatz zum Nationalpark, in dem die Natur das absolute Vorrecht hatte, der Mensch im Vordergrund. Es wurde eine nachhaltige Nutzung der natürlichen Ressourcen angestrebt. Viele Biosphärenreservate waren auch touristische Ziele.

Armin fragte Rakoto, ob es in Madagaskar bereits Biosphärenreservate gäbe und welche Bedeutung sie hätten. Zu seiner Enttäuschung erfuhr er, dass es zwar drei Biosphärenreservate in Madagaskar gab – eines im Nordosten bei Mananara, eines im Nordwesten und eines im Südwesten bei Tulear – diese aber sowohl für den Tourismus als auch für den Naturschutz kaum eine Bedeutung hatten. Es fehlten einfach die notwendigen finanziellen Mittel und Strukturen. Die drei Gebiete hatten zum Beispiel keine Verwaltung vor Ort, um Projekte zu betreuen.

Armin sah noch einmal auf Renates Mail und stellte fest, dass seine Gedanken abgeschweift waren. Er war jetzt hier in Madagaskar. Und seine Arbeit auch.
Armin klickte auf »Antworten« und schrieb:

Liebe Renate,
ich gratuliere Dir zu Deiner Beförderung, und ich freue mich, dass Du ein gewisses Verständnis für meinen »Abgang« aufbringen kannst.
Natürlich habe ich schon oft an unsere Madagaskarreise gedacht, und an Manuel denke auch ich fast jeden Tag, da er ja schließlich auch eng mit Madagaskar verbunden ist.
Am Anfang war ich mir gar nicht so sicher, ob das mit Madagaskar die richtige Entscheidung war – zu schmerzlich waren die Erinnerungen.
Besonders schlimm war es, als wir an einer »Totenumwendung« vorbeikamen, die ja in Madagaskar als Freudenfest begangen wird. Ich konnte mir nicht vorstellen, wie man den Tod als etwas Freudiges empfinden kann. Im Gegenteil: Diese Fröhlichkeit angesichts des Todes machte meine Trauer nur noch schärfer spürbar. Aber inzwischen überlege ich mir manchmal, ob Trauer wirklich nur negativ sein muss.
Bitte versteh mich nicht falsch, natürlich bin ich unendlich traurig über Manuels Tod. Aber ich habe manchmal das Gefühl, dass er noch bei mir ist, dass er mein Leben noch immer beeinflusst.

Ja, ich bin auch Teamleiter, auch wenn ich nur zwei Mitarbeiter habe – eine Schweizerin und einen Madagassen. Vor wenigen Tagen haben wir in einem Dorf am Rand eines geplanten

Schutzgebiets eine »Zukunftswerkstatt« erfolgreich abgeschlossen. Es war ein ziemliches Wagnis, da ich das zwar in Deutschland schon des Öfteren gemacht habe, aber nicht wusste, ob das Prinzip auch hier funktionieren würde. Du wirst es nicht glauben, aber manches hat sogar besser geklappt als in Deutschland. Die Menschen hier lieben die Musik und das Theater, und das konnten wir sehr gut nutzen.
Ich bin also hier angekommen, wie Du vielleicht zwischen den Zeilen herauslesen konntest.
Viele Grüße
Armin

Nature Guides

»Ihr sollt nicht nur euer Wissen teilen, sondern auch etwas von eurem Leben preisgeben. Die Besucher wollen etwas erleben, und ihr könnt ihnen etwas bieten.«
Fünfzehn hellwache Augenpaare waren auf Armin gerichtet. Fünfzehn Schülerinnen und Schüler drückten die Schulbank, und er stand als Lehrer vor ihnen. Einige der Schüler waren allerdings älter als Armin.
Die meisten derer, die sich beim Dorfältesten für die Ausbildung zum Nature Guide angemeldet hatten, kannte Armin von der Zukunftswerkstatt. Fast alle Frauen und Jugendlichen, die daran teilgenommen hatten, wollten sich nun zum Nature Guide ausbilden lassen. Auch Joro war dabei. Armin erinnerte sich an seine fachkundigen Beiträge zur Collage und an seinen engagierten Theaterauftritt. Er saß ganz hinten neben Fanilo, dem Sohn von Pierre Tovoarimino. Hatte Joro ihn überredet mitzumachen? War er vielleicht sogar von seinem Vater geschickt worden?
Der Dorfälteste selbst nahm nicht teil, er hatte zu Beginn alle begrüßt und war dann wieder gegangen. Doch seine Frau war geblieben und hatte sich in die erste Reihe gesetzt. Neben ihr saß Athanase Rabearivelo, der einzige ältere Mann unter den Teilnehmern. Armin war überrascht, dass er als Anhänger der traditionellen Waldnutzung an der Ausbildung interessiert war.
Als Nächster war Andry an der Reihe, der als Ausbilder und Chef der Guides von Ranomafana über die meiste Erfahrung verfügte. Er führte locker und souverän in die Rechte und Pflichten der Nature Guides ein. Durch lebhafte Gestik und Mimik unterstrich er die Beschreibung der verschiedenen Typen von Touristen, mit

denen die Guides zu rechnen hatten. Um sie zu ermahnen, das Gehtempo immer am Langsamsten zu orientieren, deutete er mit den Händen einen dicken Bauch an und wischte sich immer wieder mit dem Handrücken den Schweiß von der Stirn. Durch ein unbeholfenes Stolpern über die eigenen Füße verwies er auf diejenigen, die vor lauter Beobachten und Fotografieren nicht auf mögliche Hindernisse am Boden achteten.

Dann berichtete Armin von seinen Erfahrungen aus dem Schwarzwald, wo er bereits bei der Ausbildung von Nature Guides beteiligt gewesen war. Von dort hatte er auch die Idee mitgebracht, dass bei den Führungen jeder seinen eigenen, persönlichen Schwerpunkt bilden sollte. So würden die Guides ihren Besuchern ein authentisches Erlebnis bieten können.

Nun saß Armin neben Andry und Rakoto auf einem Stuhl seitlich an der Wand und hörte Teresa zu. Als sie das erste Bild eines Lemuren mit dem Beamer an die Wand warf, ging ein leises Raunen durch das Klassenzimmer. So etwas hatte hier noch keiner gesehen.

Teresa erläuterte die Verhaltensweisen der Lemuren und setzte dabei ihren ganzen Körper ein. Sie deutete ein Klettern an, griff nach imaginärer Nahrung, führte ihre Hände zum Mund. Dabei ging sie ständig hin und her. Zuerst führte sie die häufigeren Lemurenarten in der Umgebung des Dorfes vor: den agilen Rotstirnmaki, den deutlich kleineren Rotbauchmaki, den schwarzweiß gezeichneten Edwards' Sifaka. Dann ging sie auf die kleineren, nachtaktiven Arten ein wie den Wollmaki mit seinen großen Augen, den unauffälligen Wieselmaki und den kleinen Mausmaki.

Nun kam Teresa zu den Bambuslemuren. Die hat sie sich wohl bewusst für den Schluss aufgehoben, dachte Armin und war gespannt, ob sie auch die »Lemurenmorde« erwähnen würde.

Zuerst kam die kleinste und häufigste der drei Arten an die Reihe, der Graue Bambuslemur. Armin sah zu Joro und Fanilo, die aufmerksam zuhörten. Manchmal lächelten sie wissend und flüsterten sich etwas zu.

Dann kam Teresa zu ihrem »Goldi«. Sie zeigte ein Bild, auf dem ein Goldener Bambuslemur gemütlich auf einem querliegenden Bambushalm saß und an jungen, hellgrünen Bambusblättern knabberte.

»Der Goldene Bambuslemur wäre beinahe ausgestorben, bevor er überhaupt entdeckt wurde«, sagte sie. »Er kommt auf der ganzen Welt nur in den Nationalparks Ranomafana und Andringitra und in dem Gebiet dazwischen vor. Wenn er hier verschwindet, haben wir eine Tierart weniger auf der Erde. Es liegt in eurer und unserer Verantwortung, ob er überlebt.«

Teresa drückte eine Taste auf ihrem Laptop. An der Wand erschien das Bild eines kleinen goldbraunen Bündels mit einem rot befiederten Pfeil im Rücken. Armin stockte der Atem. Im ganzen Raum war es totenstill. Armin blickte zu Teresa, dann ließ er den Blick über die angehenden Nature Guides schweifen. Sein Blick blieb bei Fanilo hängen. Hatte er etwas damit zu tun? Oder ein anderer aus dem Umfeld Tovoariminos? Fanilo starrte wie versteinert auf das Bild an der Wand – genau wie die meisten anderen.

»Und es liegt in eurer Verantwortung, dass so etwas nie mehr passiert«, sagte Teresa. Ihre Stimme klang aufgewühlt.

Schließlich klickte sie weiter, an der Wand erschien das Bild eines Großen Bambuslemuren.

»Noch seltener als der Goldene ist der Große Bambuslemur. Er galt bereits als ausgestorben, wurde aber dann von Patricia Wright wiederentdeckt.«

Teresa fuhr fort, als sei nichts gewesen. Auch die Gesichter der Zuhörer entspannten sich wieder. Teresa ging nun auf die Leis-

tungen ihrer Freundin Pat Wright ein und würdigte schließlich, dass sie maßgeblich zur Einrichtung des Nationalparks in Ranomafana und zur Gründung des Centre ValBio beigetragen hatte. Armin war sich nicht sicher, ob sie die Entdeckung des Goldenen Bambuslemuren durch Bernhard Meier bewusst ausgelassen hatte. Er war damals gleichzeitig mit Pat Wright in Ranomafana, und wie Armin von Andry gehört hatte, hatte es zwischen den beiden ziemlich geknirscht.
Nun ging Teresa noch auf die Lemurenarten ein, die nicht in der Umgebung des Dorfs vorkamen.
»Weiß jemand, welches der größte Lemur in Madagaskar ist?«, fragte Teresa in die Runde. Joros Finger schnellte in die Höhe.
»Der Indri!«
»Ja, richtig. Hast du schon mal einen gesehen?«, fragte Teresa.
»Nein, den gibt es hier nicht«, antwortete Joro bedauernd. Er würde ihn wohl sehr gerne einmal zu Gesicht bekommen, dachte Armin.
»Früher gab es übrigens noch viel größere Lemuren«, sagte Teresa, »aber die sind schon vor langer Zeit vom Menschen ausgerottet worden. Genau wie der Elefantenvogel, der drei Meter hoch war und dessen Ei neun Liter fasste. Es gab sogar einmal Flusspferde auf Madagaskar. Die bekannteste ausgestorbene Art ist aber wahrscheinlich der Dodo. Der Dodo lebte zwar nicht auf Madagaskar, aber ganz in der Nähe auf Mauritius.« Teresa warf eine Abbildung des plumpen Vogels mit dem klobigen, krummen Schnabel an die Wand, die eher einer Karikatur als einem lebensfähigen Vogel glich und allgemeines Gelächter hervorrief.
»Als der Mensch auf diese Inseln kam, hatten die Tiere überhaupt keine Scheu vor ihm, da sie ihn nicht kannten und seine Gefährlichkeit nicht einschätzen konnten. So wurden sie zur leichten Beute.«

Da die Jugendlichen ab Anfang September wieder in die Schule nach Ifanadiana mussten, wo sie unter der Woche auch übernachteten, konnten die Ausbildung nur an den Wochenenden fortgesetzt werden. Sie sollte in vier Blöcken von jeweils zwei Tagen stattfinden. Neben dem theoretischen Teil in der Schule waren verschiedene Exkursionen vorgesehen, zunächst in der Umgebung des Dorfes, dann auch weiter entfernt. Eine abschließende Exkursion, für die drei Tage vorgesehen waren, sollte in den Gebirgsteil des Nationalparks Andringitra führen.

Die Dorfbewohner kannten ihren Wald und seine Lebewesen sehr gut. Anders als in Deutschland. Da war es manchmal so, als würde man die Kursteilnehmer in eine neue Welt entführen. Sie erkannten weder die Pflanzen und Tiere, noch wussten sie deren Namen. Hier in Madagaskar kannten sie beides, die Namen allerdings meist nur auf Madagassisch. Daher war es die Hauptaufgabe von Andry und Rakoto, diese Namen für die Touristenführungen ins Französische und Englische zu übersetzen.

Die Frauen unter den Teilnehmern kannten auch die Heilwirkungen der verschiedenen Pflanzen. Über besonders detailliertes Wissen verfügte die Frau des Dorfältesten. Rakoto hatte ihm einmal gesagt, sie sei eine *Ombiasy*, eine Heilerin. Zu fast jeder Pflanze konnte sie ein Leiden nennen, das durch sie gelindert werden konnte. Außerdem war sie auch die Hüterin der Traditionen des Dorfs und der Tanala. Immer wieder machte sie die Gruppe auf »heilige Orte« aufmerksam, wie zum Beispiel einen Waldbezirk mit Gedenksteinen für die Toten. Sie erklärte, dass die Toten jedoch nicht dort begraben seien, sondern weiter entfernt in Felsnischen und Höhlen.

Armin war zwar noch weit davon entfernt, die verschiedenen Baumarten des Regenwalds unterscheiden zu können, in dem

Wald mit den Gedenksteinen fiel ihm allerdings ein Baum auf, den er bisher definitiv noch nicht gesehen hatte. Er hatte die typischen gefiederten, ovalen, wie an einer Feder aufgereihten Blätter einer Leguminose, ganz ähnlich wie Palisander. Sein Stamm war jedoch mächtiger, seine Rinde schimmerte rötlichsilbern.

Als Armin die Frau des Dorfältesten nach dem Baum fragte, leuchteten ihre Augen. »Das ist unser Hazomanga-Baum.« Dann griff sie an ihren Hals und zog ein Säckchen zwischen ihren Brüsten hervor, öffnete es und holte ein unscheinbares, rotbraunes Holzstück daraus hervor. »Hier ist mein Hazomanga, es stammt von diesem Baum.« Die Frau des Dorfältesten reichte Armin das Holzstück und forderte ihn auf, daran zu riechen. Armin hob es an die Nase und schnupperte. Es strömte einen aromatischen, kampferartigen Geruch aus.

»Was ist ein Hazomanga?«, fragte Armin.

»Hazomanga bedeutet ›schönes Holz‹.« Andry hatte sich ihnen genähert. Da auch er Tanala war, konnte er zu den Erläuterungen beitragen. »Das Hazomanga darf nur ein Priester oder ein Heiler, ein Ombiasy, besitzen. Ihm werden magische und heilende Kräfte zugeschrieben.«

»Und was ist das für ein Baum, von dem das Hazomanga stammt?«

»Das ist eine Palisander-Art, die früher in den Küstenregenwäldern weit verbreitet war. Da es aber heute an der Küste kaum mehr Regenwälder gibt, wächst der Baum nur noch an wenigen Stellen. Das rotbraune Holz wird auch als Rosenholz bezeichnet. Es wurde in der Kolonialzeit vor allem für Möbel und Parkettböden verwendet. Die Tanala bauen daraus Särge.«

Gedenksteine, Särge, Höhlenbestattungen. Warum wurde Armin hier in Madagaskar immer wieder mit dem Tod konfrontiert, dem er doch entfliehen wollte?

»Die Früchte des Baumes sind giftig, sie wurden früher mit anderen Substanzen zusammen als Pfeilgift eingesetzt, um Lemuren zu jagen.«

Armin wurde hellhörig. Stammten die Alkaloide, die für den Tod der »Goldis« verantwortlich waren, vielleicht von den Früchten dieses Palisanders?

»Wann trägt der Baum Früchte?«, fragte Armin.

»Er blüht während der Regenzeit im Januar oder Februar, Früchte hat er dann zwischen März und Mai.«

Jetzt im September waren also vermutlich keine mehr zu finden. Aber vielleicht ließ sich ja bei einer späteren Untersuchung herausfinden, ob die Inhaltsstoffe mit dem Pfeilgift übereinstimmten.

Armin sah sich um und suchte Fanilo. Er stand etwas abseits der Gruppe neben Joro und blickte zu Boden.

Zug des Lebens

Tak tak...tak tak...tak tak
Endlich fuhr er an, der »Zug des Lebens«, wie er von den Einheimischen genannt wurde. Bevor es die Straße über Ifanadiana gegeben hatte, war die Bahnlinie von Manakara nach Fianarantsoa die einzige Möglichkeit gewesen, größere Warenmengen von der Küste ins Hochland und umgekehrt zu transportieren.
Auch heute diente der einzige noch regelmäßig verkehrende Zug Madagaskars dem Warentransport, war aber auch eine Touristenattraktion. Vor allem für diejenigen, die das madagassische *Mora mora* in vollen Zügen erleben wollten, denn der Zug brauchte für die 160 km, auf denen über tausend Höhenmeter zu überwinden waren, mindestens acht Stunden. Es konnte aber auch das Doppelte sein, wenn zum Beispiel die alte Lok streikte, eine Schiene repariert werden musste, ein Baum auf der Strecke lag oder das Umladen von Waren von Lastwagen auf die Güterwaggons länger dauerte als geplant.
Die Begeisterung unter den angehenden Nature Guides war groß gewesen, als sie die Bahnfahrt als möglichen Auftakt für ihre große Abschlussexkursion anboten. Kaum einer war schon mit dem Zug gefahren.
Auch Armin kannte diese Strecke noch nicht, sodass er sich den Bahnfahrern anschließen wollte. Teresa zog es vor, die Tage in der Außenstation zu verbringen, sie kannte die Exkursionsziele schon. Armin akzeptierte ihre Entscheidung, war aber dennoch ein wenig enttäuscht, dass sie nicht mitkam. Rakoto wollte erst in Fianar zu ihnen stoßen, und Andry fuhr den Kleinbus,

mit dem sie zum Zug gebracht und in Fianar wieder abgeholt werden sollten.

Sie wollten nicht die ganze Strecke ab Manakara mit dem Zug fahren, das hätte eine zu lange Anfahrt bedeutet, sondern ungefähr die halbe Strecke ab Manampatrana, das nicht allzu weit von Sahakely entfernt lag.
Es war nicht weiter verwunderlich, dass der Zug nicht fahrplanmäßig um 11 Uhr in Manampatrana angekommen war. Am Bahnhof, einem kastenförmigen Bau aus der Kolonialzeit, herrschte reges Treiben. Der Boden dampfte noch von dem Regenschauer, der kurz zuvor niedergegangen war. Obwohl der Oktober in Madagaskar noch nicht zur Regenzeit gehörte, gab es diese Schauer nun häufiger. Es war auch deutlich wärmer als im August, als Armin in Madagaskar angekommen war. Bereits morgens hatte es oft deutlich über zwanzig Grad.
Als Armin den Waggon bestiegen hatte, war es sein erster Impuls gewesen, den Atem anzuhalten. Aus den Gerüchen, die auf seine Nase einströmten, stach eindeutig der von Schweinekot hervor. Das Grunzen, das er kurz darauf gehört hatte, bestätigte das. Er hatte in die Ecke gesehen, aus der die Geräusche kamen, und drei schmutzig-rosarote Ferkel in einer Kiste aus Bambusrohren entdeckt. Auf den Ablageflächen über den Sitzen standen überwiegend Körbe mit Mandarinen, die einen weitaus angenehmeren Duft ausströmten. Auf dem Boden im Gang oder zwischen den Sitzen hörte man aus unterschiedlichen Behältnissen Hühner gackern, Enten quaken oder Küken fiepen.
Einen Moment lang hatte Armin die Entscheidung bereut, keinen Waggon erster Klasse gebucht zu haben. Da in Manampatrana jedoch etliche Fahrgäste ausgestiegen waren, hatten auch in der zweiten Klasse alle einen Sitzplatz bekommen.

Armin hatte sogar einen Sitz am Fenster ergattert – in Fahrtrichtung rechts, wo er laut Andry die beste Aussicht haben würde. Die Frau des Dorfältesten hatte sich zu ihm gesetzt. Joro, Fanilo und zwei andere Jugendliche saßen links von ihnen auf gleicher Höhe.

Der stehende Zug war umringt gewesen von Menschen, die etwas verkaufen wollten. Mandarinen, Bananen, Wassermelonen, Gebäck, Würstchen und vieles mehr wurden gegen Münzen oder kleine Geldscheine durch die offenen Fenster gereicht. Auch hier war das Angebot wieder bedeutend größer als die Nachfrage.

Armin hatte sowohl die Berge von Bananen als auch die Lastwagen vor dem Bahnhof gesehen, deren Fracht vermutlich in den Zug umgeladen worden war. Warum es jedoch eine weitere Stunde gedauert hatte, bis der Zug abfuhr, wurde ihm nicht so recht klar.

Armin beugte sich aus dem Fenster. Einige Jungen machten sich einen Spaß daraus, auf die Trittstufen an den Türen zu klettern und ein Stück mitzufahren. Sie sprangen erst wieder ab, als der Zug nach etwa fünfhundert Metern Fahrt aufnahm.
Tak tak ... tak tak ... tak tak ...
Der Rhythmus des Zuges war bestimmt von der Länge der einzelnen Schienenstücke und den Abständen zwischen ihnen. Das Tempo betrug nach Armins Schätzung rund 20 Stundenkilometer. *Mora mora.*
Zunächst durchfuhren sie eine Flussebene mit frischgrün leuchtenden Reisfeldern. Dann ging es bergauf, die Landschaft wurde hügelig. Größere Anhöhen umfuhr der Zug, oder er unterquerte sie in einem Tunnel, kleinere durchfuhr er in einer schluchtartigen Kerbe. An Bahnübergängen und vor den Tunnels ertönte ein lautes Signalhorn. Immer wieder kam

der Zug an kleinen Dörfern vorbei, umgeben von Reisfeldern und anderen Kulturpflanzen wie Bananenstauden, Mandarinenbäumchen und Mangobäumen. An den Hängen sah man nur wenige Baumgruppen oder kleine Wäldchen, sie trugen überwiegend grüne Matten aus Bergreis.

Bald hielt der Zug erneut an, wurde wieder von Verkäufern belagert, fuhr wiederum erst nach fast einer Stunde weiter. *Mora mora.*

Joro, Fanilo und die anderen Jugendlichen in Armins Sitzreihe unterhielten sich lebhaft und zeigten immer wieder nach draußen. Joro war der einzige, der Armin zu beachten schien und immer wieder zu ihm herübersah. Als Armin ihn einmal zurückhaltend anlächelte, wandte er den Blick jedoch schnell wieder ab.

Es herrschte eine fröhliche und entspannte Stimmung im Waggon, auch dann, wenn der Zug gerade stand. Es wurde viel gelacht und erzählt, keiner saß alleine und traurig in der Ecke. Waren diese Menschen wirklich arm? Waren sie in mancher Hinsicht nicht eigentlich reicher als die meisten Europäer?

Tak tak ... tak tak ... tak tak ...

Stetig kroch die Bahn aufwärts. An den Hängen wuchsen nun meist Sekundärwälder aus Ravenala und Bambus. Dann kam eine größere Siedlung, der Zug hielt. Gewimmel, Warten. *Mora mora.*

Danach Reisfelder, Reisfelder, Reisfelder. Der Zug musste gewaltige Kurven fahren, um an Höhe zu gewinnen. Fast überraschend fuhr er dann durch einen etwas größeren Wald. Sekundärwald. Die kläglichen Reste des Regenwalds. Dann wieder Reis, Bananenstauden, Mangobäume.

Steile Felsriffe türmten sich auf. Der einzige Grund, warum es den östlichen Regenwald überhaupt noch gab. Immer mehr

Grün, immer mehr Bäume. Nur noch vereinzelt, an Wegeinschnitten, rotbraune Erde. Die nach Norden ziehende steile, felsige Bergkette, knapp darüber die schweren, grauen Wolken.
»Hier, ein Wasserfall.« Armin sah nach links. Es war Joro, der ihn angesprochen hatte. Er stand auf und sah gerade noch die gewaltigen Steinblöcke, über die das Wasser in mehreren Stufen hinunterschoss. Auf halber Höhe erkannte er einen Unterstand mit einem rötlichen Dach in der Form eines geöffneten Regenschirms. Auch der Wasserfall war also schon touristisch erschlossen.
Tak tak ... tak tak ... tak tak ...
Ein kleines Stück fuhr der Zug dann tatsächlich durch den Regenwald, der sich an dem schroffen, felsigen Berg gehalten hatte. Durch mehrere Tunnel führten die Schienen den steilen Hang entlang. Schließlich wurde der Berg in einem längeren Tunnel durchquert. Dann wieder Reisfelder in den Tälern, Sekundärwald auf den Hügeln. Wieder ein Halt. Es war nur eine kleine Siedlung, das Verladen dauerte nur eine halbe Stunde. Armin sah auf die Uhr. Sie waren nun schon vier Stunden unterwegs. In einer Stunde würde es dunkel werden.
Nach einem weiteren Halt und der Fahrt durch schier unendliche Reisfelder gewannen fast schlagartig das Rotbraun des nackten Bodens und das Gelbbraun verdorrten Grases die Oberhand. Immer wieder sah man auch schwarze, verbrannte Hänge oder aufwärts kriechende Feuergirlanden. Der Regen im Oktober reichte offenbar noch nicht aus, um die Feuer zu verhindern. Hier war es aber auch längst kein Wald mehr, der dem Feuer zum Opfer fiel. Es waren meist Weideflächen für die Zebus, die auf diese Weise regeneriert werden sollten. Armin dachte daran, dass dies in manchen Regionen des Schwarzwalds bis zum Zweiten Weltkrieg ebenfalls üblich gewesen war und dass man heute das »kontrollierte Brennen« mancherorts

auch für den Naturschutz einsetzte. Außerhalb des Waldes konnte man damit nicht mehr viel zerstören.
Tak tak ... tak tak ... tak tak ...
Nach dem Anblick der verdorrten und verbrannten Landschaft war Armin überrascht, als er rechts vor sich einige mit gleichmäßigem, frischem Grün überzogene Hügel sah, die ihn an deutsche Weinberge im Frühsommer erinnerten. Das mussten die Teeplantagen von Sahambavy sein, von denen Rakoto ihm berichtet hatte. Tatsächlich hielt der Zug auch gleich darauf an einem Bahnhof mit dem Schriftzug *Sahambavy*. Er sah fast genauso aus wie der Bahnhof von Manampatrana, von wo aus sie gestartet waren. Ein phantasieloser Betonbau aus der Kolonialzeit.
Als sie Sahambavy eine Stunde später verließen, brach schon die Dämmerung herein. In Fianar waren sie um 19 Uhr, nach sechs Stunden Fahrzeit. Wenn der Zug pünktlich in Manakara abgefahren war, hatte er für die 160 km folglich ziemlich genau zwölf Stunden gebraucht.

Ein regelrechter Katzensprung waren dagegen die knapp sechzig Kilometer auf der RN 7 von Fianar nach Ambalavao, wo sie nach etwas über einer Stunde ankamen. Dort nahmen sie in einem einfachen Hotel, in dem sie auch übernachteten, das Abendessen ein. Für etliche in der Gruppe war es die erste Hotelübernachtung ihres Lebens.
Zu ihrem ersten Exkursionspunkt, dem Anja Park, waren es nur dreizehn Kilometer. Dieses kleine Naturschutzgebiet war für sie vor allem deshalb von großem Interesse, da es von einer Dorfgemeinschaft verwaltet wurde. Auch die Guides kamen aus diesem Dorf. Sie trafen dort auf den Dorfältesten und Peter Schachenmann, einen Schweizer Wissenschaftler, der das Projekt im Anja Park und weitere Projekte im Nationalpark

Andringitra begleitet hatte. Inzwischen war er über 65 Jahre alt und betrieb mit seiner madagassischen Frau eine Bungalowanlage bei Tulear im Südwesten Madagaskars. Den Kontakt zu Peter Schachenmann verdankten sie Teresa oder vielmehr ihrem Freund Franz Stadelmann, der von ihrem Projekt begeistert war und seine volle Unterstützung zugesagt hatte. Bei seiner nächsten Reise nach Madagaskar wollte er bei ihnen vorbeischauen.

Peter Schachenmann setzte sich dafür ein, in der Arbeit für den madagassischen Naturschutz die wissenschaftlichen Erkenntnisse mit den madagassischen Traditionen zu verbinden. Im Anja Park waren die ursprüngliche Vegetation und Tierwelt vor allem deshalb erhalten geblieben, weil es sich um eine alte Begräbnisstätte handelte. Armin dachte an den Hazomanga-Wald mit den Gedenksteinen bei Sahakely, da verhielt es sich schließlich ganz ähnlich.

Peter Schachenmann war mit Patrick gekommen, einem jungen madagassischen Wissenschaftler, der sie im Andringitra-Gebirge führen sollte. Er selbst verabschiedete sich bald, um weiter in die Hauptstadt zu fahren, wo er einiges zu besorgen hatte.

Neben der urtümlichen Trockenvegetation, die hauptsächlich Botaniker interessierte, war der Anja Park als einer der nördlichsten Punkte bekannt, wo Kattas in freier Natur beobachtet werden konnten. Der Katta oder Ringelschwanzlemur war der bekannteste und häufigste Lemur in Madagaskar, quasi eines der Wahrzeichen der Insel. Man konnte ihn nicht nur auf Madagaskar, sondern weltweit in Zoos und Tiergehegen sehen, sein natürlicher Lebensraum war jedoch ausschließlich der Süden der Insel. Daher hatten die meisten der angehenden Guides aus Sahakely noch nie einen Katta in freier Natur gesehen und waren gespannt auf die erste Begegnung mit ihm.

Zunächst erläuterte jedoch der Älteste des Dorfs, das den Park verwaltete, wie es zu diesem Modell gekommen war. Anfangs hatte es widerstreitende Interessen gegeben, beispielsweise ob der Boden und das Wasser aus dem Wald für eine intensivere Landnutzung oder für eine nachhaltige touristische Erschließung mit Hotel genutzt werden sollten. Durchgesetzt hatte sich aber schließlich die Idee der Selbstverwaltung durch das Dorf. Zu diesem Zweck wurde eine Assoziation gegründet, der heute über einhundert Dorfbewohner angehörten – darunter auch etwa dreißig Frauen.

Die Führung durch den Park übernahm ein Gründungsmitglied der Assoziation, ein würdiger älterer Herr mit einem breitkrempigen Strohhut, einem Umhang in Orange- und Gelbtönen und einer weiten, braunen Hose. Zunächst passierten sie einen See mit Rotschnabelenten und violett blühenden Seerosen, dann zeigte ihnen ihr Guide ein kleines, braunes Chamäleon, das in einem Busch saß. Kurze Zeit später huschte eine fingerdicke kleine Schlange mit braunem Rücken und cremefarbenem Bauch über den Pfad.

Sie betraten nun einen kleinen Wald, der in einer feuchten Senke lag. Hier lagen zahlreiche graue, gerundete Granitblöcke unterschiedlicher Größe. Auf einen dieser Blöcke stieg der Führer und pfiff durch die Zähne. Die Antwort waren zwitschernde Laute, die noch ein ganzes Stück entfernt zu sein schienen. Sie kamen jedoch immer näher, und bald sah man auch ihre Verursacher durch die Äste turnen: katzengroße Wesen mit einem mehr als körperlangen, schwarz-weiß geringelten Schwanz. Katta war das madagassische Wort für Katze. Ringelschwanzlemur passte eigentlich besser, denn außer der Körpergröße und der Wendigkeit hatten die Kattas nicht viel mit Katzen gemein. Ihre Schnauze war spitz wie die eines Fuchses, die schwarz-weiße Gesichtszeichnung erinnerte an einen

Waschbären, die Ohren standen schräg ab und waren deutlich größer als bei einer Katze.

Die Kattas kamen immer näher, wohl in der Erwartung, dass etwas Fressbares für sie abfallen würde. Bei seiner Reise mit Renate hatte Armin im privaten Tierreservat Berenty ganz im Süden von Madagaskar erlebt, dass die Kattas, die an solche Fütterungen gewöhnt waren, fast zudringlich werden konnten und einem das Futter aus der Hand rissen. Wollte man selbst eine Banane essen, konnte es passieren, dass plötzlich ein Katta auf der Schulter saß und die Banane an sich nahm. Für dieses Erlebnis überließ man sie ihm dann gern – man hatte auch keinerlei Chance, sie wiederzubekommen. Armin hatte aber trotzdem kein gutes Gefühl dabei, wenn Wildtiere so an den Menschen gewöhnt wurden.

Hier war es noch nicht ganz so extrem. Einzelne Kattas kamen bis auf wenige Meter heran und blickten erwartungsvoll auf die Gruppe herunter. Nun sah man ihre markante schwarz-weiße Gesichtsmaske – die Schnauze und die Umrahmung der rotbraunen Augen waren schwarz, die Ohren und der Rest des Gesichts weiß. Der Rücken und die Flanken waren grau bis rötlich-braun, der Bauch und die Innenseite der Extremitäten weiß. Alles wurde überragt von dem langen schwarz-weißen Ringelschwanz, den die Tiere zur Betonung häufig in die Höhe streckten.

Insgesamt sprangen nun etwa zehn Kattas um sie herum. Ihr Guide hatte sie darum gebeten, den Tieren nichts zu fressen zu geben. Armin fand das lobenswert, obwohl ihm klar war, dass das sicher nicht immer so gehandhabt wurde, da man sonst die Tiere nicht so leicht anlocken konnte.

Nachdem die Kattas begriffen hatten, dass bei ihnen nichts zu holen war, fingen einige der nahen Tiere an, sich zu balgen. Armin nahm an, dass es sich um noch nicht geschlechtsreife

Halbwüchsige handelte. Ihr Guide machte sie auf ein etwas weiter entfernt sitzendes Weibchen aufmerksam, an dessen Rücken sich ein Jungtier festklammerte. Es war erst handtellergroß, hatte aber schon einen beachtlichen Ringelschwanz.
Armin sah zu Joro. Der beobachtete konzentriert die Kattas – mit einem entspannten Lächeln auf dem Gesicht.
Die Kattas begleiteten sie, währen sie den Wald durchqueren. Plötzlich türmten sich mächtige runde Felsen vor ihnen auf, die kaum überwindbar schienen. Auf einem schmalen Pfad und mithilfe von in den Stein gehauenen Stufen gewannen sie jedoch rasch an Höhe. Die Vegetation wandelte sich schlagartig. Standen im unteren, schattigen und feuchten Bereich der Felsen noch einzelne Bäume, so wichen sie weiter oben einer bizarren Trockenvegetation. Armin fühlte sich in ein Gewächshaus mit Sukkulenten versetzt, die das Wasser in aufgeblähten Stämmen oder fleischigen Blättern speicherten. Es waren jedoch keine Kakteen – von denen gab es nur eine einzige Art in Madagaskar, die sich auch nicht wie ein richtiger Kaktus benahm, sondern im Wald von den Bäumen hing. Besonders häufig war ein Strauch mit bleistiftdicken, glatten, gummiartigen Zweigen. Der Guide brach einen Zweig ab, ein weißer Milchsaft sickerte heraus. Ganz klar, das war eine Wolfsmilch. Im Deutschen wurde diese Pflanze Bleistiftstrauch oder Milchbusch genannt, beide Namen waren treffend.
Auffallend war auch ein Strauch mit stachligen braunen Zweigen und großen bläulich-grünen, gewellten, fleischig-dicken und fein behaarten Blättern. Ihr Guide drehte eines der Blätter um und zeigte auf einige junge Pflänzchen, die aus den Blatträndern wuchsen. Auch das kannte Armin bisher nur von einer Zimmerpflanze, dem Brutblatt, das zur selben Pflanzengattung gehörte und ebenfalls aus Madagaskar stammte.

Einige Meter weiter wurde Armin schon wieder mit einer Zimmerpflanze konfrontiert, die in Deutschland als Madagaskarpalme bezeichnet wurde, auch wenn sie mit Palmen nicht das Geringste zu tun hatte. Ihre sparrigen Stacheln schreckten vor jeglicher Berührung ab, typisch war der Blattschopf am Ende der Äste. Zum ersten Mal sah Armin allerdings die leuchtend weißen Blüten, die den Blattschopf überragten. Da es im Oktober, dem »Südfrühling«, auch im Hochland schon etwas mehr regnete als im Südwinter, standen etliche der Pflanzen derzeit in Blüte.

Immer wieder huschten dreißig bis vierzig Zentimeter lange Madagaskarleguane über die Felsen. Der Guide wies sie auf Nischen und Höhlungen zwischen den Granitblöcken hin und darauf, dass hier die Toten des Dorfes bestattet würden.

Der Anja Park war nicht groß, sodass sie nach ungefähr zwei Stunden den Rückweg antraten. Sie gingen an Reisfeldern und anderen Kulturen vorbei, zu denen ihr Guide noch einiges erläuterte. Am Eingang des Parks verabschiedeten sie sich und bestiegen den Kleinbus.

Sie fuhren weiter in Richtung Andringitra-Gebirge. Die holprige Piste nahm Armin kaum zur Kenntnis, er war das inzwischen gewohnt. Unterwegs hielten sie an einem kleinen Wasserfall, wo Patrick auf die im sprudelnden Wasser wachsenden *Hydrostachys*-Pflanzen hinwies, die Armin bereits aus Ranomafana kannte. Eine Gruppe von Grauköpfchen, eine der nur drei in Madagaskar heimischen Papageienarten, flog mit schrillen, metallischen Rufen über sie hinweg. Etwa hundert Meter unterhalb des Wasserfalls badeten Kinder, die ihnen fröhlich zuwinkten. Auf den Felsen am Rande des Flusses waren bunte Wäschestücke ausgebreitet. Armin winkte den Kindern, sie antworteten mit einem begeisterten »Vazaha! Vazaha! Vazaha!« Er würde immer der »Vazaha«, der Fremde, bleiben.

Sie fuhren auf das Andringitra-Gebirge zu, dessen mit dürrem Gras bedeckte Vorberge in der Abendsonne golden leuchteten. Hinter ihnen erhoben sich die schroffen, kahlen Felsen des zentralen Gebirgszugs mit dem Pic Boby, dem zweithöchsten Punkt Madagaskars. Schließlich deutete Rakoto auf ein Dorf in einer Senke mit Reisfeldern und erklärte, sie hätten das Camp bald erreicht. Die untergehende Sonne verlieh den Bergen einen rötlichen Schimmer. Das Bild erinnerte Armin an die vertrauten Alpen. Das sperrige Wort »Andringitra-Glühen« kam ihm in den Sinn.

Das Camp bestand aus zahlreichen rotbraunen Hütten, die den Lehmhütten des Hochlandes nachempfunden waren. Es lag am Rande einer bewaldeten Mulde in der Nähe eines riesigen, senkrecht aufragenden Felsendoms. Den sahen sie in seiner gigantischen goldgelben Wucht jedoch erst in der Morgensonne des nächsten Tages. Auch seinetwegen wurde das Camp häufig von Kletterern besucht. Die meisten wollten jedoch den Pic Boby besteigen. Dies erforderte keine spezielle Kletterausrüstung, war aber an einem Tag kaum zu schaffen. Daher hatte ihnen Patrick empfohlen, den Chamäleonberg direkt neben dem Camp vorzuziehen, der eine interessante Tier- und Pflanzenwelt aufwies und von dem man einen schönen Blick auf den Pic Boby haben würde.
Im Wald hing noch der zähe Morgennebel. Wasser plätscherte mit hellem Klang zwischen den runden Granitblöcken hindurch. Hier zeigte ihnen Patrick den einzigen außerhalb Amerikas vorkommenden Kaktus, der in langen, dünnen Würsten von den Bäumen hing und keinerlei Stacheln besaß.
Als sie den Wald durchquert hatten, ragte vor ihnen ein wuchtiges, dunkles Felsmassiv auf. Darüber war der Himmel blau und wolkenlos. Patrick deutete auf die Spitze der Felsen und kün-

digte an, dass sie später dort oben stehen würden. Tatsächlich sah der Fels ganz oben aus wie der Kopf eines Chamäleons, der hintere Teil war von unten aus nicht zu sehen. Sie waren beruhigt, als Patrick ihnen erklärte, dass es einen relativ bequemen Weg über die Rückseite des Felsmassivs gab. Dort kamen sie an einem Quelltümpel mit kristallklarem Wasser vorbei, an dem der flötende Gesang des Madagaskar-Drongo zu hören war. Durch das Fernglas erkannte Armin den schwarzen Vogel mit seiner Federkrone und dem Gabelschwanz. Ein Falke schoss über sie hinweg, eine feuerrote Libelle setzte sich auf einen grauschwarzen Granitblock. Plötzlich tat sich vor ihnen eine gewaltige Erosionsschlucht auf, in der sich rotbraune Felsblöcke verkantet hatten. Lavaka, Loch.
Nun kamen sie in das Reich der Sukkulenten, die zwischen dürrem Gras in den Spalten der Felsen und Granitplatten wuchsen. Sparrige, stachelige Euphorbien, dickfüßige Pachypodien, fleischige Rosetten von Aloen mit hoch hinausragenden, prächtigen Blütenständen, eine *Kalanchoe* mit weichen, weißfilzigen Blättern. Patrick kannte sogar die wissenschaftlichen Artnamen und wies bei manchen Arten darauf hin, dass sie nur im Andringitra-Gebirge vorkamen. Dass fast alle Arten nur in Madagaskar vorkamen, war selbstverständlich.
Immer wieder huschten Madagaskar-Leguane über die Felsplatten. Armin sah eine etwa vierzig Zentimeter lange Echse durch sein Fernglas, die bewegungslos auf einer Felsplatte saß und sich sonnte. Sie war hellbraun mit gelben Flecken und Linien und war mit mehreren unregelmäßigen schwarzen Flecken an den Flanken gezeichnet. Das war eindeutig der Vierfleck-Madagaskarleguan, den sie schon im Anja Park gesehen hatten.
Um die Mittagszeit hatten sie den Gipfel des Chamäleonbergs erreicht. Patrick erklärte, sie stünden jetzt auf dem Rücken des

Chamäleons – unter ihnen lag ein in mehrere Blöcke zerfallener felsiger Bergrücken.

Die Aussicht auf die Täler und das sie umgebende Gebirge war überwältigend. Im Tal kontrastierten die gelbbraunen Weideflächen und der rotbraune Boden mit den leuchtend hellgrünen Reisfeldern, die sich terrassenförmig an den Berghängen hochzogen. Dazwischen immer wieder kleine, gedrängte Gruppen rotbrauner Lehmhäuser mit Strohdächern. Alles wurde überragt vom grauen, schroffen Massiv des Pic Boby, dessen Kerben und Schrunden aussahen wie von gigantischen Krallen eingekratzt.

Auf einer großen Granitplatte im Angesicht des Pic Boby, der auf Madagassisch Imarivolanitra heißt, machten sie ihre Mittagsrast. Im Camp waren sie mit belegten Baguettes versorgt worden. Armin setzte sich etwas abseits der Gruppe, um noch einmal in aller Ruhe die Aussicht zu genießen.

Mit seinem Fernglas nahm er eines der kleinen Dörfer am Berghang ins Visier, das um einen quadratischen, ummauerten Platz herum angelegt war. Vermutlich war dies der Platz, an dem der Reis gedroschen und getrocknet wurde. Die Steinmauern waren offenbar nötig, um das Vieh abzuhalten. Armin dachte an den Südschwarzwald, wo das »zahme Feld«, die Äcker und Wiesen für das Winterfutter, früher auch mit einer Steinmauer vom »wilden Feld«, den Gemeinschaftsweiden, getrennt worden war. Stellenweise waren diese Mauern bis heute erhalten.

Unterhalb des Dorfes kletterten links und rechts eines Bachs harmonisch an das Gelände angeschmiegte, frischgrüne Reisterrassen empor. Sie wirkten wie die Sitzstufen einer riesigen Arena. Oberhalb der Siedlung graste eine Zebuherde auf einer Fläche, die vom letzten Feuer noch rußgeschwärzt war. Die Weideflächen zogen sich noch ein Stück die etwas flacheren

Unterhänge der Berge hinauf, bis dann der steile, blanke Fels das Regiment übernahm.

Dort gab es für den Menschen nicht mehr viel zu holen, doch der Katta lebte noch bis in eine Höhe von weit über zweitausend Meter. Er war kein Spezialist, war nicht auf eine bestimmte Nahrungspflanze angewiesen wie die Bambuslemuren. Er fraß am liebsten Früchte, nahm aber auch mit Blättern, Blüten, Knospen und Rinde vorlieb. Manchmal jagte er auch kleine Tiere wie Spinnen, Heuschrecken, Chamäleons oder Vögel. Der Katta war Allesfresser, flexibler Generalist. Er war nicht der König der Lemuren, wie in dem Film *Madagaskar* dargestellt, er war die Ratte unter ihnen. Selbst der Mensch, die Ratte unter den Primaten, würde es wohl nicht schaffen, ihn auszurotten.

Armin ließ seinen Blick nochmals über das Tal und die Berge schweifen. Den Fluss, die kleinen Dörfer, die Reisterrassen, die grünen Weiden mit den Zebus, die schroffen Berghänge. Dann blickte er auf den Pic Boby und dachte an die Alpenwanderung mit Manuel zurück, die sie ein halbes Jahr vor seinem Tod unternommen hatten. Renate hatte sie nicht begleitet. Vater und Sohn sollten ruhig einmal etwas ohne sie unternehmen. Armin hatte dies zuerst für eine Ausrede gehalten, da Renate auch vorher nicht viel von anstrengenden Alpentouren gehalten hatte. Aber im Nachhinein war er ihr dankbar für diese gemeinsame, zweisame Zeit mit Manuel. Armin schossen die Tränen in die Augen. Diesmal waren es jedoch keine Tränen der Bitterkeit, sondern ... die Tränen einer tiefen Dankbarkeit.

Krise oder Katastrophe?

»... mir scheint, daß dieser Prozeß des reculer pour mieux sauter – zurückweichen, um besser springen zu können – ein grundlegendes Moment jedes signifikanten Fortschritts ist, ob in der biologischen oder geistigen Evolution.« Arthur Koestler

Indri

Ausverkauf

»Manahoana?«, begrüßte Armin Rakoto, als er am Morgen ins Büro kam.
»Manahoana«, murmelte Rakoto leise vor sich hin, ohne von seinem Schreibtisch aufzusehen.
Manahoana? ließ sich ungefähr mit *hallo, wie geht's?* übersetzen und wurde wie das französische *ça va?* mit derselben Floskel beantwortet. Wenn es einem nicht gerade besonders schlecht ging, wurde aus dem Fragezeichen ein Ausrufezeichen.
Rakoto hatte bisher immer mit »Manahoana!« geantwortet, mit deutlichem Ausrufezeichen und einem strahlenden Lächeln. Heute fehlte beides.
Armin blieb neben Rakotos Schreibtisch stehen. »Was hast du auf dem Herzen?«
Rakoto zögerte.
»Du musst es mir nicht sagen, wenn du nicht willst«, beschwichtigte Armin.
»Ich ... ich habe gestern Abend mit meiner Schwester in Tana telefoniert. Es geht ihr nicht besonders gut. Ihr Mann Mahery hat keine Arbeit und ...«
Rakoto unterbrach sich und sah konzentriert auf seine Hände. Armin wartete ab.
»... er ... er trinkt zu viel und wird dann aggressiv.«
»Auch gegen deine Schwester?«
»Ja, auch gegen Riana.« Rakoto blickte Armin sorgenvoll an.
»Haben ... sie Kinder?«, fragte Armin.
»Nein«, antwortet Rakoto. »Sie haben alles versucht, es hat aber nicht geklappt. Mahery wirft meiner Schwester vor, dass sie keine

Kinder bekommen kann. Ich habe ihm gesagt, dass es auch am Mann liegen kann, aber davon will er nichts wissen. Natürlich will er sich auch nicht untersuchen lassen.«

Einen kurzen Moment dachte Armin daran, dass es vielleicht besser war, gar keine Kinder zu bekommen, als das einzige Kind zu verlieren.

»Werden ... werden in Madagaskar auch Ehen geschieden?«, fragte Armin zögerlich.

»Früher war das undenkbar«, antwortete Rakoto. »Aber heute gibt es das immer mehr, vor allem in Tana. Ich habe mit Riana sogar schon einmal darüber gesprochen, aber sie wollte nichts davon hören.«

»Bei uns in Deutschland wird, so viel ich weiß, jede dritte Ehe geschieden«, sagte Armin.

»Du ... ähm ... du hast einmal gesagt, du hast dich von deiner Frau getrennt. Möchtet ihr euch auch scheiden lassen?«, fragte Rakoto.

Erst jetzt wurde Armin bewusst, dass er seit der ersten Begegnung mit Rakoto, auf der Fahrt von Tana nach Fianar, nie mehr über das Thema gesprochen hatte.

»Ich ... ich weiß nicht.«

»Habt ihr auch keine Kinder?«, fragte Rakoto.

Armin spürte, wie das Blut in sein Gesicht schoss. Er brauchte einige Sekunden, bis er sich wieder gefasst hatte.

»Wir ... wir hatten einen Sohn. Er ist bei einem Unfall ums Leben gekommen.«

Rakoto stockte der Atem.

»Bitte ... bitte verzeih, dass ich dich danach gefragt habe.«

»Du brauchst dich nicht zu entschuldigen. Ich hätte es dir schon lange sagen sollen.«

»Weiß Teresa Bescheid?«, fragte Rakoto.

»Nein, aber sag' ihr bitte nichts davon. Ich möchte es ihr selbst ...«

In diesem Moment flog die Tür auf. Teresa stürmte herein und wedelte ihnen mit einer Zeitung entgegen.
»Habt ihr das schon gehört? Ravalomanana hat halb Madagaskar an die Südkoreaner verhökert.«

Armin hatte sich bisher wenig dafür interessiert, was in der übrigen Welt vor sich ging, und auch die Politik in Madagaskar schien ihm wenig durchschaubar. In seinem Hotelzimmer gab es keinen Fernseher, und darüber war er ganz froh. In Europa gab es selbst in den Hotelzimmern einen Fernsehapparat, denen es sonst an fast allem fehlte.
Das Internet nutzte Armin zwar regelmäßig, er rief aber nur selten die aktuellen Nachrichten ab. Hin und wieder nahm er beim Frühstück eine der im Hotel ausliegenden Zeitungen an den Tisch, meist blätterte er sie jedoch nur lustlos durch und überflog die Überschriften. Auch die weltweite Finanzkrise, die seit einigen Wochen die Schlagzeilen beherrschte, hatte Armin ziemlich kalt gelassen. Eine große Bank in den USA war zusammengebrochen, na und? Es gab ja noch genügend andere.
Zu denken gab ihm allerdings, was Rakoto neulich über die Finanzkrise gesagt hatte. Dass arme Länder davon mehr betroffen wären als reiche. Dass in Madagaskar die Lebensmittelpreise stiegen. Dass Rakoto deshalb sogar Unruhen erwartete.

Teresa knallte die Zeitung vor Armin und Rakoto auf den Tisch und tippte mehrmals vehement auf die Schlagzeile. *Ravalomanana verkauft halb Madagaskar an Südkoreaner*, stand dort in dicken schwarzen Lettern.
»Das verstehe ich nicht, wie kann man sein halbes Land verkaufen?«, fragte Armin. Rakoto nahm die Zeitung und starrte entgeistert auf den Text.

»Ravalomanana hat einem südkoreanischen Konzern über eine Million Hektar Land für 99 Jahre verpachtet, und zwar schon vor vier Monaten.«
»Und warum steht es dann jetzt erst in der Zeitung?«, fragte Armin.
»Er wollte es offenbar geheimhalten. Jetzt ist es herausgekommen, weil die *Financial Times* geschrieben hat, der Konzern hätte in Madagaskar das große Los gezogen.«
Rakoto las den Text und schüttelte immer wieder den Kopf.
»Und was will der Konzern mit den Flächen machen?«, fragte Armin.
»Sie wollen dort vor allem Mais und Ölpalmen anbauen und die Produkte dann nach Südkorea exportieren. Es geht um die Hälfte des nutzbaren Landes in Madagaskar, das den Menschen hier entzogen werden soll. Das ist unglaublich, oder nicht? Rakoto, was sagst denn du dazu?«
Rakoto hatte zu Ende gelesen und saß völlig in sich zusammengesunken an seinem Schreibtisch. Mit leerem Blick sah er zuerst zu Armin, dann zu Teresa.
»Das ist eine Katastrophe für Madagaskar.«

Janus

»Das traditionelle madagassische Neujahrsfest findet erst im März statt«, sagte Rakoto, als sie am Silvesterabend in seiner kleinen Wohnküche beisammen saßen. »Aber das wurde von den Franzosen abgeschafft und durch deren Nationalfeiertag ersetzt.«

»Hättet ihr dann ohne uns heute gar nicht gefeiert?«, fragte Teresa.

»Vielleicht ein bisschen, der Neujahrstag ist ja seit der Kolonialzeit auch ein Feiertag«, antwortete Rakoto und nippte an seinem Weinglas, in dem der »Gris de Gris« aprikosenfarben schimmerte. Auch Armin nahm einen Schluck von dem gekühlten Rosé und dachte daran, dass er zur Jahreszeit und zu den Temperaturen eigentlich gut passte. In Deutschland hatte er Rosé immer nur im Sommer getrunken, meist an warmen Abenden auf der Terrasse. Auch hier war nun Sommer, der »Südsommer« Madagaskars.

Der Dezember war einer der heißesten Monate in Madagaskar. An der Ostküste hatte es oft über dreißig Grad, durch die häufigen Regenfälle war es zudem meist schwül. Auch im Hochland kletterte das Thermometer oft über fünfundzwanzig Grad, und nachts lagen die Temperaturen selbst an Regentagen nicht weit unter der Zwanzig-Grad-Marke. Dennoch tauchten ab Mitte Dezember in Schaufenstern und Supermärkten winterlich gekleidete Weihnachtsmänner und geschmückte Weihnachtsbäume auf. Überall wurden lebende Gänse oder Enten als Festtagsessen angeboten.

Entgegen Rakotos Befürchtungen war es wegen der Verpachtung der Flächen bisher nicht zu Protesten in der Bevölkerung gekommen. Lediglich der Schlagabtausch zwischen dem Präsidenten Ravalomanana und Rajoelina, dem Bürgermeister von Tana, hatte an Schärfe zugenommen. Rajoelina besaß wie Ravalomanana einen eigenen Fernsehsender, über den er den Präsidenten anprangerte. Als er ein Interview mit dem im Exil lebenden ehemaligen Präsidenten Didier Ratsiraka ausstrahlte, hatte Ravalomanana den Fernsehsender schließen lassen.

Rasoa stand am Herd und rührte in einem Topf, aus dem süße Düfte aufstiegen.
»Rasoa, was kochst du da?«, fragte Teresa. »Ist das der Nachtisch?«
»Das ist Tatao, Reis mit Milch und Honig«, erwiderte Rasoa und drehte sich zu Teresa. »Das ist die Vorspeise des traditionellen madagassischen Neujahrsessens. Die Hauptspeise ist schon seit heute Mittag hier im Backofen, sie heißt Varanga. Das ist ein langsam im Backofen gegarter Rinderbraten. Früher wurden dafür ganze Rinder in unterirdischen Erdöfen gegart und dann zerteilt und im eigenen Fett konserviert. Ein Jahr später wurde es dann am Neujahrsfest gebraten.«
»Dieses langsame Garen bei niedrigen Temperaturen ist bei uns inzwischen hochmodern«, entgegnete Teresa. »Das wurde offenbar in Madagaskar erfunden.«
»Es ist ja auch etwas schwierig, ein ganzes Rind schnell zu garen«, sagte Rasoa lachend. »Lala, Noro, deckt ihr bitte den Tisch?«, rief sie dann in Richtung der offenen Tür.
Kurze Zeit später kamen die Kinder leise herein, holten das Geschirr aus einem Hängeschrank und verteilten es auf dem Tisch. Danach verschwanden sie wieder in ihrem Zimmer. »Sie haben schon gegessen«, sagte Rasoa entschuldigend.

Während des Essens sprachen sie nur wenig. Armin war sich nicht sicher, ob das nur die vielgerühmte »gefräßige Stille« war oder ob auch die ungewisse Zukunft des Landes eine Rolle spielte. Ihm schien, dass zumindest Rakoto bedrückt wirkte.

»Wollen wir uns nach draußen setzen?«, fragte Rakoto, nachdem die Kinder den Tisch abgeräumt hatten. Teresa und Armin stimmten zu, Rasoa wollte zuerst die Küche aufräumen.

Auf dem kleinen Balkon erwarteten sie Campingstühle aus weißem Plastik, die um einen kleinen Tisch aus demselben Material standen. Rakoto schenkte Rosé nach. Die Nacht war sternenklar, für diese Jahreszeit eher unüblich.

»Habt ihr schon einmal von Janus gehört?«, fragte Armin nachdenklich.

Rakoto schüttelte den Kopf.

»Das war irgend so ein römischer Gott, oder?«, riet Teresa.

»Ja, er wird immer mit zwei Gesichtern dargestellt, die in zwei Richtungen blicken, eines nach vorn und eines nach hinten. Daher ist auch der Monat Januar nach ihm benannt«, erklärte Armin.

»Es gibt doch auch das Wort janusköpfig, das so etwas wie zwiespältig bedeutet, odr?«, fragte Teresa. »Aber wie kommst du jetzt auf Janus? Weil wir fast Januar haben?«

»Nein, mir ist er deshalb in den Sinn gekommen, weil man an Silvester oft auch gleichzeitig zurück und nach vorne schaut«, antwortete Armin und drehte den Kopf dabei kurz nach hinten.

»Dann sollten wir zunächst einmal nach hinten schauen«, sagte Teresa. »Was meinst du, Rakoto, war das ein gutes oder ein schlechtes Jahr?«

Rakoto hob den Kopf und blickte in den Sternenhimmel, als würde er dort die Antwort finden. Dann sah er zu Teresa und Armin. »Ich glaube, im Dorf haben wir einige Fortschritte erzielt. Die Zukunftswerkstatt, die Ausbildung der Nature Guides ...«

»… und immerhin wurde seither kein Goldi mehr getötet«, fügte Teresa hinzu, »zumindest keiner mit Sender.«
»Der Machtkampf zwischen Ravalomanana und Rajoelina macht mir ehrlich gesagt mehr Sorgen«, seufzte Rakoto.
»Immerhin gab es wegen des Deals mit den Südkoreanern bislang keine größeren Unruhen«, sagte Armin. »Glaubst du, dass es noch welche geben wird?«
»Ich weiß nicht, aber wir Madagassen sind Unruhen gewöhnt. Fast alle Präsidenten sind immer reicher geworden, während ihr Volk immer ärmer wurde. In Ravalomanana haben wir große Hoffnungen gesetzt, aber jetzt sieht es bei ihm genauso aus wie bei seinen Vorgängern.«
Rasoa kam mit einem Tablett auf den Balkon, auf dem die Champagnerflasche, die Armin mitgebracht hatte, und vier schlichte Wassergläser standen.
»Das alte Jahr ist gleich zu Ende« sagte sie und stellte das Tablett auf den kleinen Tisch. Armin stand auf, nahm die Flasche vom Tablett und entfernte Metallfolie und Draht. Dann hielt er den Korken fest und drehte die Flasche, bis er den Korken mit einem satten Plopp in der Hand hielt. Er verteilte den Champagner auf die vier Gläser und sah auf die Uhr. »Seit zehn Sekunden sind wir im Darwinjahr 2009.«
Vereinzelt war das Knallen von Feuerwerkskörpern zu hören, die Leuchtschweife von Silvesterraketen schossen über den Himmel. Teresa und Rakoto standen auf. Sie stießen mit dem Champagner an und wünschten einander ein gutes Neues Jahr, indem sie nach französischer Sitte links und rechts einen Kuss andeuteten.

Etwa eine Viertelstunde später waren die Knaller verstummt. Rasoa verabschiedete sich in die Nachtruhe. Teresa, Rakoto und Armin standen an der Brüstung des Balkons und blickten in den nun wieder raketenfreien Sternenhimmel.

»Mir fällt noch etwas zu Janus ein«, sagte Armin. »Janus steht ja nicht nur für das gleichzeitige Rückwärts- und Vorwärtsschauen, sondern auch für die beiden Seiten einer Medaille.«
»Fangen die Deutschen immer das Philosophieren an, wenn sie in den Sternenhimmel blicken?«, frotzelte Teresa. »Wahrscheinlich habt ihr deswegen so viele Philosophen hervorgebracht.«
Armin lachte. »Das war sogar eine Anspielung auf Immanuel Kant, unseren berühmtesten Philosophen«, sagte Armin, zu Rakoto gewandt. »Die größte Ehrfurcht hatte er vor dem gestirnten Himmel über sich und dem moralischen Gesetz in sich.«
Rakoto nickte bedächtig, sagte aber nichts.
»Entschuldigung, jetzt habe ich dich unterbrochen«, sagte Teresa, zu Armin gewandt. »Du hast von zwei Seiten einer Medaille gesprochen. Was hast du damit gemeint?«
»Na ja, zum Beispiel Krise und Chance. In jeder Krise steckt auch eine Chance, sagt man doch. Wir haben ja darüber gesprochen, dass in der Evolution die Krise der einen meist eine Chance für die anderen war.«
»Das war jetzt aber eine raffinierte Art und Weise, das Gespräch auf dein Evolutionsthema zu lenken!«, grinste Teresa.
»Immerhin sind wir ja jetzt im Darwinjahr, da wird wahrscheinlich noch viel darüber geredet – und geschrieben«, sagte Armin.
»Und möchtest du nun auch etwas über deine Rattentheorie veröffentlichen?«
»Ich glaube nicht, dass ein unbekannter deutscher Wissenschaftler, der sich zudem noch in Madagaskar aufhält, eine Chance für eine derartige Veröffentlichung bekommt.«
»Oooch, der arme unbekannte Wissenschaftler«, sagte Teresa in vermeintlich mitleidigem Ton und tätschelte Armins Unter-

arm. »Darwin hat sich ja damals auch nicht getraut, seine Theorie zu veröffentlichen. Und wenn er sich nicht gesputet hätte, als Alfred Russel Wallace auf die gleiche Idee kam, würde der Darwinismus heute vielleicht Wallace… Wallaceismus heißen.«
»Ja, das stimmt«, sagte Armin. »Seine Theorie hatte Darwin wohl schon länger im Kopf, aber er traute sich nicht, sie zu veröffentlichen. Vielleicht auch aus Rücksicht auf seine Frau, die war sehr christlich.«
»Ja, ja, die Frauen haben mal wieder die Wisch… Wissenschaft aufgehalten, was?«, schmunzelte Teresa beschwipst. Sie sah zu Rakoto, der ihren Blick ernst erwiderte. »Rakoto, weißt du denn, dass wir einen kleinen Darwin unter uns haben?«, fragte Teresa und kicherte. »Armin, unser kleiner Darwin.« Dieses Kichern hatte Armin von ihr bisher noch nicht gehört, es musste am Alkohol liegen.
»Aber er weiß ganz bestimmt, dass die Mutter Teresa der Lemuren neben ihm steht«, konterte er.
Teresa gackerte.
Nach einer Weile sah Armin zu Rakoto, der noch immer keine Miene verzog.
»Machst du dir Sorgen?«, fragte Armin.
»Bis jetzt sind die Demonstrationen in Tana noch friedlich. Aber wer weiß, wie lange noch«, antwortete Rakoto und senkte den Blick.
»Befürchtest du einen Bürgerkrieg?«, wollte Armin wissen.
»Viele Leute sind so arm, dass sie nichts zu verlieren haben. Und unser Präsident wird offenbar immer reicher. Erst vor Kurzem hat er sich ein neues Flugzeug für sechzig Millionen Dollar bestellt«, sagte Rakoto niedergeschlagen.
»Ist Rajoelina überhaupt ein ernsthafter politischer Gegner?« Teresa nahm sich angesichts der Thematik zusammen. »Er ist doch erst vierunddreißig Jahre alt und stammt ebenfalls aus

einer reichen Familie, wie ich gelesen habe. Außerdem hat er offenbar nur als Diskjockey gearbeitet, bevor er Bürgermeister wurde.«

»Das spielt in dieser Situation keine Rolle«, sagte Rakoto. »Wenn es den Menschen schlecht geht, wollen sie Veränderung. Ravalomanana bezeichnen sie inzwischen als Chamäleon, das je nach Bedarf die Farbe wechselt. Und Rajoelina ist für sie eine Art Märtyrer. Vor allem, seit Ravalomanana dessen Fernsehstation geschlossen hat«, sagte Rakoto mit gesenktem Kopf.

»Selbst wenn es einigermaßen ruhig bleibt, ist die Situation für unsere Arbeit alles andere als positiv. Ravalomanana hat sich mit der Erweiterung der Schutzgebiete profiliert, und wenn die Stimmung gegen ihn umschlägt, gilt das auch für den Naturschutz«, sagte Armin nachdenklich.

»Bedeutet das, dass dann wieder Lemuren umgebracht werden?«, fragte Teresa.

»In unserem Dorf glaube ich das nicht, ein Fady gilt mehr als die Politik«, antwortete Rakoto. »Aber insgesamt könnte sich die Stimmung schon gegen den Naturschutz wenden.«

»Hat es dann überhaupt einen Sinn, dass wir mit unserem Projekt fortfahren?«, fragte Teresa.

»Was Sahakely betrifft, sollten wir in jedem Fall weitermachen. Wir haben einige Erwartungen geweckt, und wenn wir uns jetzt zurückziehen, wendet sich die Stimmung erst recht gegen uns«, gab Rakoto zu bedenken.

»Ich habe das ja auch nicht ganz ernst gemeint, ich bin auch fürs Weitermachen«, lenkte Teresa ein. »Wenn wir dadurch nur einen Lemuren retten können, hat es sich schon gelohnt.«

»… spricht die Mutter Teresa der Lemuren«, frotzelte Armin.

»… zu Armin, dem kleinen Darwin«, gab Teresa zurück.

Anschlag

Die Regenzeit hatte im Januar endgültig Einzug gehalten. Im Hochland war es fast den ganzen Tag bewölkt, oft regnete es von morgens bis abends, fast immer wehte ein starker Wind. Wenn es einmal nicht regnete, konnte das Thermometer mittags bis auf 30 Grad klettern. Durch den ständigen Wind war diese Wärme jedoch erträglich.
Die Piste von der Außenstation ins Dorf war nun völlig aufgeweicht. Es war nur noch eine Frage der Zeit, bis sie unpassierbar werden würde. Bevor es soweit war, wollten Armin, Teresa, Rakoto und Andry eine ganze Woche in Sahakely bleiben, um die Ausbildung abzuschließen und die Prüfungen abzunehmen. Sie hofften, nicht von einem der gefürchteten Zyklone überrascht zu werden, mit denen man zwischen Januar und April rechnen musste.
Teresa hatte sofort eingewilligt, als Armin den längeren Aufenthalt im Dorf vorgeschlagen hatte. Rakotos Zustimmung kam nicht ganz so schnell und freundlich, wie Armin es von ihm gewohnt war. Machte er sich Sorgen um seine Familie? Oder gar um Madagaskar, seine Heimat?

Als sie ins Dorf kamen, winkten ihnen viele freundlich zu. Die Kinder riefen begeistert »Vazaha, Vazaha!« und liefen dem langsam fahrenden Wagen hinterher. Immer mehr kamen hinzu, sodass ihr Wagen bald einer Bienenkönigin ähnelte, die von ihrem Volk umschwärmt wurde. Als sie den Dorfplatz erreichten, kam ihnen die Frau des Dorfältesten bereits lachend entgegen, scheuchte die Kinder mit einer Handbewegung beiseite

und schüttelte ihnen die Hand. Armin erinnerte sich daran, dass die meisten Kinder erschrocken weggelaufen waren, als sie zum ersten Mal ins Dorf gekommen waren.
Im letzten Abschnitt der Ausbildung wurden die angehenden Guides auf ihre Prüfung vorbereitet. Sie bekamen noch einmal Tipps für ihre individuelle Führung. Da war vor allem Andry gefragt, der »Chefguide« von Ranomafana. Aber auch Armin konnte von seinen Erfahrungen aus dem Schwarzwald berichten. Zunächst hatte er gedacht, er könne hier in Madagaskar wenig damit anfangen. Dann war ihm aber schnell klar geworden, dass die meisten Touristen ja aus Europa kamen und er ihre Wünsche und Ansprüche ganz gut einschätzen konnte. Außerdem würden in das Dorf nicht die typischen Touristen kommen, die wenig Zeit hatten und eine Besichtigung nach der anderen abhakten, sondern Individualtouristen, die das Authentische suchten und sich deutlich mehr Zeit ließen.
»Ihr dürft ihnen euer Wissen nicht aufdrängen, lasst ihnen genügend Zeit für eigene Beobachtungen«, sagte er.

»Wo bleibt Rakoto?«, fragte Teresa, als sie beim Dorfältesten zum Abendessen um die Feuerstelle saßen.
»Er wollte nochmal kurz in die Schule, um für morgen etwas vorzubereiten«, sagte Andry. »Aber – das war vor über einer Stunde.«
»Ich gehe mal runter und sehe nach ihm«, sagte Armin und erhob sich von seinem Hocker.
Inzwischen kannte er sich im Dorf so gut aus, dass er sich auch im Dunkeln zurechtfand und keine Taschenlampe mehr brauchte. Es war schwül und windstill. Die Sterne waren von Wolken bedeckt. Der Fächer der Ravenala hob sich schwarz vom dunkelgrauen Himmel ab. Bald würde wohl der übliche abendliche Schauer niedergehen. Armin ging an der Ravenala

vorbei über den Dorfplatz und dann bergab. Aus den meisten Häusern drang ein flackerndes Licht. Dumpfe Stimmen hoben sich vom hellen Klirren des Bestecks und Geschirrs ab. In der Ferne heulte ein Motorrad auf. Aus den Bäumen am Rand des Dorfes waren die schrillen Rufe von Zikaden zu hören. Kein Mensch ließ sich blicken.
Als sich Armin dem Schulhaus näherte, wurden die Rufe der Zikaden immer lauter. Vereinzelt mischte sich das melodische Hupen von Baumfröschen darunter. Nicht der geringste Lichtschein wies den Weg. Nur schemenhaft erkannte Armin die Stämme der Bäume vor dem Schulhaus, das als schwarze Wand dahinter nur zu erahnen war. Offenbar brannte im Haus kein Licht mehr. War Rakoto also gar nicht mehr dort? War er auf einem anderen Weg zum Haus des Dorfältesten gegangen? Armin blieb stehen und überlegte, ob er umkehren sollte. In dem dunklen Schulhaus würde Rakoto wohl nicht sein.
War da nicht ein leises Stöhnen? Ein tiefes, brummendes Geräusch hob sich von dem hellen Sirren der Zikaden ab. Armin tastete sich ein Stück vorwärts in Richtung der Schultür. Da war es wieder, es klang tatsächlich wie ein menschliches Stöhnen. Warum hatte er nur die Taschenlampe nicht dabei?
»Rakoto«, rief Armin leise. Wieder ein schwaches Stöhnen, ganz in der Nähe. Nun sah Armin vor der dunklen Wand des Schulhauses einen helleren Fleck. Lag da jemand? Armin ging vorsichtig darauf zu.
»Rakoto«, rief er noch einmal. Er war sich fast sicher, dass Rakoto dort lag.
»Rakoto, was ist passiert?«, fragte er, als er den leblosen Körper am Boden liegen sah. Erneutes Stöhnen. »Rakoto, antworte!«
Außer einem weiteren Stöhnen kam keine Reaktion. Armin begriff endlich, dass Rakoto auf dem Bauch lag. Sollte er ihn umdrehen oder würde das die Sache nur verschlimmern?

Rakoto musste verletzt sein, aber wo? Im Dunkeln konnte er nichts erkennen. Nach kurzem Zögern entschloss sich Armin, nichts Unüberlegtes zu tun, sondern Hilfe zu holen. »Halte durch, Rakoto, wir kommen gleich und helfen dir«, sagte er noch rasch. Vielleicht konnte er ihn ja verstehen.
Armin hetzte zurück durch die Baumgruppe, die sich diffus vor dem Nachthimmel abzeichnete. Nach wenigen Metern riss es ihm die Beine nach hinten, er schlug mit voller Wucht auf den Boden. Eine Wurzel vermutlich, der Sturz nahm ihm fast die Luft. Er rappelte sich auf und lief vorsichtiger weiter. Er spürte einen brennenden Schmerz in der rechten Schulter. Sollte er in den nächstgelegenen Häusern Hilfe holen? Nein, besser lief er gleich zum Haus des Dorfältesten, das war nur unwesentlich weiter. Auf der Straße konnte er wieder schneller rennen, sie war durch den Feuerschein aus den Häusern vage zu erkennen. Er stürmte an der Ravenala vorbei. Als er das Haus des Dorfältesten erreichte, riss er die Tür auf.
»Rakoto ist verletzt«, rief er atemlos. »Kommt und nehmt eine Taschenlampe mit.«
Teresa, Andry, der Dorfälteste und seine Frau sprangen auf. Der Dorfälteste holte eine Taschenlampe aus einer Holzkiste an der Schmalseite des Hauses.
»Was ist denn mit dir passiert?« Teresa berührte vorsichtig Armins Gesicht. »Du blutest ja!« Armin wischte sich kurz mit der Hand über die Wange und warf einen flüchtig Blick auf seine blutverschmierte Hand. »Das ist nichts«, sagte er. »Ich bin nur gestolpert.«
Der Dorfälteste gab seiner Frau auf Madagassisch einige schnelle Anweisungen, dann verließ er mit Teresa, Andry und Armin zusammen das Haus. Konzentriert und ohne ein Wort hasteten sie die Straße zum Schulhaus hinunter. Als sie die Bäume erreichten, bat Armin den Dorfältesten um die Taschenlampe

und schwenkte den Lichtkegel suchend hin und her. »Hier«, presste er nach kurzer Zeit hervor und eilte, ohne sich umzudrehen, auf sein Ziel zu, die anderen drei folgten ihm wortlos. Als er näher kam, sah er etwas, das ihm im Dunkeln verborgen geblieben war. Aus Rakotos Rücken ragte ein kurzer, dünner Pfeil, der im Schein der Taschenlampe purpurrot leuchtete. Erst jetzt drangen das Zirpen der Zikaden und das Hupen der Frösche wieder an Armins Ohr.

Kurze Zeit später kam die Frau des Dorfältesten mit vier jungen Männern heran, die eine aus Palmblättern geflochtene Trage mit dicken Bambusstangen an beiden Seiten mit sich trugen.
Die Ombiasy kniete neben Rakotos leblosen Körper nieder. Von ihrem Hals baumelte ein aus Pflanzenfasern geflochtener Beutel in Form einer kleinen Flasche. Sie legte ihre Handflächen auf seinen Hinterkopf und murmelte eine monotone Litanei. Dann sprach sie einige Worte zu ihrem Mann, der daraufhin den Schein der Taschenlampe auf den Pfeil richtete. Sie tastete die Haut um den Pfeil herum ab, dann umfasste sie den Schaft dicht über der Eintrittsstelle und zog ihn vorsichtig heraus. Der Pfeil war kaum in die Haut eingedrungen, aus der Wunde sickerte nur ein kleiner Blutstropfen.
Die Ombiasy nahm den Beutel von ihrem Hals, weitete die Öffnung und steckte den Pfeil hinein. Dann gab sie den vier jungen Männern ein Zeichen, Rakoto auf die Trage zu legen. Sie kamen heran, stellten die Trage unmittelbar neben Rakoto ab und drehten ihn vorsichtig auf den Rücken, sodass er auf der Trage zu liegen kam. Seine Augen waren geschlossen, seine Gesichtszüge völlig entspannt. Er hatte das Bewusstsein verloren.
Die Ombiasy führte die Schlaufe des Beutels mit dem Pfeil unter Rakotos Kopf hindurch und legte ihm den Beutel auf die Brust. Die vier jungen Männer hoben die Trage an den Bambusstangen

an und trugen sie die Dorfstraße hinauf. Teresa, Andry, Armin, der Dorfälteste und seine Frau folgten ihnen schweigend.
Dass der Pfeil vergiftet war, war klar, aber womit? Mit demselben Gift, das die beiden Lemuren getötet hatte? Mit dem Gift des Hazomanga-Baums?
Für Lemuren war das Gift tödlich, das wussten sie. Aber reichte es auch für einen Menschen? Es kam auf die Dosis an. *Die Dosis macht das Gift.*

Rakoto wurde am Haus des Dorfältesten vorbeigetragen und zu einer Hütte gebracht, die sich schräg dahinter verbarg – die Hütte der Ombiasy, das Krankenhaus des Dorfes. Der Dorfälteste erleuchtete die Tür mit der Taschenlampe, öffnete sie und ging den Trägern voraus. Nach der Ombiasy betraten Armin, Teresa und Andry die Hütte. In der Mitte des Raums glimmte noch matt die Feuerstelle. Die vier Träger legten Rakoto vorsichtig auf ein mit Bambusblättern gepolstertes Holzbett an der Längsseite gegenüber der Tür. Dann verließen sie die Hütte wieder.
Der Dorfälteste nahm eine Petroleumlampe von der Decke, entzündete sie mit einem Feuerzeug und hängte sie wieder auf. Ihr schummriges Licht erhellte den Raum nur schwach. Rakotos Gesichtszüge waren noch immer entspannt. Es sah aus, als würde er ruhig schlafen. Die Frau des Dorfältesten legte ihm kurz die Hand auf die Stirn, dann zog sie mit dem Daumen die Augenlider hoch und bat ihren Mann, kurz mit der Taschenlampe hineinzuleuchten. Armin sah das Weiß der Augäpfel. Die Ombiasy nickte bedächtig und ließ Rakotos Lider wieder zurückgleiten.
Danach wandte sie sich zu einem Bambusgestell neben dem Bett, auf dem Bündel von getrockneten Kräutern, Ästen und Rinde lagen. Sie nahm ein Bündel Rinde und ging damit in die

Mitte des Raums zur Feuerstelle, legte die Rinde hinein und blies, bis das Bündel Feuer fing und hell aufflackerte.
Innerhalb kurzer Zeit war die Hütte mit dichtem, süßlich aromatischem Rauch erfüllt, der Armin an Gewürznelken erinnerte. Er unterdrückte den Hustenreiz, der ihn überkam.
Die Frau des Dorfältesten fächelte Rakoto mit einem Palmwedel den Rauch zu. Schweiß lief ihm über das Gesicht, er stöhnte und drehte den Kopf leicht zu Seite. Immerhin hatte das Gift ihn nicht gelähmt.
»Geht schlafen, Rakoto braucht jetzt Ruhe«, sagte die Ombiasy.

Auf dem Platz vor dem Haus des Dorfältesten standen sie eine Weile unschlüssig nebeneinander.
»Andry, du bist doch Tanala«, brach Armin schließlich das Schweigen, »und kennst dich mit euren Heilmethoden aus.«
»Naja, ein bisschen. Aber ich bin kein Ombiasy.«
»Vertraust du auf den Erfolg dieser Methoden?«, fragte Armin. Er war zwar ein Freund alternativer Methoden wie der Homöopathie, aber im Ernstfall vertraute er doch eher den erprobten Medikamenten.
»Die Frau des Dorfältesten ist eine gute Ombiasy«, antwortete Andry.
»Das will ich hoffen«, sagte Teresa. »Ich habe einmal gelesen, dass in Madagaskar auf einen Arzt über 30.000 Menschen kommen.«
»Ja, das stimmt wohl«, sagte Andry. »In den größeren Städten gibt es natürlich Ärzte, aber hier wäre der nächste in Ifanadiana. Das ist eine stundenlange Fahrt, in dieser Jahreszeit ist sie in der Nacht eigentlich nicht zu bewältigen. Eine der häufigsten Todesursachen in Madagaskar ist die Lungenentzündung.«
Armin erinnerte sich, dass sich eine von Manuels Erkältungen, die sie zunächst homöopathisch behandelt hatten, zu einer Lun-

genentzündung ausgewachsen hatte. Schließlich war Manuel sogar im Krankenhaus gelandet. Da waren Renate und er doch froh gewesen, dass es die Schulmedizin gab. Und dass es nicht weit war bis zum nächsten Krankenhaus.
Wieder starrten die drei schweigend auf den Boden. Dann hob Teresa den Kopf und sah zu Armin.
»Hast du eine Ahnung, wer das gewesen sein könnte?«
Armin zögerte. »Nein, ich weiß es nicht. Bei den beiden Lemuren habe ich vermutet, dass es jemand aus dem Umfeld von Pierre Tovoarimino war, vielleicht sogar er selbst. Als Fanilo bei der Ausbildung auftauchte, habe ich zuerst sogar gedacht, sein Vater hätte ihn geschickt, um zu spionieren oder zu stören. Aber er war genauso interessiert wie die anderen und steht jetzt auch auf der Anmeldeliste für die Prüfung.«
»Und wir haben uns dagegen entschieden, die Polizei einzuschalten! Was haben wir jetzt davon? Vielleicht einen Mord!«
Armin zuckte zusammen. Mord? Bei den Lemuren hatte Teresa das Wort zwar auch verwendet, aber diesmal war es vielleicht erst wirklich berechtigt.
»Ja, vielleicht war es ein Fehler, dass wir die Polizei nicht hinzugezogen haben«, sagte Armin.
Von Ferne waren schnelle, energische Schritte zu hören. Armin blickte auf und sah jemanden über den Platz auf sie zukommen. Als er noch etwa zwanzig Meter von ihnen entfernt war, erkannte Armin, dass es der Dorfälteste war. Seine Schritte wirkten hektisch und nervös, und als er näher kam, sah Armin sein zerfurchtes Gesicht, in dem die Augen nur schmale Schlitze bildeten.
»Fanilo ist verschwunden!«, keuchte er. Er atmete schnell und flach, seine Hände zitterten.
»Hat er sein Motorrad mitgenommen?«
Es dauerte einen Moment, bis der Dorfälteste antwortete.

»Ja ... und ... Joro ist auch fort!«

Der Weg vom Haus des Dorfältesten zur Schule, den Armin schon so oft gegangen war, fühlte sich nun völlig anders an. Wie oft würde er ihn noch gehen? Wenn Rakoto nicht überleben würde, war das sicherlich das Ende ihrer Arbeit im Dorf. Und auch wenn er überlebte, war das wohl der Fall. Zumindest, solange der Attentäter nicht gefunden war. Aber zunächst ging es nur um Rakoto.
Armin wälzte sich die ganze Nacht hin und her, schlafen konnte er nicht. Der ruhige Atem von Andry, der im selben Raum schlief, machte ihn noch unruhiger. Als es dämmerte, stand Armin auf und ging in den zentralen Schulraum, in dem die Zukunftswerkstatt stattgefunden hatte und nun die Ausbildung der Nature Guides lief. War das alles umsonst gewesen?
»Kannst du auch nicht schlafen?«
Armin zuckte zusammen, als er Teresas Stimme hörte. Nachdem sich seine Augen an das Halbdunkel gewöhnt hatten, sah er sie in der Ecke auf einem Stuhl sitzen.
»Nein, ich habe kein Auge zugetan. Sollen wir nach Rakoto sehen?«
»Ja, sehr gern, alleine wollte ich nicht zu ihm gehen.«
Teresa stand auf und kam auf ihn zu. Wieder spürte Armin den Impuls, sie zu umarmen.
Schweigend gingen sie den Weg, den sie gestern mit Rakoto auf der Trage zurückgelegt hatten. Als sie die Hütte erreichten, war alles ruhig. Vorsichtig öffnete Armin die Holztür. Der Rauch war verflogen, doch der Nelkengeruch hing noch immer in der Luft. Zuerst sahen sie die Frau des Dorfältesten vornübergebeugt am Bett sitzen. Offenbar war sie eingeschlafen. Vorsichtig näherten sie sich Rakoto. Er lag steif auf der Unterlage, die Augen geschlossen. Armin erstarrte. Dann trat er noch näher

heran, beugte sich über Rakoto, war ihm nun ganz nah. Dann überkam ihn ein Glücksgefühl, wie er es zuletzt wohl bei der Geburt Manuels empfunden hatte. Er spürte Rakotos Atem auf seiner Haut, warm und gleichmäßig.

Riana

Rakoto erholte sich erstaunlich schnell – schon nach zwei Tagen war er wieder auf den Beinen. Armin und Teresa vermuteten, dass die Dosis des Gifts zu gering und daher nicht tödlich gewesen war. Andry hingegen beteuerte, dass die Heilkunst der Ombiasy zumindest zu Rakotos schneller Genesung beigetragen hatte. Rakoto hatte den Attentäter zwar nicht gesehen, doch auch er war davon überzeugt, dass es Fanilo gewesen sein musste, als ihm von dessen Flucht berichtet wurde.
Die Ausbildung der Naturführer wurde unterbrochen. Der Dorfälteste hatte die Polizei eingeschaltet und das Verschwinden Joros als Entführung dargestellt. Einfach war es sicher nicht, jemanden auf einem Motorrad zu entführen, dachte sich Armin. War Joro am Ende freiwillig mitgekommen? Nachdem die beiden Jugendlichen auch nach drei Tagen nicht ins Dorf zurückgekehrt waren, beschlossen Armin, Teresa, Rakoto und Andry, Sahakely zu verlassen.

Auf der Rückfahrt machten sie einen Abstecher nach Ranomafana, um Andry abzusetzen. Gemeinsam aßen sie in einem kleinen Restaurant in der Ortsmitte zu Mittag und besprachen anschließend, wie ihre Arbeit weitergehen sollte. Andry las aus einer Tageszeitung vor, die im Restaurant auslag. Im ganzen Land gab es inzwischen Proteste gegen Präsident Ravalomanana. Meist verliefen sie friedlich, es war aber auch schon ein Supermarkt geplündert worden, der zu Ravalomananas Tiko-Konzern gehörte. Rakoto hatte also recht behalten mit seinen Befürchtungen, dass es zu Unruhen kommen könnte.

Es war nun auch fraglich geworden, ob es angesichts der politischen Situation überhaupt noch zur Ausweisung des Schutzgebiets kommen würde. War ihre bisherige Arbeit völlig umsonst gewesen?
Sie kamen überein, mit Madagascar National Parks in Tana einen Termin zu vereinbaren, um das weitere Vorgehen zu besprechen. Rakoto rief gleich von Andrys Büro im Centre ValBio aus dort an und bekam einen Termin für die darauffolgende Woche. Sie fragten Andry, ob er ebenfalls an dem Termin teilnehmen wollte, doch er winkte ab. Er musste sich jetzt um die Nature Guides von Ranomafana kümmern, zumal er einen Rückgang des Tourismus befürchtete, wenn die Unruhen anhielten.

Bis zu dem Termin bei MNP versuchten Teresa, Rakoto und Armin ihre Arbeit fortzusetzen, als wäre nichts geschehen. Teresa war einen Tag im Büro und fuhr am darauffolgenden Morgen zur Außenstation, Rakoto und Armin blieben vor Ort und beschäftigten sich mit der Abgrenzung des Schutzkorridors. Rakoto arbeitete wie immer sehr beflissen und war bemüht, gute Laune zu zeigen. Doch es gelang ihm nicht immer. Als Armin am Freitagmorgen ins Büro kam, blickte Rakoto abwesend auf seinen Schreibtisch und reagierte erneut nur zögerlich auf Armins Gruß.
»Geht es dir nicht gut?«, fragte Armin.
Rakoto runzelte die Stirn.
»Mir geht es gut, aber um meine Schwester Riana mache ich mir wieder Sorgen.«
»Hat sie wieder Probleme mit ihrem Mann?«
Rakoto starrte konzentriert auf seine Hände, als müsse er sich die Antwort erst zurechtlegen.
»J… ja. Mahery hat sich den Protesten gegen Ravalomanana angeschlossen. Meist kommt er sehr spät heim, voller Aggres-

sionen und ... voller Alkohol. Wenn Riana dann nur den Mund aufmacht, wird er handgreiflich.«
Armin schüttelte den Kopf.
»Meinst du nicht, es wäre besser, wenn Riana sich von Mahery trennt?«
Rakoto sah Armin mit zusammengezogenen Augenbrauen an.
»Das habe ich ihr auch nochmals geraten, aber sie hofft immer noch, dass es wieder besser wird, wenn Mahery Arbeit bekommt.«
»Gibt es denn überhaupt eine realistische Chance dafür?«
Rakoto zuckte mit den Schultern und schüttelte dann den Kopf.
»In Tana sieht es schlecht aus. Es kommen ja immer neue Leute, die Arbeit suchen. Da braucht keiner einen fast vierzigjährigen Alkoholiker.«
»Wirst du deine Schwester nächste Woche besuchen, wenn wir in Tana sind?«
Rakoto nickte entschlossen.
»Ja ... ich glaube, sie braucht mich.«

Am darauffolgenden Montagmorgen, es war der 26. Januar 2009, fuhren Rakoto, Teresa und Armin in ihrem Geländewagen Richtung Tana. Der Himmel war von dichten Wolken bedeckt. Es regnete zwar nicht, doch die schwüle Luft schien die Feuchtigkeit geradezu auszuschwitzen.
Bis wenige Kilometer vor Tana kamen sie gut voran, dann wurden die Straßen immer voller – nicht wegen des Verkehrs, sondern aufgrund der zahllosen Fußgänger. Das war in der Umgebung der Hauptstadt nichts Ungewöhnliches, aber etwas hatte sich seit Armins Ankunft doch verändert: Hatte er damals die Gelassenheit und Freundlichkeit in den Gesichtern bewundert, sah er nun viele Menschen, die ihnen mit ange-

spannter Miene und hastigen Schritten entgegenkamen, ihrem Fahrzeug nur unwillig auswichen und dabei andere wüst beiseite drängten.

Als sie eine kleine Anhöhe erreichten, stand eine Gruppe von mindestens dreißig Menschen mitten auf der Straße. Alle blickten von ihnen weg nach Tana, einige zeigten mit der geschlossenen Faust in Richtung Hauptstadt. Da kein Durchkommen möglich war, hielt Rakoto an und stieg aus. Er ging zu der Gruppe hinüber und sprach kurz mit einem Mann. Dann sah er selbst nach Tana hinunter. Schließlich kam er zum Wagen zurück, und auch sein Blick war nun angespannt. Er öffnete die Wagentür und beugte sich hinein.

»In Tana brennt es«, sagte er atemlos.

»Und was hat das zu bedeuten? Gibt es Bürgerkrieg?«, fragte Teresa von der Rückbank mit schriller Stimme.

Armin sah erschrocken zu Rakoto.

»Ich weiß nicht, was los ist«, sagte Rakoto.

»Es ... es ist wohl am besten, wir kehren um«, fügte er zögerlich hinzu.

»Und was ist mit deiner Schwester?«, fragte Armin. »Du willst doch sicher wissen, wie es ihr geht.«

»Ja ... aber ich möchte euch nicht gefährden. Ihr könnt zurückfahren, ich komme schon irgendwie nach Tana.«

»Das kommt überhaupt nicht infrage«, widersprach Teresa energisch. »Wir fahren ... das heißt, ich fahre mit. Für Armin kann ich natürlich nicht entscheiden.«

Armin drehte sich zuerst nach hinten zu Teresa, dann blickte er wieder zu Rakoto.

»Ich bin auch dabei. Fahren wir.«

Rakoto zögerte einen Moment, setzte sich aber dann wieder ans Steuer, drehte den Zündschlüssel um und fuhr los. Langsam, ganz langsam tuckerten sie durch die zähe Menschenan-

sammlung. Als sie über die Kuppe hinweg waren, sahen auch Armin und Teresa die Rauchsäule über Tana.
Sie kamen nur noch im Schritttempo vorwärts, erreichten erst nach einer Unendlichkeit die Vororte und Außenbezirke der Hauptstadt. Zwei grauschwarze Rauchsäulen waren nun auszumachen, die nahtlos in den grauschwarzen Himmel übergingen. Rakoto schob den Wagen durch die Menge, als teile er eine zähe Flut. Von draußen drang babylonisches Stimmengewirr an Armins Ohr. Links der Lac Anosy mit seinem wuchtigen Denkmal. Eine der beiden Rauchsäulen schien ihren Ursprung in der Unterstadt zu haben, die andere in der Oberstadt hinter der Rova.
Rakoto fuhr nun durch kleine Nebenstraßen. Auch dort kamen sie nicht schneller vorwärts. Er kurbelte das Fenster herunter und fragte einen Mann etwas auf Madagassisch. Dieser antwortete ausführlich und zuckte mit den Schultern.
»Er weiß nicht genau, was los ist«, wandte sich Rakoto zu Armin. »Es hängt wohl mit den Protesten gegen Ravalomanana zusammen.«
Schließlich hielt Rakoto vor einem mehrstöckigen, schmutzig weißen Gebäude.
»Hier wohnt meine Schwester«, sagte er.
Sie stiegen in einem engen, dunklen, muffig riechenden Treppenhaus vier Stockwerke nach oben. Rakoto klopfte an eine Tür, eine Klingel gab es nicht. Nichts rührte sich. Er klopfte noch einmal, etwas kräftiger, und rief: »Riana, ich bin's, Rakoto.«
»Moment, ich komme«, rief eine Stimme von innen. Schnelle, pochende Schritte näherten sich, die Tür ging auf.
Bevor Armin Rakotos Schwester sehen konnte, fiel sie ihrem Bruder schon schluchzend um den Hals. An ihren nackten, bronzefarbenen Armen sah Armin dunkle Flecken. Schließlich löste sich Riana wieder von Rakoto, straffte sich und reichte

Teresa und Armin die Hand. Sie hatte schulterlanges, schwarzes, leicht gewelltes Haar und ein schmales, bronzefarbenes Gesicht. Die mandelförmigen Augen und die etwas hoch stehenden, ausgeprägten Wangenknochen erinnerten an ihren Bruder.
»Wo ist Mahery?«, fragte Rakoto, nachdem Riana sie in die Wohnung gebeten hatte.
»Er protestiert wieder gegen Ravalomanana. Und danach hat er wahrscheinlich Durst«, sagte Riana abfällig.
»Hast du die Rauchsäulen gesehen?«, fragte Rakoto.
»Ja, vom Balkon aus«, sagte Riana. »Vielleicht haben sie bei den Protesten etwas verbrannt.«
»Ja, das kann sein«, sagte Rakoto. »Ich hoffe, dass es nichts Schlimmeres ist.«

Rianas und Maherys Wohnung war deutlich kleiner war als die von Rakotos Familie in Fianar. In die Küche passten gerade ein Herd, ein Wandregal, ein vorsintflutlicher, laut brummender Kühlschrank und ein kleiner Tisch mit zwei Stühlen. Auch das Wohnzimmer hatte kaum mehr als zehn Quadratmeter und war mit einem Plüschsofa, einem wuchtigen Sessel, einem Beistelltisch und dem Fernseher recht vollgestellt.
Riana bat sie, im Wohnzimmer Platz zu nehmen, ging in die Küche und kam wenig später mit einem Tablett zurück, auf dem zwei Glaskrüge – der eine mit Wasser, der andere mit orangefarbenem Saft gefüllt – und vier Gläser standen. Sie verteilte die Gläser und forderte Teresa, Armin und Rakoto auf, Wasser und Mangosaft selbst zu mischen. Dann holte sie einen Stuhl aus der Küche und setzte sich zu ihnen. Armins Blick wurde von den dunklen Flecken auf ihren Armen angezogen, manche waren von einem gelblichen Ring umgeben. Riana fing seinen Blick auf und sah dann verlegen zu Boden. Armin lenkte seine Aufmerksamkeit schnell in eine andere Richtung.

Indri

»Mahery ist in der Nacht nicht zurückgekommen«, berichtete Rakoto am nächsten Morgen. Teresa und Armin hatten in einem nahen Hotel übernachtet und saßen dort am Frühstückstisch. An der Rezeption hatten sie von einem Hotelangestellten erfahren, dass Ravalomananas Fernsehstation angezündet und einige Supermärkte aus dessen Tiko-Konzern geplündert worden waren. Einer der Supermärkte war ebenfalls angezündet worden und fast völlig ausgebrannt. Es hatte etliche Tote gegeben.
»Weiß Riana, dass es Tote gegeben hat?«, fragte Teresa.
»Nein … ich habe es ihr nicht gesagt«, sagte Rakoto.
Teresa schüttelte den Kopf.
»Was machen wir jetzt?«, fragte Armin.
Einen Moment lang dachte er, dass Maherys Tod für Riana vielleicht gar nicht so furchtbar wäre. Doch gleich darauf schämte er sich für diesen Gedanken. Der Tod war immer furchtbar. Aber in Madagaskar schien der Tod weniger schrecklich zu sein als anderswo auf der Welt. Umwendung der Toten … Famadihana … die Toten sind unter uns.
»Ich habe Riana versprochen, dass ich mich nach Mahery erkundige«, sagte Rakoto. »Aber zuerst rufe ich bei MNP an.«
Rakoto ging zur Rezeption und telefonierte. Nach wenigen Minuten kam er zurück.
»Die Besprechung soll verschoben werden, bis die Lage einigermaßen klar ist. Ich gehe zur Polizei und erkundige mich nach Mahery, ihr könnt solange im Hotel bleiben.«
»Was sollen wir im Hotel?«, fragte Teresa und sah Armin an. »Wir kommen mit, oder etwa nicht?«

Armin wandte den Blick zu Rakoto, dann wieder zu Teresa.
»Ja, gehen wir«, sagte er entschlossen.
Teresa strich eine Haarsträhne nach hinten und erhob sich ruckartig von ihrem Stuhl.
Bei der Polizei erfuhren sie, dass die Toten im Leichenschauhaus aufgebahrt waren. Armin erschauderte bei dem Gedanken, schon wieder mit dem Tod konfrontiert zu werden.
»Ich gehe alleine hinein«, sagte Rakoto, als hätte er Armins Gedanken gelesen. »Ihr könnt so lange dort im Hotely auf mich warten.« Er zeigte auf ein kleines Restaurant an der Straßenecke, das einige Tische und Stühle im Freien stehen hatte. Teresa und Armin willigten ein, setzten sich an einen der kleinen Tische und bestellten einen Kaffee. Schweigend saßen sie da und warteten. Nach etwa einer halben Stunde kam Rakoto wieder zurück und schüttelte den Kopf.
»Mahery war nicht dabei. Allerdings sind einige völlig verbrannt, und man hat sie noch nicht identifiziert.«

Immerhin konnte Rakoto seiner Schwester die Nachricht überbringen, dass Mahery nicht unter den bereits identifizierten Toten war. Später trafen sie sich in der Hotellobby, um das weitere Vorgehen zu besprechen, und setzten sich dort in drei schlichte Kunstleder-Sessel, die um einen flachen, quadratischen Holztisch herum gruppiert waren. Rakoto wollte noch einige Tage bei seiner Schwester bleiben und ihr bei der Suche nach Mahery helfen. Armin und Teresa überlegten, ob sie in Tana bleiben und den neuen Besprechungstermin abwarten oder zurück nach Fianar fahren sollten.
»Ich weiß nicht so recht, was wir in dieser Situation in Fianar machen sollen«, sagte Teresa zu Armin gewandt.
»Schon, aber wer weiß, wie sich die Situation hier weiterentwickelt und wann die Besprechung stattfinden wird.« Einen

Moment dachte Armin daran, dass sie von Tana aus das Land am schnellsten verlassen konnten, falls es tatsächlich zum Bürgerkrieg kommen würde.
»Ich hätte einen Vorschlag zu machen«, sagte Rakoto. »Zwei Stunden östlich von hier liegt Andasibe ...«
»Da war ich vor achtzehn Jahren auch«, warf Armin ein, »und habe die Indris gesehen.« Armin war froh, dass er nicht »waren wir« gesagt hatte, Teresa hätte sicherlich aufgehorcht. Er hatte noch immer nicht mit ihr über Renate und seinem verstorbenen Sohn gesprochen.
»Du wirst es kaum glauben«, sagte Teresa zu Armin, »ich bin nun seit drei Jahren in Madagaskar und habe es bisher nicht zu den Indris geschafft.«
»Dann wird es aber höchste Zeit«, sagte Rakoto, sichtlich bemüht, locker und unbeschwert zu wirken. »Es gibt aber dort auch ein Projekt, das für unser Dorf als Vorbild dienen könnte. Eine einheimische Naturschutzorganisation arbeitet dort mit der Bevölkerung zusammen. Der Projektleiter ist Deutscher.«
Armin sah erwartungsvoll zu Teresa. Trotz der Wirren hatte er seine Motivation noch nicht völlig verloren und durchaus Lust, mit Teresa nach Andasibe zu fahren.
»Ja, warum nicht«, sagte Teresa nach ein paar Sekunden. Einen kurzen Moment trafen sich Armins und Teresas Blicke. Und einen kurzen Moment empfand Armin so etwas wie Freude.
»Ihr könnt ruhig den Wagen nehmen«, sagte Rakoto, »hier in Tana werde ich ihn nicht brauchen.«

Am nächsten Morgen fuhren sie los. Während der Fahrt, die tatsächlich nur knapp zwei Stunden dauerte, sprachen sie wenig. Jeder hing seinen Gedanken nach. Wie Rakoto es beschrieben hatte, fanden sie das Büro der Naturschutzorganisation *Mitsinjo* kurz vor Andasibe in einem Holzhaus mit grüner Veranda und gelben Fensterläden. Es lag direkt an der Straße am Rand des Waldschutzgebiets Analamazaotra – dem bekanntesten Beobachtungsgebiet der Indris, der größten heute lebenden Lemuren. Im Büro trafen sie Rainer Dolch, den Projektleiter, dessen fränkischer Dialekt Armin an seinen verstorbenen Professor erinnerte. Er war wohl nur wenige Jahre jünger als Armin. Teresa und er stellten sich kurz vor und boten Rainer gleich das Du an, wie es unter gleichgesinnten Wissenschaftlern üblich war.

Natürlich sprachen sie zuerst mit ihm über die jüngsten Vorkommnisse und deren Bedeutung für den Naturschutz in Madagaskar.

»Wenn der Tourismus hier zusammenbricht, sieht es mit dem Naturschutz ganz schlecht aus«, sagte Rainer, bei dem sich Tourismus wie »Durismus« mit weich rollendem R anhörte. »Unser Projekt lebt hauptsächlich vom Ökotourismus. Und unser Vorteil ist, dass wir gut erreichbar sind und fast jeder die Indris sehen will.«

Also doch kein so gutes Beispiel für das abgelegene Sahakely, dachte Armin. Und die Bambuslemuren ließen sich leichter in Ranomafana beobachten.

»Das Geld aus dem Ökotourismus verwenden wir nicht nur für Naturschutzprojekte, sondern auch für die Gesundheitsvorsorge und Familienplanung. Wir haben über 300 Haushalte mit Moskitonetzen und Kondomen versorgt. Außerdem sorgen wir für sauberes Trinkwasser und die hygienische Entsorgung des Abwassers.«

Dann berichtete Rainer von seinen Naturschutzprojekten, die er gemeinsam mit den Einheimischen in Angriff genommen hatte. Dazu gehörten auch ein ambitioniertes Projekt zur Aufforstung des Regenwaldes und die Verbindung von Waldfragmenten über Korridore sowie eine Aufzuchtstation für seltene Amphibien. Begeistert merkte er an, dass Andasibe als »Welt-

Froschhauptstadt« galt, da es in der näheren Umgebung über einhundert Froscharten gab – in ganz Madagaskar waren es fast dreihundert, während es in Deutschland nicht einmal zehn waren.

Als Rainer schließlich auf die Besonderheiten der Vogelwelt von Andasibe einging, räusperte sich Teresa. »Eh ... wir sind zwar ... hm ... keine Touristen, aber können wir vielleicht trotzdem die Indris sehen?«

Rainer sah sie überrascht an. »Ja natürlich! Ich dachte, als Primatologin kennst du die Indris schon!«

»Könnte man meinen, odr?«, entgegnete Teresa etwas schnippisch. »Aber vor lauter Bambuslemuren bin ich bisher nicht zu den Indris gekommen. Apropos Bambuslemuren: Ihr habt doch hier in der Nähe den Großen Bambuslemuren wiederentdeckt, odr? Ich habe eure Veröffentlichung gelesen.«

»Ja, das stimmt, es ist keine zwanzig Kilometer von hier. Es war der erste Nachweis dieser Art nördlich des Mangoro-Flusses seit über 130 Jahren.«

»Na ja, dann ist er wenigstens noch etwas weiter verbreitet als der Goldi.«

Direkt vom Haus führte ein schmaler Pfad in den Wald. Das Wasser tropfte von den Bäumen, der Boden dampfte. Der heftige Regenschauer hatte Teresa und Armin auf der Fahrt erwischt. Nun kämpfte sich das Sonnenlicht allmählich durch die dicken Wolken. Es war sehr warm, wohl an die dreißig Grad. Armin stand der Schweiß auf der Stirn, doch er hatte sich allmählich daran gewöhnt.

Bald kamen sie an einen kleinen Fluss, den sie auf einer wackligen Holzbrücke überquerten.

»Wollt ihr erst den Diadem-Sifaka sehen?«, fragte Rainer, nachdem sie die Brücke hinter sich gelassen hatten.

»Ja, warum nicht?«, sagte Teresa. »Auch der fehlt mir noch in meiner Sammlung.«

Auch Armin konnte sich nicht erinnern, ihn bei seiner letzten Reise gesehen zu haben. Sie folgten dem Pfad noch ein kleines Stück, dann bog Rainer nach rechts in den Wald ab. Sie erreichten einen dichten Bestand jüngerer Bäume, der nur mühsam zu durchqueren war. Als sie sich mittendrin befanden, deutete Rainer nach oben. Armin sah in das Astgewirr und konnte zunächst gar nichts erkennen. Er nahm sein Fernglas zu Hilfe, und schließlich sah er ihn: den schönsten Lemuren, der ihm bisher begegnet war – mit einer Farbkombination, wie sie ein Modeschöpfer nicht besser hätte arrangieren können. Am auffälligsten waren die karamellfarbenen Arme und Beine, deren Tönung über cremig-weiße Nuancen fließend in das dezente Grau des Rückens überging. Das Gesicht war von der Schnauze bis zur Augenregion schwarz und rundherum von einem leuchtend weißen Haarkranz umgeben, aus dem wiederum schwarze Ohren hervorlugten. Die Oberseite der Greifhände und Füße mit vier nach vorn weisenden und einem abgewinkelten Glied war grauschwarz, als würde das Tier Handschuhe tragen. Der Körper war wie beim Edwards' Sifaka von Ranomafana ungefähr einen halben Meter groß, dazu kam noch einmal etwa dieselbe Schwanzlänge. Der Schwanz war weiß und entsprang einer karamellfarbenen Wurzel.

Als sie noch drei weitere Tiere sahen und bemerkten, dass sie keine Scheu zeigten, stieß Teresa entzückte Laute in kehligem Schweizerdeutsch aus.

Nachdem Armin und Teresa die Tiere, die sich kaum vom Fleck rührten, lange genug beobachtet hatten, kehrten sie wieder zum Pfad zurück. Es ging jetzt bergauf, der Schweiß lief Armin in die Augen.

Plötzlich ertönten markerschütternde Rufe, als hätte ein unsichtbarer Dirigent einen Einsatz gegeben. Armin kannte die Rufe der Indris, hatte sie vor achtzehn Jahren bereits erlebt und sich vor seiner Abreise im Internet noch einmal eine Tonaufnahme angehört. Trotzdem erstarrte er jetzt vor diesem einzigartigen Konzert, das Quammen in seinem Buch so originell als eine Mischung aus den Gesängen der Buckelwale und dem Saxophon-Ostinato von Charlie Parker umschrieben hatte.
Auch Teresa war andächtig stehen geblieben und lauschte.
»Das hört sich ja an wie Walgesang«, stellte sie zutreffend fest. Obwohl nur wenige den Gesang der Buckelwale im Original gehört hatten, kannte sie doch fast jeder von Tonaufnahmen oder Filmen.
Es waren Sirenenklänge im doppelten Sinn. Ein lautes, aufrüttelndes, um einen Ton herum wogendes Heulen wie bei einem Warnsignal. Und ein melancholischer, auf eine aparte Art schöner, betörender Gesang, der von mythischen Fabelwesen zu stammen schien.
Genauso abrupt, wie der Gesang begonnen hatte, brach er wieder ab.
»Können wir sie auch sehen?«, fragte Teresa zu Rainer gewandt.
»Ja, ich denke schon. Aber sie sind noch ein ganzes Stück weg, man hört die Rufe bis zu zwei Kilometer weit. Sie gehören zu den lautesten der Tierwelt.«
Sie gingen weiter bergauf, noch mehrmals setzten die Rufe ein und verstummten wieder. Als sie eine Anhöhe erreichten, zuckten sie zusammen. Zwei sehr laute, scharfe Töne zerrissen die Stille wie ein Signalhorn.
»Das ist der Warnruf der Indris, sie haben uns bemerkt. Sie warnen zwar instinktiv, wenn sich Menschen nähern, haben allerdings keine große Angst vor uns. Im Gegensatz zu den anderen Lemuren wurden die Indris nie gejagt«, erläuterte

Rainer. »Sie sind so etwas wie die heiligen Kühe Madagaskars und Bestandteil verschiedener Legenden. Zum Beispiel dieser hier: Vor langer Zeit spalteten sich die Vorfahren der Menschen in zwei Gruppen – eine, die den Boden kultivierte und Reis anpflanzte, und eine zweite, die sich von Blättern und Wurzeln wilder Pflanzen ernährte. Nach einer Weile gerieten die Angehörigen der Reisbauern untereinander in Streit und begannen, sich zu bekämpfen. Diese wurden die Urahnen der Menschen. Die Angehörigen der anderen Gruppe waren dadurch so verschreckt, dass sie sich in die Baumwipfel zurückzogen, um dort in Frieden zu leben. Das waren die ersten Indris.«

Sie gingen weiter den Pfad entlang. Nochmals ertönte der Warnruf. Und dann sahen sie die Indris, die ganz offen in der Krone eines großen Baums saßen. Was sie eindeutig von allen anderen Lemuren unterschied, war ihr kurzer Stummelschwanz. Sogar ihre schwarzen, buschigen Ohren waren länger. Schwarz waren auch das Gesicht, der obere Rücken, Teile der Oberseite der Arme und Beine sowie Hände und Füße. Der größte Teil der Gliedmaßen sowie der untere Rücken bis zum Gesäß waren hingegen weiß bis cremefarben.

Rainer erklärte, dass die Anteile von Schwarz und Weiß selbst in ein und demselben Gebiet, noch deutlicher aber in verschiedenen Gebieten variierten – es gab sogar völlig schwarze Tiere. Insgesamt sahen sie fünf Indris, darunter eine Mutter mit einem bereits recht großen Jungtier. Sie umklammerten mit ihren schwarzen Händen und Füßen die Äste oder hatten es sich in einer Astgabel bequem gemacht. Längst hatten sie die Menschengruppe erkannt und sahen immer wieder auf sie herunter. Sie waren es gewohnt, fast jeden Tag kamen Touristen vorbei. Gehört hatten sie die Rufe nun zwar zur Genüge, doch Teresa wollte unbedingt sehen, wie sie erzeugt wurden. Derzeit taten die Indris ihnen diesen Gefallen allerdings nicht.

Als sie schon weitergehen wollten, setzten Rufe ein, die der Lautstärke nach aus einiger Entfernung kamen. Das konnten die Indris über ihnen nicht unbeantwortet lassen. Mit dem Fernglas war gut zu sehen, wie sie ihr Maul dabei zu einem runden Rohr formten, wobei das leuchtende Rosa der Lippen und des Rachens aufblitzte.
Das Rufen verstummte wieder. Die Indris zogen feine Äste zu sich und zupften mit ihrem Maul die Blätter ab. Einer von ihnen, den Armin gerade durch das Fernglas beobachtete, kletterte schließlich ein paar Meter an einem dicken Ast nach oben und verschwand dann plötzlich aus seinem Blickfeld. Armin nahm das Glas von den Augen und sah, wie der Indri mit Riesensprüngen von Baum zu Baum hüpfte. Kurz darauf taten es ihm die anderen vier Tiere nach. Bald waren sie im Wald verschwunden.

Auf dem Rückweg hörten sie das Rufen der Indris noch mehrfach. Armin entdeckte eine bizarr geformte Spinne in ihrem Netz. Mit ihren dornigen Fortsätzen bildete sie die Form eines Dreiecks. Er erinnerte sich, dass er diese Spinne auch bei seiner letzten Madagaskar-Reise gesehen und fotografiert hatte.
Rainer gelang es sogar, ihnen eine Blaukopf-Erdracke zu zeigen. Der amselgroße Vogel, der über den Waldboden hüpfte und Laub aufwarf, erinnerte Armin in seinem Verhalten an den Crossley-Vanga, den er mit Rakoto zusammen bei der Außenstation gesehen hatte. Die Blaukopf-Erdracke hatte jedoch farblich wesentlich mehr zu bieten und erinnerte in dieser Beziehung eher an den Eisvogel, der ebenfalls zur Gruppe der Rackenvögel gehörte: am Kopf eine Kombination aus Blau, Schwarz und Weiß, die Flügel grünbraun, Brust und Rücken rotbraun, der Schwanz braun mit blauen Randfedern.

Als sie wieder in Rainers Büro waren, fragte Armin, ob es das Hotel am Bahnhof noch gab – dort hatte er mit Renate vor achtzehn Jahren übernachtet, dort hatten sie den legendären Guide Joseph getroffen, der eigentlich Bedo hieß.
Armin war fast froh, als Rainer erklärte, dass jenes Hotel gerade wegen Umbaus geschlossen war. Er empfahl ihnen ein Hotel ganz in der Nähe, wo man auch Holzbungalows mieten konnte. Außerdem sei das Essen dort ganz gut.

Es war bereits dunkel, als Armin und Teresa das Hotel erreichten – tatsächlich waren sie nur wenige Minuten gefahren. Auf dem großen Platz vor dem Haupthaus verloren sich zwei Geländewagen. Auch die Rezeption im Eingangsbereich des schummrig beleuchteten Holzhauses war verwaist. Erst, nachdem Armin zweimal die Klingel betätigt hatte, erschien ein freundlicher junger Madagasse, sichtlich überrascht, an diesem Tag noch Gäste empfangen zu dürfen. Er nahm ihre Daten auf und zeigte ihnen die Bungalows, die hinter dem Haupthaus auf mehrere Terrassenstufen verteilt lagen. Wie die Hütten der Tanala standen sie auf Stelzen und wurden von einem Holzgerüst getragen. Die Wände bestanden aus einem Bambusgeflecht, die spitzen, weit nach unten gezogenen Dächer waren mit Palmblättern bedeckt. Jeder Bungalow bestand nur aus einem Raum und verfügte über eine kleine Terrasse vor der Eingangstür. Teresa und Armin mieteten zwei von ihnen.
Nachdem sie ihr karges Gepäck in ihre Bungalows gebracht hatten, gingen sie ins Restaurant, das sich zusammen mit der Rezeption und der Hotellobby im Haupthaus befand. Es roch angenehm nach Gewürzen. Außer ihnen war nur ein weiteres Paar hier, das sich auf Französisch unterhielt.
Sie setzten sich an einen kleinen, runden Holztisch. Die Speisekarte klang vielversprechend, es wurden madagassische, fran-

zösische und kreolische Gerichte angeboten. Teresa entschied sich für eine mit Krabben, Hühnerfleisch und Gemüse gefüllte halbe Ananas, Armin nahm ein Zebusteak mit Pommes frites. Das hatte er schon lange nicht mehr gegessen, bei dem Gedanken daran lief ihm das Wasser im Mund zusammen. Dazu bestellten sie eine Flasche französischen Rotwein.

»Das war ein schöner Tag heute, odr?«, seufzte Teresa, als sie ihre Bestellung aufgegeben hatten.

»Ja, das stimmt«, sagte Armin und sah ihr in die Augen. »Wenn die Krise nicht wäre, könnte man sich hier fast wohl fühlen.«

»Als Rakoto das hier vorschlug, hast du gesagt, dass du schon einmal hier warst, odr? Ich habe zwar schon mitbekommen, dass du früher mal in Madagaskar warst, aber du hast noch nie erzählt, wann und mit wem.«

Auch Armin hatte das Gefühl, dass es nun langsam an der Zeit war, darüber zu sprechen. Er berichtete ausführlich von seiner damaligen Reise mit Renate, erwähnte auch, dass es ihre Hochzeitsreise gewesen war, schilderte ihre Fahrten mit Bahn, Taxi-Brousse und Pousse-Pousse, ihr Zusammentreffen mit Pat Wright in Ranomafana und schließlich ihre letzte Unternehmung hier in Andasibe, bei der sie von dem berühmten Joseph alias Bedo geführt worden waren, der wenige Jahre später ermordet wurde, wie Armin aus dem Buch von Quammen erfahren hatte.

»Furchtbar, odr? Davon hat Pat Wright mir erzählt«, sagte Teresa kopfschüttelnd. Eine Haarsträhne fiel ihr ins Gesicht. Vehement strich sie sie hinters Ohr.

»Wenn du verheiratet bist, was macht deine Frau dann heute?«

Armin hatte seinen Bericht zwar am Ende der Reise beenden wollen, aber es war ihm klar, dass Teresa dies nicht zulassen würde.

»Wir haben uns getrennt«, sagte Armin tonlos.

Teresa blickte ihm schweigend in die Augen.
»Es ging einfach nicht mehr«, sagte er schroff.
»Okay, du musst nicht darüber reden, wenn du nicht willst. Ich kann dir ja auch mal was von mir erzählen, odr?«
Armin sah Teresa überrascht an. Er wusste tatsächlich nicht viel mehr von ihr, als dass sie ihr Studium abgebrochen hatte und Jane Goodall in den Urwald gefolgt war, um Primatologin zu werden.
»Ja, wenn du möchtest«, antwortete Armin erleichtert.
»Was willst du denn hören?«, fragte Teresa und grinste.
»Alles!«, sagte Armin, der nun seinerseits grinsen musste.
»Soll ich mit meiner Geburt anfangen oder kann ich etwas später einsteigen?«, fragte Teresa und strich sich wieder ihre Haarsträhne aus dem Gesicht.
Armin sah, wie sich der madagassische Kellner mit einem Holztablett näherte, von dem verlockender Dampf aufstieg.
»Ich denke, du kannst später beginnen, jetzt kommt nämlich unser Essen.«
Teresa hob den Kopf und lachte, als sie den Kellner kommen sah. Der setzte das Tablett ab und servierte.
Teresas Gericht war tatsächlich in eine Ananashälfte gefüllt. Mit den orangefarbenen Krabben, den gelben Ananasstücken, dem hellbraunen Hühnerfleisch und den weiteren Zutaten sah es bunt und appetitlich aus. Armins großes Zebusteak wirkte etwas schlichter, er stürzte sich dennoch mit großem Appetit darauf. Das Fleisch war »à point« gebraten, saftig und rosa, wie er es bestellt hatte. Der stärkste Duft, exotisch und etwas scharf, ging von dem Ingwer in Teresas Gericht aus.
Während des Essens schwiegen sie, danach nahm Teresa den Faden wieder auf.
»Dass ich mein Studium wegen Jane Goodall abgebrochen habe, ist nur die halbe Wahrheit«, sagte Teresa, als beide gesät-

tigt ihre Teller zurückgeschoben hatten. »Ich habe mich im dritten Semester in einen Dozenten verliebt und habe eine Zeitlang mit ihm zusammengelebt.«
Armin sah Teresa abwartend an, er wollte nicht gleich einen Kommentar abgeben.
»Dann bin ich schwanger geworden, und er wollte, dass ich mein Studium für das Kind aufgebe – und für ihn natürlich.«
Armin hielt den Atem an. Hatte sie das Kind etwa verloren?
»Und ... was hast du getan?«, fragte Armin.
»Ich ... ich wollte mich nicht von einem Mann abhängig machen und ... und habe das Kind abgetrieben.«
Armin fasste sich betreten an die Nase. »Was ... was sagte dein Partner dazu?«
»Er war völlig außer sich und hat mich rausgeworfen. Ich habe dann zuerst weiterstudiert, es hat mir aber keine richtige Freude mehr gemacht. Dann kam Jane Goodall. Und deshalb sitze ich heute hier.«
Armin wusste nicht, was er sagen sollte. Er sah Teresa in die Augen, dann auf ihre Hände, die entspannt nebeneinander auf dem Tisch lagen. In einem Film legt der Mann jetzt seine Hand auf die der Frau und tröstet sie, dachte er. Sollte er das auch tun? Oder sollte er von Manuel berichten?
»Ich ... ich ...«, setzte er an.
»Du brauchst mich jetzt nicht zu bemitleiden, das ist vorbei, odr?«, sagte Teresa.
»Nein ... ich ... ich möchte etwas von mir erzählen. Ich ... ich habe auch ein Kind verloren, vor etwa einem Jahr.«

Blutiger Samstag

Armin telefonierte am nächsten Morgen mit Rakoto, doch es gab keine Neuigkeiten. Sie würden noch ein paar Tage in Andasibe bleiben können.
Obwohl es jetzt, am Monatswechsel von Januar zu Februar, fast jeden Tag regnete, fühlten sie sich wohl hier. Meist waren es nur kurze, kräftige Schauer, die kaum für Abkühlung sorgten.
Sie trafen sich noch einige Male mit Rainer und erkundeten das Waldreservat. Dabei lernten sie noch etliche Tierarten kennen. Armin sah zum ersten Mal Streifen-Tenreks, die aussahen wie kleine, gestreifte Igel mit rüsselartiger Schnauze, aber näher mit den Elefanten als mit den Igeln verwandt waren. Auf dem Rücken trugen sie eine Gruppe spezieller Stacheln, die sie bewusst aneinander reiben konnten. Die so erzeugten Geräusche dienten der Kommunikation untereinander. Eine derartige Lautgenerierung war bei Heuschrecken und Grillen normal, bei den Säugetieren jedoch einmalig. Wie so viele Tiere gab es die Tenreks nur in Madagaskar, und das gleich in beinahe dreißig Arten, in der Größe zwischen einer Spitzmaus und einem Igel.
Jeden Abend saßen Teresa und Armin auf der Terrasse eines ihrer Bungalows und unterhielten sich, zuerst vor allem über fachliche Themen – mit zunehmendem Weingenuss wurden ihre Gespräche dann allerdings privater. Nach drei Tagen hatte Armin das Gefühl, Teresas Leben in und auswendig zu kennen, und Teresa ging es umgekehrt wohl genauso.
Mehr als einmal spürte Armin auch eine erotische Spannung, fühlte sich von Teresa angezogen. Beide hatten sie im Moment keinen Partner, beide hatten sie Enttäuschungen und Schmerz

hinter sich. Warum sollten sie einander nicht trösten? Mehr als einmal war Armin versucht, nach Teresas Hand zu greifen, sie vielleicht dann, wenn sie es geschehen ließ, an sich zu ziehen und zu küssen. Doch im letzten Moment schreckte er immer wieder zurück. Er wusste nicht einmal genau, warum. Hatte er Hemmungen, etwas mit einer Mitarbeiterin anzufangen? Hatte er gar Angst davor, wegen des Altersunterschieds zurückgewiesen zu werden? Hätte er es trotz der Trennung noch immer als Betrug gegenüber Renate empfunden – oder sogar gegenüber Manuel?

»Ich habe Fanilo und Joro gesehen«, sagte Rakoto aufgeregt am Telefon.
»Fanilo und Joro?«, wiederholte Armin überrascht. »Wo denn?«
»In der Nähe des Zoma. In dem orangefarbenen T-Shirt von Rajoelinas Partei. Ich wollte ihnen folgen, habe sie in der Menge aber verloren. Es war alles orange, da hatte ich keine Chance.«
»Haben sie dich erkannt?«, fragte Teresa.
»Nein, ich glaube nicht«, antwortete Rakoto. »Sie denken wahrscheinlich, dass ich tot bin.«
»Wir müssen die Polizei informieren«, sagte Armin. »Die beiden werden ja wohl noch immer gesucht.«
»Da bin ich mir nicht so sicher. Zurzeit hat die Polizei wohl anderes zu tun.«
»Wir fahren zurück nach Tana«, sagte Armin. »Heute Abend sind wir bei euch.«

Es hatte wohl um die 25 Grad, dichte, graue Wolken hingen am Himmel, aber es regnete nicht, als Rakoto sie im Hotel abholte. Die Straßen waren voller Menschen, etwa die Hälfte trug orangefarbene T-Shirts, viele auch orangene Schildkappen. Es sah aus, als wäre eine bunte, fröhliche Menschenschar zu einem großen Fest unterwegs.

Je näher sie dem Bahnhof kamen, umso dichter wurde das Gedränge. Am Bahnhofsvorplatz strömte die Menge wie ein träger Fluss, in dem Orangen dümpelten, nach rechts in die Avenue de l'Indépendance. Beschriftete Transparente schwebten wie Segel über den Köpfen, rhythmische Parolen erklangen. Sie waren nun Teil des tosenden Flusses, wurden einfach mitgerissen. Armin fragte sich, wie sie hier jemanden finden sollten. Sie ließen sich wortlos in Richtung »Platz des 13. Mai« treiben, wo die Kundgebung stattfinden sollte. Von Rakoto wussten sie, dass dort am 13. Mai 1972 Studentenproteste niedergeschlagen worden waren. Damals hatte es Tote und einen verheerenden Brand gegeben, bei dem das alte Rathaus abgebrannt war. Rajoelina hatte erst vor wenigen Monaten den Grundstein für ein neues Rathaus gelegt.
Auf dem Platz hielt die Menge jedoch nicht an, sie strömte weiter. Rakoto wandte sich an einen jungen Mann in Orange, der links neben ihm ging. Nach einem kurzen Wortwechsel drehte er sich zu Armin um. »Sie wollen zum Präsidentenpalast«, sagte er mit hochgezogenen Augenbrauen.
»Soll die Kundgebung dort stattfinden?«, fragte Armin.
»Ich hoffe, dass es bei einer Kundgebung bleibt«, antwortete Rakoto.
Es blieb ihnen gar nichts anderes übrig, als sich weitertreiben zu lassen. Die Straßen wurden immer enger, die warmen Körper immer dichter zusammengedrückt. Schweißgeruch hing in der Luft. Wo waren Rakoto und Riana? Sie waren doch gerade noch vor ihm und Teresa gewesen. Einige Meter weiter vorn gingen zwei Arme nach oben, deren Hände sich umfasst hatten. Ah, das waren sie. Als Teresa und Armin sie erreicht hatten, schlug Rakoto vor, dass sie sich an den Händen fassen sollten, um einander nicht zu verlieren. Teresa nahm Rianas Hand, Armin ergriff Teresas. Die kleine Menschenkette wurde weitergedrängt.

Als sie zum Zoma kamen, drängte ein Teil der Menschen auf die Treppe, die zum Präsidentenpalast hinaufführte. Der Großteil blieb jedoch auf der Straße, da die Treppe nicht so viele Menschen aufnehmen konnte. Rakoto schlug vor, auf der Straße zu bleiben, da man auf der Treppe leicht stürzen konnte. Hinter dem Zoma bog der Zug in eine scharfe, bergan führende Rechtskurve. Zunächst ging es noch schleppend voran, dann stockte der Menschenzug völlig. Rakoto erklärte, dass hier die Treppe wieder in die Straße einmündete und es daher zu Stauungen kam. Irgendwann hatten sie sich einige Meter nach vorn gearbeitet und passierten die Treppe, die durch einen kleinen Park nach oben führte. Dann kamen sie auf eine breite Straße, auf der es wieder etwas mehr Luft gab. Rakoto zeigte nach vorn auf ein quer zur Straße stehendes großes Gebäude, von dem man über der wogenden Menschenmenge nur das schiefergraue Dach mit rund behelmten Gauben und einem prachtvoll verzierten Balkon in der Mitte sah. Der Präsidentenpalast.

Sie ließen sich weiter nach vorne schieben, noch immer Hand in Hand. Je näher sie dem Präsidentenpalast kamen, desto dichter wurden die Körper wieder zusammengedrückt. Armin ließ sich fast willenlos mittreiben. Ihr ursprüngliches Ziel, vielleicht doch noch auf Mahery zu stoßen, hatte er längst aufgegeben. Selbst wenn er hier wäre, wie hätte man ihn in einer solchen Menschenmenge finden können? Dasselbe galt für Joro und Fanilo, die in ihren orangefarbenen T-Shirts und Kappen erst recht in der Fülle der Menschen verschwinden würden.

Plötzlich ein mehrfaches Knallen. Schrille Schreie. Erregte Rufe, die wie eine Welle auf sie zukamen. Nochmals scharfes Knallen, einmal, zweimal, dreimal, immer wieder. Schüsse!

»Das sind sicher Warnschüsse!«, rief Rakoto entsetzt.

Die Masse stockte, drängte zurück.

Rakoto drückte Riana an sich und sah aufgewühlt zu Teresa und Armin. »Wir müssen an den Straßenrand, zu den Häusern! Sonst werden wir überrannt!«

Er versuchte entschlossen, sich einen Weg zu den Häusern zu bahnen. Sie hielten einander krampfhaft an den Händen fest und pressten ihre Körper aneinander, um nicht auseinandergerissen zu werden. Schließlich erreichten sie den Straßenrand und drückten sich in einen Hauseingang. Zwischenzeitlich waren weitere Schüsse gefallen, die Menschen hatten sich nun panisch vom Palast abgewandt und versuchten, so schnell wie möglich weit weg zu kommen. Armin sah, wie eine Frau stürzte. Ein Mann half ihr auf. Panische Schreie drangen an sein Ohr. Etliche hatte sich wie sie an die Hauswände oder in einen Eingang gedrückt und ließen die aufgewühlte Menschenmenge an sich vorbeiströmen. Hoffentlich waren es wirklich nur Warnschüsse, dachte Armin. Er konnte sich nicht vorstellen, dass der Präsident den Befehl gegeben hatte, auf sein Volk zu schießen. Oder hatten einige der Protestierenden das Feuer eröffnet? Auch das erschien Armin unwahrscheinlich, sie hätten ja damit die Palastwache zu einer Gegenreaktion provoziert.

Er sah auf die vorbeihastende Menge. Die orangefarbenen T-Shirts und Kappen von Rajoelinas Protestbewegung wirkten nun alles andere als fröhlich. Die Gesichter wutentbrannt, manchmal schmerzverzerrt.

Dort! War das nicht Joro? Oder sah er ihm nur ähnlich? Armin überlegte kurz, ob er Rakoto auf ihn aufmerksam machen sollte, aber dann war es vielleicht schon zu spät. Er legte seine Hände an den Mund und rief so laut er konnte.

»Joooro! Joorooo!«

Tatsächlich blickte der Junge, der nun noch etwa zehn Meter entfernt war, zu ihm herüber und stutzte. Auch Teresa, Rakoto und Riana sahen nun in seine Richtung.

»Joro!«, rief nun auch Rakoto.
Joro versuchte stehen zu bleiben, wurde immer wieder angerempelt, setzte sich zögernd in Bewegung und kämpfte sich zu ihnen. Er sah mitgenommen aus, seine Augen leer, sein Mund ein stummer Schrei. Er kam langsam näher, sah irritiert auf Rakoto, lief dann aber weiter auf Armin zu. Er wühlte sich durch die Menge und warf sich Armin schließlich schluchzend an die Brust. Armin zögerte einen Moment, legte dann aber seine Arme um Joro und drückte ihn an sich. Einen Moment lang hatte er das Gefühl, seinen Sohn im Arm zu halten.
»Fan... Fan... Fanilo! Sie haben Fanilo umgebracht!«, schluchzte Joro.
Armin schob den Jungen sanft ein Stück von sich weg und sah ihn an. »Bist du sicher, dass er tot ist?«, fragte er.
»J... j... ja, ich glaube. Er hat sich nicht mehr bewegt.«
Armin blickte zu Rakoto.
»Komm, wir müssen zu ihm.«
Rakoto zögerte.
»Das ist zu gefährlich. Vielleicht schießen sie wieder.«
»Ich habe seit einigen Minuten keine Schüsse mehr gehört«, sagte Armin.
»Gut«, sagte Rakoto, »gehen wir. Die Frauen warten hier.«
Armin nahm Joro an der Hand, zu dritt gingen sie dicht an den Häusern entlang in Richtung Präsidentenpalast. Die Menge hatte sich nun weitgehend zerstreut, sie kamen schneller vorwärts. Als sie sich dem Palast näherten, sahen sie ein paar Menschen um einen Mann stehen, der mit schmerzverzerrtem Gesicht an der Hauswand lehnte und sich den Arm hielt. Zwischen seinen Fingern quoll Blut hervor.
Auf dem Platz vor dem Palast waren nun vor allem Uniformierte zu sehen, die entweder herumstanden und auf den Boden blickten oder nervös umherliefen. Als sie zu der ersten

Gruppe von Uniformierten stießen, erkannte Armin, warum sie auf den Boden sahen. Sie blickten auf einen leblosen Körper. Auf einen Toten?

»Wo ist Fanilo?«, fragte Armin, an Joro gewandt.

Joro zeigte mit der ausgestreckten Faust in Richtung Palast, sie gingen weiter. Die Uniformierten schienen sie nicht zu beachten.

Rakoto zeigte auf eine weitere Gruppe von Uniformierten, die um etwas herumstanden. Auch diese Gruppe starrte auf einen leblosen Körper. War das Fanilo? Als sie sich der Gruppe näherten, drehte sich einer der Uniformierten um und hob seine Waffe. Abrupt blieben sie stehen. Rakoto hob beschwichtigend die Hand und sagte etwas auf Madagassisch. Der Soldat ließ seine Waffe wieder sinken und nickte kurz, sie näherten sich vorsichtig. Der Soldat trat zur Seite. Nun konnten sie ihn sehen. Fanilo lag auf dem Rücken, seine Augen starrten weit aufgerissen in den bleigrauen Himmel.

Geständnis

Die Uniformierten zuckten mit den Schultern. Rakoto hatte sie gefragt, was nun mit Fanilo und den anderen Toten geschehen würde. Also warteten sie. Armin nahm Joro einige Schritte beiseite, damit er nicht dauernd auf seinen toten Freund starren musste. Nach einigen Minuten kam ein offenbar höherrangiger Uniformierter und erklärte ihnen, dass Fanilo ins Leichenschauhaus gebracht würde. Er forderte sie auf, den Platz zu verlassen. Schweigend und mit hängenden Köpfen traten Rakoto, Armin und Joro den Rückweg an.
Teresa und Riana waren schockiert über die Nachricht von Fanilos Tod. Sie nahmen Joro mit zu Rakotos Schwester und boten ihm erst einmal etwas zu essen und zu trinken an. Außer einem Schluck Wasser lehnte er jedoch alles ab, sprach kein Wort. Als Teresa ihn fragte, warum er mit Fanilo aus dem Dorf geflohen war, bat Armin sie, ihn erst einmal in Ruhe zu lassen. Das würden sie schon noch erfahren.
Armin überlegte, was nun mit Fanilos Leichnam geschehen sollte. Er musste wohl ins Dorf gebracht werden, aber wie? Sollten sie seinen Vater benachrichtigen, damit er ihn abholte? Sollten sie ihn gar selbst ins Dorf bringen? Armin fühlte sich für Joro verantwortlich, nicht aber für Fanilo. Dennoch wollte er seinen Körper nicht hier in Tana zurücklassen. Armin erschauderte bei dem Gedanken, sah Fanilo mit aufgerissenen Augen auf dem Rücken liegen. Dann sah er Manuel, verkrümmt, auf der Straße, mit leerem Blick in den Nachthimmel starrend. Er war vor dem Tod geflohen, um ihm in Madagaskar wieder zu begegnen. Der Tod gehörte zum Leben. Zu seinem Leben.

»Was passiert nun mit Fanilo?«, fragte Teresa und sah Rakoto an.
Joro schlief. Riana hatte ihm Maherys Bett angeboten.
»Ich ... ich weiß nicht«, sagte Rakoto unschlüssig. »Wir müssen seinen Vater benachrichtigen.«
»Aber wir müssen Joro ja sowieso ins Dorf zurückbringen, oder etwa nicht? Können wir dann nicht auch Fanilo mitnehmen?«
Obwohl Armin selbst daran gedacht hatte, erschrak er über Teresas Vorschlag, der aus ihrem Munde völlig unbekümmert klang. Sollten sie mit einem Toten im Kofferraum ins Dorf fahren? Er sah zu Rakoto, der einige Sekunden nachdenklich nach oben blickte und dann wieder Teresa fixierte.
»Ja, das ... das wäre schon möglich, aber ... ich muss jetzt erst einmal hierbleiben und meine Schwester unterstützen.«
Armin hatte plötzlich das Gefühl, dass er nun die Initiative ergreifen musste. Was hatte er schon zu verlieren? Dem Tod ins Auge zu schauen, das war jetzt seine Aufgabe.
»Ich fahre«, sagte Armin mit fester Stimme.
»Ich komme mit«, antwortete Teresa entschlossen.

Sonntagmorgen. Eine Gruppe von Menschen quoll aus der Tür des Leichenschauhauses, zwei Männer trugen ein langes weißes Bündel. Im ersten Moment fühlte sich Armin an eine Famadihana erinnert, die Menschen waren jedoch nicht fröhlich, sondern aufgebracht und wütend.
Riana, Rakoto und Armin blickten ihnen erschreckt nach und sahen, wie sie den Toten im Kofferraum eines Taxis verstauten. Dann folgten sie Rakoto in den düsteren Flur des Leichenschauhauses. Der wusste bereits, an wen er sich wenden musste, ging zielstrebig auf einen Raum zu und klopfte. Ohne auf Antwort zu warten, öffnete er die Tür und trat ein, Riana und Armin warteten draußen.

Nach einigen Minuten kam Rakoto heraus und bat Riana mit ernster Miene, mit ihm hineinzukommen. Nach wenigen Augenblicken hörte Armin ein lautes, hohes Schluchzen. War das Riana?
Von Rakoto gestützt verließ Riana den Raum wenige Minuten später, noch immer schluchzend und mit geröteten Augen.
»Sie haben Maherys Ehering gefunden«, sagte Rakoto zu Armin. »Sonst ist wohl nicht mehr viel von ihm übrig.«
Armin stand betroffen vor Riana. Sollte er jetzt »Herzliches Beileid« wünschen oder war das in Madagaskar nicht üblich? Er machte einen Schritt auf Riana zu und legte seine Hand auf ihren Arm. Riana nickte gefasst.
Beinahe hatte Armin vergessen, dass sie sich noch um einen weiteren Toten, um Fanilo kümmern mussten. Er ließ die Schultern sinken und blickte hilflos zu Rakoto.
»Ich kann nach Fanilo schauen, wartet bitte hier«, sagte Rakoto.

Mit Fanilos Leiche im Kofferraum fuhren sie schweigend zurück zu Rianas Wohnung, wo sie Teresa über die Ereignisse informierten. Dann verabschiedeten sie sich von Riana und Rakoto und gingen zum Wagen. Joro saß vorne neben Armin. Er sollte nicht in der Nähe seines toten Freundes sitzen.
Armin hatte diese Strecke schon vor achtzehn Jahren mit Renate zurückgelegt, dann vor einem halben Jahr mit Rakoto, und nun mit einem Toten im Kofferraum. Mit einer weiß eingewickelten Leiche im weißen Leichenwagen. War er wach oder träumte er?
Sie fuhren fast ohne Pause bis Ranomafana, um Andry zu informieren. Er hatte vom »blutigen Samstag« gehört, wie dieser Tag bald überall genannt wurde, hatte aber keine Angehörigen in Tana. Nun war er entsetzt zu hören, dass seine Freunde mitten im Geschehen gewesen waren und auch noch einen Toten dabei hatten.

»Ich fahre euch nach Sahakely«, sagte er spontan. »Ich kenne die Strecke. In der Regenzeit ist sie ziemlich tückisch.«

Als sie im Dorf ankamen, war die Dämmerung schon hereingebrochen. Sie fuhren zum Haus des Dorfältesten und stiegen aus. Nur Joro blieb mit gesenktem Kopf sitzen. Der Dorfälteste erschien in der Tür, er hatte offenbar das Auto gehört. Andry ging zu ihm und grüßte ihn auf Madagassisch. Dann zeigte er auf den Wagen.
»Wir haben Joro mitgebracht.«
Der Dorfälteste blickte mit starrer Miene hinüber.
»Und ... und Fanilo. Er ist tot«, sagte Armin tonlos und schilderte dem Dorfältesten in knappen Worten, was passiert war. Wie bei dem zunächst friedlichen Protestmarsch plötzlich Schüsse gefallen waren. Wie sie auf den verstörten Joro trafen, der sie zu seinem toten Freund führte. Wie sie die Leiche von Fanilo im Leichenschauhaus abgeholt und hierher ins Dorf gebracht hatten.
»Ich muss seinen Vater holen«, sagte der Dorfälteste mit schwerer Stimme und entfernte sich.
Inzwischen war auch seine Frau hinzugekommen. Als der Dorfälteste gegangen war, lief sie zum Auto, riss die Beifahrertür auf, beugte sich über den Sitz und drückte Joro an sich. Wenigstens sie konnte ihre Freude zeigen, dachte Armin. Weil sie eine Frau war? Hätte er seine Gefühle nicht ähnlich verborgen wie der Dorfälteste?

Schwerfällig kletterte Joro aus dem Auto, die Frau des Dorfältesten bat sie ins Haus. Im Vorbeigehen blickte sie kurz durch das Rückfenster auf das weiße Bündel.
In der Hütte roch es nach Essen und Rauch. Armin spürte nun seinen knurrenden Magen, sie hatten den ganzen Tag kaum

etwas gegessen. Die Frau des Dorfältesten lud sie ein, zuzugreifen. Es gab Reis mit Gemüse und Hühnerfleisch. Auch Joro aß etwas, er setzte sich möglichst weit von der Feuerstelle entfernt in eine Ecke.

Als sie gerade mit dem Essen begonnen hatten, hörten sie draußen Stimmen. Andry erhob sich und ging hinaus. Als er die Tür öffnete, hörten sie einen schmerzlichen Schrei. Armin wandte sich zur Tür, sah aber nichts. Er konnte sich jedoch vorstellen, dass Pierre Tovoarimino gerade seinen toten Sohn erkannt hatte, vielleicht auch in den Armen hielt. Armin blieb sitzen, das wollte er nicht miterleben. Er wollte auch Pierre Tovoarimino nicht begegnen. Einem Vater, der nun wahrscheinlich dieselben Gefühle hatte wie er. Der Tod eines Kindes war auch in Madagaskar mit großer Trauer verbunden. Armin sah zu Teresa, die unschlüssig ihren Blechteller in der Hand hielt.

»Ich denke, wir bleiben hier, odr?«, fragte sie leise.

Etwa zehn Minuten später kam der Dorfälteste herein und setzte sich zu ihnen. Er winkte Joro zu sich, der in der Ecke kauerte und seinen Teller vor sich abgestellt hatte. Zögernd kam er heran und setzte sich neben die Frau des Dorfältesten.

»Ich glaube, Joro möchte uns jetzt etwas sagen«, sagte der Dorfälteste bedächtig und sah seinem Enkel eindringlich in die Augen. Der blickte kurz auf, dann senkte er den Kopf wieder und schüttelte ihn heftig.

»Joro!«, bellte der Dorfälteste mit schneidender Stimme. »Was hast du getan?«

Joro zuckte zusammen.

»Sieh mir ins Gesicht!«

»Ich ... wir ... wir haben die ... die Lemuren getötet.«

»Was?«, rief Teresa aufgebracht. »Du warst das also? Und der Anschlag auf Rakoto? Warst du da auch dabei?«

»Nein, das war Fanilo allein! Ich wollte ihn auch davon abhalten«, bekannte Joro nun hastig.
»Und warum bist du dann mit Fanilo geflohen?«, fragte Armin.
»Ich … ich wollte ihn nicht allein lassen. Und … ich habe einen der Lemuren getötet.«
»Aber ich dachte, du liebst die Tiere des Waldes?«, fragte Teresa bestürzt. »Warum tötest du sie dann?«
»Ich … ich weiß es nicht.«

Darwins Geburtstag

Lieber Armin,
in der Zeitung wurde berichtet, es gäbe einen Machtkampf auf Madagaskar? Es soll Tote gegeben haben! Ich mache mir solche Sorgen. Geht es Dir gut? Ich hoffe inständig, Du erfährst das alles nur indirekt aus den Medien und bist nicht zwischenzeitlich nach Antananarivo gereist? Was, wenn sich das zu einem Bürgerkrieg auswächst, der auch auf andere Regionen übergreift? Würde Eure Arbeit dann überhaupt noch Sinn machen? Hast Du vielleicht schon daran gedacht, nach Deutschland zurückzukommen, bevor es richtig los geht? Wer weiß, ob Du dann noch ohne Probleme aus dem Land herauskommst!
Natürlich ist mir klar, dass Du das selbst entscheiden musst. Aber vielleicht hilft es Dir, wenn ich Dir sage, dass ich mich freuen würde, Dich zu sehen ... Ich vermisse Dich. Und ich könnte mir sogar vorstellen, ein neues Leben mit Dir zu beginnen. Manuel ist natürlich noch immer in jedem meiner Gedanken, aber nach über einem Jahr ist der Schmerz ein kleines bisschen leiser geworden.
Was meinst du?
Liebe Grüße
Vielleicht bald wieder Deine? Renate

Sie waren zurück in Fianar. Und nun diese Mail. Wenn Renate wüsste, dass er doch in Tana gewesen war, mitten im Geschehen. Dass er einen der Getöteten im Kofferraum durch halb Madagaskar gefahren hatte, noch dazu einen Jungen in Manuels Alter.

Sie hatten in Sahakely übernachtet und sich am nächsten Morgen vom Dorfältesten und seiner Frau verabschiedet. Niemand hatte es ausgesprochen, aber es schien ein Abschied für längere Zeit zu sein, vielleicht sogar für immer. Nach dem Anschlag auf Rakoto und dem Tod Fanilos war es für Armin kaum vorstellbar, das Projekt fortzuführen.

Auf der Rückfahrt setzten sie Andry am Centre ValBio ab. Dort recherchierten sie im Internet, wie sich die Krise weiter entwickelt und ob sie auch auf Fianar übergegriffen hatte. Nach dem »blutigen Samstag« forderten offenbar viele den Rücktritt Ravalomananas, der für die Toten und Verletzten verantwortlich gemacht wurde. In Fianar und anderen Städten gab es weiterhin Proteste, die bisher jedoch friedlich geblieben waren.

Machte ihre Arbeit in Madagaskar unter diesen Umständen noch Sinn? Im Moment eigentlich nicht, musste sich Armin eingestehen. Teresa konnte sicher noch an ihren »Goldis« weiterforschen, solange kein Bürgerkrieg ausbrach. Doch der Schutzkorridor zwischen Ranomafana und Andringitra war wohl erledigt, zumindest war er für lange Zeit aufgeschoben. Die Zukunftswerkstatt, die Anlass zu großen Hoffnungen gegeben hatte – umsonst. Auch die Ausbildung der Nature Guides, die beinahe abgeschlossen war – vergeblich. Wenn die Krise anhielt oder sich noch verschlimmerte, würden Teresa und er wahrscheinlich vom GFF ganz aus Madagaskar abgezogen werden. Was sollte er also noch hier?

Damit, dass Renate wieder mit ihm zusammenleben wollte, hatte Armin nicht gerechnet. Er hatte bisher auch nicht einmal ansatzweise darüber nachgedacht, ob er selbst es sich vorstellen konnte. Dazu war er viel zu sehr auf sein Projekt hier konzentriert gewesen.

Ja, das war seins. Sich auf etwas so zu konzentrieren, dass er kaum mehr mitbekam, was um ihn herum passierte. Es konnte

sogar eine Fernsehsendung oder eine E-Mail sein, die ihn gerade beschäftigte. Wenn Renate ihn dabei ansprach, hatte er oft überhaupt nicht reagiert. Sie hatte das als Missachtung empfunden und war dann sauer gewesen. Man sagte ja oft, dass Frauen im Gegensatz zu Männern »multitasking-fähig« seien. Bei Renate stimmte das jedenfalls, sie befasste sich oft mit mehreren Dingen gleichzeitig.
Konnte er wieder mit ihr zusammenleben? Armin stellte sich vor, wie sie abends zur Tagesschau im Wohnzimmer zusammensaßen. Das war eine der wenigen Fernsehsendungen, die sie gemeinsam verfolgten. Auch Manuel war manchmal dazugekommen.
Manuel. In letzter Zeit schmerzte der Stich nicht mehr ganz so heftig, wenn er an ihn dachte. Kam das vom wachsenden Zeitabstand? Oder hatte es etwas mit den Ereignissen der letzten Zeit zu tun? Damit, dass er nun dauernd mit dem Tod konfrontiert wurde?
Armin erinnerte sich an seinen ersten Tag in Madagaskar. Das Bild von der Famadihana, die er bei der Fahrt von Tana nach Fianar gesehen hatte, flackerte auf. Wogende Bündel in weißen Leintüchern. Fröhlicher Gesang. Damals hatte er sich nicht vorstellen können, wie Tod und Fröhlichkeit zusammenpassen sollten. Auch heute noch schien es ihm unmöglich. Denn wie hatte Pierre Tovoarimino reagiert, als der Dorfälteste ihm den Leichnam seines Sohnes übergeben hatte? Als er den Kofferraum geöffnet und auf das weiße, in Leintuch gewickelte Bündel gezeigt hatte? Armin hatte nur den Schmerzensschrei gehört, das war genug gewesen. War Tovoariminos Reaktion nicht ähnlich der seinen gewesen, als er vom Tod seines Sohnes erfahren hatte? Zuerst ungläubig, dann fassungslos? Hatte er das Bündel hektisch geöffnet in der Hoffnung, es wäre ein anderer darin? Hatte er sich dann schluchzend auf ihn gestürzt? War er dann in tagelange dumpfe Lähmung gefallen, für keinen ansprechbar?

Armin hatte das Gefühl, von Katastrophe zu Katastrophe zu stolpern. War er die Ratte, die überlebte? War es an der Zeit, das sinkende Schiff zu verlassen? Sollte er nach Deutschland zurückkehren?

Armin war ein wenig nervös, als er die Klingel mit dem Namen *Wildi* drückte, der unter den vielen Klingelschildern vor allem durch seine Kürze auffiel. Er war zum ersten Mal hier, und das hatte er Darwins zweihundertstem Geburtstag zu verdanken. Am Morgen hatte Teresa ihn im Büro daran erinnert. Natürlich war diese Erinnerung nicht notwendig gewesen, er wusste sehr gut, dass es der 12. Februar und Charles Darwin an diesem Tag vor 200 Jahren in Shrewsbury geboren worden war, einer Kleinstadt nordwestlich von Birmingham.
Nachdem Armin den Gedanken an die Veröffentlichung seines Essays aufgegeben hatte, wollte er wenigstens noch alles Wesentliche lesen, was anlässlich des Darwinjahrs über Darwin und seine Evolutionstheorie erschien. Nach dem »blutigen Samstag« und dem Scheitern ihres Projekts im Dorf Sahakely war Darwins Geburtstag für ihn allerdings kein Grund zum Feiern mehr. Das hatte er auch zu Teresa gesagt, aber die wollte den Tag zumindest mit einem gemeinsamen Essen begehen. Als Armin schließlich zustimmte und anbot, in seinem Hotel einen Tisch zu reservieren, hatte sie ihn zu seiner Überraschung in ihre Wohnung eingeladen.
Teresas Wohnung lag nicht weit vom Büro entfernt in einem mehrstöckigen, orangegelb angestrichenen Miethaus, dessen Stockwerke jeweils einen umlaufenden Balkon hatten. Das Haus sah noch recht neu aus, sogar der Türöffner funktionierte. Armin stieg in den dritten Stock, wo Teresa bereits im halbgeöffneten Türspalt stand. Sie trug ein knielanges gelbes Kleid mit einem blauen Blumenmuster. Armin kannte sie nur in Hosen.

»Das ist für Darwin, nicht für dich«, sagte Teresa grinsend, als sie seinen erstaunten Blick an sich hinab wandern sah.
»Das habe ich auch nicht erwartet«, sagte Armin verlegen.
»Trotzdem – es steht dir sehr gut!«
»Danke!« Teresa errötete.
Armin streckte ihr die Plastiktüte entgegen, in der sich zwei Flaschen französischen Weins befanden. Da Armin nicht wusste, welcher Wein besser zum Essen passen würde, hatte er einen weißen und einen roten besorgt.
»Falls wir den Weißwein trinken wollen, sollte er am besten gleich in den Kühlschrank.« Armin verzog die Lippen zu einem bitteren Lächeln. Wahrscheinlich war er gerade der Einzige in Madagaskar, der sich Gedanken um einen ordentlich gekühlten Weißwein machte.
Teresa führte Armin durch einen kleinen Flur, von dem drei Türen abgingen, in eine geräumige Wohnküche, in der es nach Ingwer und anderen exotischen Gewürzen duftete. Gegenüber führte eine Glastür auf den Balkon.
Teresa deutete nach rechts auf ein kleines, grellrotes Sofa. Darüber hingen einige Fotografien von Primaten – fantastische Portraits: ein Schimpanse, ein Gorilla und ein Goldener Bambuslemur. Vor dem Sofa stand ein niedriger, ovaler Glastisch.
»Bitte setz' dich, ich bin gleich soweit mit dem Essen.«
»Kann ich noch etwas tun?«, fragte Armin beflissen.
»Nein, setz' dich ruhig«, sagte Teresa. Armins Blick fiel auf ein Bücherregal neben der Tür.
»Darf ich?«, fragte er Teresa und zeigte auf das Regal.
»An ihren Büchern sollt ihr sie erkennen, odr?«, sagte Teresa und lachte.
»Ja, du hast recht«, sagte Armin. »Wenn ich jemanden zum ersten Mal besuche, schaue ich mir immer gern das Bücherregal an. Es sagt viel über einen Menschen aus.«

»Okay, du kannst dir das Regal gerne anschauen. Aber nur, wenn du mir deine Analyse nachher mitteilst.«

Armin lachte. »Ich bin Naturwissenschaftler und kein Psychoanalytiker.«

Teresa ging zur Kochzeile an der gegenüberliegenden Seite des Raums, während Armin seinen Blick über die Bücher schweifen ließ. Die meisten waren englischsprachige Literatur über Primatologie, darunter etliche von Teresas Lehrerin Jane Goodall, andere von Dian Fossey und natürlich von Pat Wright. Auch das Buch »The Malay Archipelago« von Alfred Russel Wallace war dabei. Armin dachte daran, dass Teresa sich immer für Wallace als Mitbegründer der Evolutionstheorie stark gemacht hatte, dass sie an Neujahr dem Darwinismus sogar einen »Wallaceismus« entgegengesetzt hatte.

Unten standen einige Romane, von denen Armin nur die *Wassermusik* von T. C. Boyle kannte, weiter oben Bücher über Madagaskar. Armins Blick fiel auf ein dickes Taschenbuch, das ihm bekannt vorkam. Richtig, das hatte er auch gelesen. *Der Strom, der bergauf fließt* von William H. Calvin. Es handelte von der Bootsfahrt einer Gruppe von Wissenschaftlern durch den Grand Canyon, auf der sie sich über verschiedene Aspekte der Evolution unterhielten. Wenn Armin sich richtig erinnerte, kamen sogar »seine« Katastrophen darin vor. Und bei den verschiedenen Modellen zur Entwicklung des Gehirns kannte sich Calvin als Hirnforscher besonders gut aus. Armin kam ein Satz in den Kopf, dem er in diesem Buch zum ersten Mal begegnet war und der ihn nicht mehr losgelassen hatte. Er beruhte auf der französischen Wendung *reculer pour mieux sauter*. Zurückweichen, um besser springen zu können. Das entsprach laut Calvin eher dem Verlauf der Evolution als das ständige Wachstum, der andauernde Fortschritt. Calvin hatte das nicht auf die immer wieder auftretenden globalen Katastrophen angewandt, die zunächst einen gewaltigen Rückschlag bedeuteten, um dann die Evolution auf die nächste Ebene zu katapultieren. Aber hier passte es genauso.

Armin schrak aus seinen Gedanken, als er Teresas Stimme hörte.

»Was ich gerade lese, wird dich vielleicht auch interessieren. Das Buch heißt einfach nur *Darwin*, geschrieben hat es Jürgen Neffe, ein Journalist. Er hat Darwins Fahrt auf der Beagle in sieben Monaten nacherlebt und berichtet dabei von Darwins Erlebnissen. Und natürlich auch von seiner Theorie.«

»… die er erst zwanzig Jahre nach seiner Reise veröffentlicht hat«, ergänzte Armin. »Aber die Idee ist ihm sicher schon bei seiner Reise gekommen.«

»Aber sicher nicht, während er auf dem Schiff war«, sagte Teresa. »Da war ihm nämlich meist kotzübel. Darwin war furchtbar seekrank.«

»Ah, ist das die einzige neue Erkenntnis aus dem Buch?«, frotzelte Armin.

»Du wirst es nicht glauben, aber das Buch behandelt sogar das Thema, das dich so umtreibt. Ob der Mensch zufällig oder zwangsläufig entstanden ist.«

»Und zu welcher Erkenntnis kommt der geniale Autor?«

»Der Autor ist Wissenschaftsjournalist, er berichtet von den Erkenntnissen anderer. In diesem Fall geht es um Gould und Morris. Gould hat ja die These aufgestellt, dass die Entstehung des Menschen reiner Zufall war. Und Morris behauptet nun das Gegenteil. Genau wie du.«

»Ja, ich weiß, dass ich nicht der Erste bin, der so etwas behauptet. Ich habe das Buch von Simon Conway Morris gelesen.«

»Und, was sagst du dazu?«

»Mich hat gestört, dass Morris alles nur auf Konvergenzen bezieht, auf Parallelentwicklungen. Das Tintenfischauge hat sich parallel zum Wirbeltierauge entwickelt, die Landwirtschaft gibt es auch bei den Blattschneiderameisen, die Pilze züchten, und auch die Intelligenz ist kein Privileg der Primaten, es gibt sie auch bei Delfinen. Also musste unter den Bedingungen unserer Erde irgendwann ein Wesen wie der Mensch entstehen ...«

»... und sein Unwesen auf der Erde treiben, odr? Immerhin hat Morris offenbar auch die Katastrophen erwähnt, die dazu gehören. Und am Ende hat er sogar etwas von einem Gott geschwafelt, der hinter allem stecken könnte.«

»Ja, das hat mich auch gestört. Ich habe nichts gegen Religionen, aber ich finde, man sollte Wissenschaft und Religion auseinander halten.«

»Und ich finde, wir sollten jetzt erst einmal essen und dann weiter diskutieren, odr? Möchtest du den Salat als Vorspeise oder zum Hauptgang?«, Teresa zeigte auf die Salatschüssel, die bereits auf dem Tisch stand.

»Lieber als Vorspeise. Sollen wir zuerst den Weißwein aufmachen?«

»Gut, übernimmst du das?«, fragte Teresa, holte die Weinflasche aus dem Kühlschrank und einen Korkenzieher aus einer Schublade und drückte Armin beides in die Hand. Armin ging zum Tisch, auf dem bereits zwei Gedecke mit Weingläsern standen, und öffnete die Flasche im Stehen. Dann goss er ein wenig davon in eines der Gläser, schnupperte daran und nahm einen Schluck. Er nickte zufrieden und füllte dann das andere Glas zu etwa einem Drittel, bevor er sein Glas entsprechend nachfüllte. Teresa hatte inzwischen zwei Glasteller auf die großen weißen Teller gestellt und den Salat darauf verteilt. Armin erkannte die dunkelgrünen, rundlichen Blätter von Brunnenkresse, hellgrüne Stücke von Avocado und orangefarbene Papaya-Schnitze. Eine interessante Mischung, dachte er.

In der Mitte des Tisches standen zwei lange, rote Kerzen, die Teresa nun mit einem Streichholz entzündete.

»Denk' dir jede Kerze mal hundert, dann sind es Darwins Geburtstagskerzen«, sang Teresa in ihrem Schweizerdeutsch. »Aber jetzt setz' dich endlich mal, dann können wir auf Darwin anstoßen, odr?«

Sie nahmen Platz und stießen ihre Gläser klingend aneinander.

»Auf Darwin!«, sagte Armin.

»Auf Darwin und Wallace!«, sagte Teresa. »Auch wenn Wallace heute keinen Geburtstag hat, sollten wir ihn nicht ganz vergessen.«

»… sagt die Mutter Teresa der Vergessenen und Unterdrückten.«

»… zu Armin, dem kleinen Darwin.«

Teresa und Armin schauten einander schelmisch grinsend in die Augen und nahmen beide einen Schluck Wein. Armin bewegte den Wein mit ein paar Kaubewegungen im Mund und ließ ihn dann in mehreren Portionen die Kehle hinunterrinnen. Er nickte zufrieden. Frisch und säurebetont, so wie er es mochte. Der passte sogar zu einem Salat. Und dieser schmeckte wirklich ausgezeichnet. Die knackige Schärfe der Brunnenkresse stand in spannendem Kontrast zu der cremig-weichen, nussigen Avocado und der reifen Exotik der Papaya.

Auch für die Hauptspeise hatte sich Teresa etwas einfallen lassen, das Armin noch nicht kannte. Die Grundlage war zwar Reis wie bei fast allen madagassischen Gerichten, dazu gab es aber eine kräftig orangefarbene Mischung aus Zwiebeln, Fisch und zahlreichen Gewürzen. Ingwer war auf jeden Fall dabei, den hatte Armin schon bei seiner Ankunft wahrgenommen. Die kräftige orangegelbe Farbe kam vermutlich von einer ordentlichen Portion Kurkuma. In einem Schälchen gab es dazu eine kalt servierte Mischung aus kleingehackten Tomaten, Zwiebeln und Chilischoten, mit der man nach Bedarf würzen konnte. Teresa erläuterte, dass das Gericht aus der kreolischen Küche von La Réunion stammte und *Fischcari* hieß.

Später schlug Teresa vor, das Dessert auf dem Sofa einzunehmen und das Gespräch von vorhin fortzuführen. Armin willigte gerne ein und bot seine Hilfe beim Abräumen des Tisches an. Teresa wollte das aber erst später erledigen und bat Armin, sich auf das Sofa zu setzen und kurz auf den Nachtisch zu warten. Wenig später brachte sie eine dampfende Pfanne herüber und stellte sie auf einen Untersetzer. Darin sah Armin halbierte milchig-weiße Rambutan, die mit den Litschis verwandt waren und auch ähnlich aussahen, in einer braunen, betörend duftenden Karamellmasse. Teresa kehrte noch einmal zurück an die Küchenzeile und kam mit einer Flasche Rum und einer Schachtel Streichhölzer wieder. Sie goss einen kräftigen Schuss Rum über die Rambutan in das zischende Karamell, entzündete ein Streichholz und hielt es über die Pfanne. Mit einem dumpfen »Wumm« entzündete sich der hochprozentige Rum, über die karamellisierten Rambutan waberte eine Krone aus blauen, gelben und orangenen Flammen.

»Wo waren wir bei unserem Gespräch stehen geblieben? Ich glaube bei Morris und seiner religiösen Ader, odr?«, sagte Teresa, nachdem sie das Dessert genossen hatten.

»Ja«, sagte Armin, »und ich habe dafür plädiert, Wissenschaft und Religion auseinanderzuhalten.«

»Hältst du das auch in deinem Leben auseinander oder hast du gar keine religiösen Gefühle?«, fragte Teresa.

Armin zögerte.

»Oder ist dir das jetzt zu privat?«

Armin wog bedächtig den Kopf hin und her.

»Nein ... nein, aber ich muss mir darüber selbst erst wieder klar werden. Die Wissenschaft ist für viele wohl zu einer Art Ersatzreligion geworden.«

»Für dich persönlich auch?«
»Nein, ich denke nicht. Ich sehe mich eher als Kritiker der Wissenschaft – zumindest als Kritiker ihrer Überhöhung.«
»Woran glaubst du dann? An Katastrophen?«
Armin änderte nervös seine Sitzposition. Was hatten die Katastrophen mit seinem Glauben zu tun? Welche Katastrophen überhaupt? Die Katastrophen in der Erdgeschichte oder in seinem Leben?
»Ich wollte dich jetzt nicht provozieren«, sagte Teresa betroffen. Sie hatte offenbar seinen Stimmungswechsel bemerkt.
»N... nein, du provozierst mich nicht, ich habe nur über etwas nachgedacht.«
»Darf ich daran teilhaben?«, fragte Teresa mit ungewohnt sanfter Stimme. »Hast du an deinen Sohn gedacht?«
Armin senkte den Kopf und fasste sich an die Nase. »Nein ... ich ... ich habe mir in den letzten Tagen überlegt, ob es für mich noch einen Sinn hat, hier weiterzumachen.«
Teresa senkte den Blick. »Und ... und zu welchem Schluss bist du gekommen?«
»Eigentlich noch zu gar keinem. Zumindest zu keinem endgültigen. Mit dem Schutzkorridor zwischen Ranomafana und Andringitra wird das wohl nichts werden, egal, ob Ravalomanana zurücktritt oder nicht. Und im Dorf können wir uns auch nicht mehr blicken lassen.«
»Wieso? Der Dorfälteste hält doch große Stücke auf dich. Und die Ausbildung der Nature Guides ist auch noch nicht abgeschlossen.«
»Aber nach dem Attentat auf Rakoto und dem Tod Fanilos hat sich doch alles geändert. Und selbst ... Joro hat ja zugegeben, dass er an der Tötung der Lemuren beteiligt war.«
»Bei Joro führe ich das eher auf den schlechten Einfluss Fanilos zurück. Er allein wäre dazu nicht fähig gewesen. Viel eher

befürchte ich, dass bald noch viel mehr Lemuren getötet werden und im Kochtopf landen, wenn die politischen Verhältnisse weiterhin unklar bleiben.«

»Das können wir aber auch nicht verhindern.«

»Wenn du aber zurückgehst in dein gemütliches Deutschland, kannst du gar nichts verhindern, odr?«, entgegnete Teresa erregt.

»Ich … ich habe doch gar nicht gesagt, dass ich nach Deutschland zurückgehe«, sagte Armin gedrückt.

»Aber du hast es angedeutet«, sagte Teresa leise.

»Möchtest du denn, dass ich hier bleibe?«, fragte Armin und sah Teresa in die Augen. Sie blickte unverwandt zurück und nickte dann langsam.

»Ja, das möchte ich.«

Liebe Renate,
Du brauchst Dir wegen der Unruhen in Madagaskar keine Sorgen um mich zu machen. Sie konzentrieren sich auf die Hauptstadt Antananarivo, und ich lebe 400 km davon entfernt in Fianarantsoa.
Natürlich wird unsere Arbeit durch die Krise nicht einfacher, aber umso wichtiger ist es, dass wir »am Ball« bleiben.
Ich denke nach wie vor oft an Manuel und an unsere gemeinsame Zeit. Im Moment möchte ich Madagaskar aber nicht verlassen.
Ich kann nicht schon wieder fliehen.
Herzliche Grüße
Dein Armin

Joro

Eine Woche später kehrte Rakoto zurück. Er wirkte niedergeschlagen und erzählte, dass seine Schwester Riana nun wieder bei ihrer beider Familie lebte. Von Maherys Beerdigung sprach er nicht. Armin wollte auch nicht nachfragen, obwohl ihn interessiert hätte, was von Mahery überhaupt zu beerdigen war, hatte man doch nur seinen Ring gefunden. In Europa war die Einäscherung inzwischen fast die Norm, aber was bedeutete der Feuertod in Madagaskar? Und was wurde dann bei der Famadihana aus dem Grab geholt?
Teresa und Armin berichteten von ihrer Rückfahrt mit Joro und Fanilos Leiche. Als sie Rakoto sagten, dass sie in Madagaskar weitermachen wollten, hellte sich seine Miene auf. Nach dem »blutigen Samstag« hatte der Global Forest Fund erwogen, Teresa und Armin zumindest vorübergehend aus Madagaskar abzuziehen. Als Armin aber versichert hatte, dass es in Fianar sicher sei und hier bisher nur friedliche Kundgebungen stattgefunden hätten, wurde es ihnen überlassen, ob sie bleiben wollten oder nicht. Sie sollten sich jedoch keinesfalls an der politischen Diskussion beteiligen, sondern die weitere Entwicklung lediglich als Beobachter verfolgen. Die Bemühungen um die Ausweisung des Schutzgebiets ruhten vorerst. Sobald sich Bedrohungen für den Regenwald oder seine Bewohner ergaben, sollten sie dem GFF darüber berichten.
Gemeinsam überlegten sie, wie sie mit der Situation umgehen sollten. Rakoto wollte Andry um Rat angehen. In Ranomafana würde der Tourismus wegen der Krise vermutlich fast zum Erliegen kommen, die Nature Guides wären arbeitslos. Dies

beantwortete auch Teresas Frage, ob sie die Ausbildung der Guides im Dorf wieder aufnehmen und abschließen sollten. Die Guides würden nur gebraucht werden, wenn Touristen kamen, und das war im Moment nicht abzusehen. Das einzige, was im Moment noch Sinn ergab, war die Fortführung von Teresas Studien über die Bambuslemuren.

Obwohl Regenzeit war, hatte es in den letzten Tagen nur vereinzelt Niederschläge gegeben. Als Armin nun mit Teresa zur Außenstation unterwegs war, schien sogar immer wieder die Sonne. Armin saß am Steuer, Teresa neben ihm. Sie hatte ihr Notebook auf den Knien aufgeklappt. Es war das erste Mal, dass er mit Teresa alleine zur Außenstation fuhr. Rakoto war mit dem Taxi seines Freundes nach Ranomafana zu Andry gefahren, um mit ihm das weitere Vorgehen zu besprechen.
Armin war ziemlich aufgekratzt, er wollte das Gespräch fortsetzen, das sie an Darwins Geburtstag begonnen hatten.
»Wir haben an Silvester mal darüber gesprochen, dass wir die Bücher lesen wollen, die zum Darwinjahr erscheinen«, begann Armin. Er drehte sich kurz zu Teresa und schaute dann wieder auf die Straße. »Was hast du bisher gelesen?«
»Ich habe außer dem Buch von Neffe nur ein weiteres geschafft«, bekannte Teresa, »den *Darwin-Code* von Thomas Junker und Sabine Paul. Da geht es darum, wie sich die Evolution auf unser Leben auswirkt. Und, was hast du gelesen?«
»*Tatsache Evolution* von Ulrich Kutschera. Er hat wie ich in Freiburg studiert und gilt als führender deutscher Evolutionsbiologe.«
Armin steuerte um ein Schlagloch herum, das beherrschte er jetzt schon fast so elegant wie Rakoto.
»Ja, den Namen habe ich schon mal gehört. Liegt er nicht dauernd im Clinch mit den Kreationisten?«

»Ja, das stimmt. Auch in seinem Buch setzt er sich intensiv mit dem Kreationismus auseinander. Nach meiner Meinung wird der dadurch eher aufgewertet.«
»Ich dachte, du bist auch von den Kreationisten genervt, odr?«
»Ja, aber auch von denen, für die Wissenschaft eine Ersatzreligion ist.«
»Und da zählst du Kutschera dazu?«
»Zumindest wird er auf Wikipedia als Beispiel für Szientismus angeführt. Er hat einmal den Satz von Theodosius Dobzhansky, dass nichts in der Biologie Sinn ergibt, wenn man es nicht im Lichte der Evolution betrachtet, noch weiter auf die Spitze getrieben. ›Nichts in den Geisteswissenschaften ergibt einen Sinn außer im Lichte der Biologie‹ – das finde ich anmaßend.«
»Ja, da hast du recht. Dann hat er wahrscheinlich nicht nur die Kreationisten gegen sich, sondern auch die Geisteswissenschaftler. Das klingt etwas nach ›viel Feind, viel Ehr‹.«
Teresa klappte ihr Notebook zu und legte es auf den Rücksitz. Beim Umdrehen streiften ihre Haare Armins Arm. Er empfand ein angenehmes Prickeln.
»Ja, das stimmt wohl. Aber erzähl doch erst mal, was in deinem Buch stand.«
»Da geht es unter anderem darum, warum wir so gerne Schokolade essen oder warum wir welchen Partner wählen. Was willst du hören?«
»Eindeutig das Letztere«, sagte Armin und drehte sich zu Teresa. Die blickte ihn mit schelmischem Grinsen an.
»Hast du schon mal was vom Handicap-Prinzip gehört?«
»Nein, bis jetzt nicht.«
»Da geht es um die Frage, warum im Tierreich die Männchen oft sehr bunt und auffällig sind, obwohl das eigentlich in der Evolution bestraft werden müsste.«

»Ja, stimmt. Über die sexuelle Selektion hat sich auch schon Darwin Gedanken gemacht. Steht in deinem Buch etwas Neues darüber?«

»Zum Beispiel, dass die Männchen so etwas wie Züchtungsprodukte der Weibchen sind«, sagte Teresa und grinste spitzbübisch. »Wir haben euch zu euren Leistungen getrieben, odr?«

»Dann haben wir euch Frauen aber auch ganz gut hingebracht«, erwiderte Armin lachend. »Aber wo ist nun das Handicap?«

»Das Handicap-Prinzip besagt, dass soziale Signale nur dann glaubwürdig sind, wenn man übertreibt, wenn man ein Handicap in Kauf nimmt. Laut Paul und Junker können damit sowohl der Altruismus als auch die Kunst erklärt werden. Man zeigt, dass man so viel Kraft und Energie hat, dass man sie verschwenden kann.«

Sie passierten ein Dorf, in dem gerade Markt war. Die Straße war gesäumt mit Ständen und Matten, auf denen die Waren präsentiert wurden. Obst, Gemüse, Hüte, Kleidung und Schmuck ergaben ein buntes Bild. Die Straße war vollgestopft mit Menschen, Armin lenkte den Wagen im Schritttempo durch die träge Masse. Die Menschen, die ihnen entgegenkamen, wichen spät, aber bereitwillig aus – Armin kam sich vor, als würde er wie Moses die Fluten teilen. Die Blicke der Menschen erschienen ihm nun wieder viel freundlicher und gelassener als in Tana. Hier hatte man von den Unruhen bisher wahrscheinlich nicht viel mitbekommen.

Teresa zeigte nach rechts auf einen Stand mit Schmuck, hauptsächlich Halsketten und Ohrringen.

»Im Gegensatz zu den Vögeln sind beim Menschen die Weibchen meist die Bunteren. Das heißt, dass Frauen auch um Männer konkurrieren«, erläuterte Teresa.

»Gibt es dabei auch ein Handicap?«, fragte Armin.

»Das Handicap-Prinzip erklärt auch, warum Menschen sich mit nutzlosen Dingen wie Schmuck und Kunst umgeben. Seht her, ich kann es mir leisten.«
»Also eine Art Selbstvermarktung.«
»Ja, wir tragen uns selbst auf den Markt.« Teresa machte dabei eine ausladende Handbewegung über den Markt, durch den sie gerade fuhren.
Schließlich ging es wieder schneller vorwärts. Armin sah zu Teresa, sein Blick glitt von ihrem Kopf zu ihrem schlanken Hals, dann über den Ausschnitt der schlichten grünen Bluse zu ihren sehnigen Händen.
»Und warum trägst du keinen Schmuck?«
Armin blickte wieder auf die Straße und sah aus den Augenwinkeln, dass Teresa den Kopf zu ihm wandte. Armin drehte sich zu ihr, Teresa lächelte spitzbübisch.
»Vielleicht, weil ich es mir leisten kann, odr?«

In der Station war alles sauber und geordnet. Teresa setzte sich an ihren Platz und schloss ihr Notebook an, um die gespeicherten Daten abzurufen. Armin nahm einen Stuhl, der neben dem Regal an der Wand stand, und setzte sich neben Teresa an den Schreibtisch. Teresa sah gespannt auf den Bildschirm, auf dem nun wieder die blinkenden Punkte zu sehen waren, die den momentanen Standort der besenderten Lemuren anzeigten. Mit dem Finger tippte sie einen nach dem anderen an und zählte.
»Acht! Noch alle da!«, sagte sie zufrieden. »Gott sei Dank«, sagte Armin. »Ich habe schon befürchtet, dass bei der unklaren politischen Situation wieder mehr Lemuren getötet werden«, sagte Armin.
»Ja, in anderen Gebieten ist das ja auch der Fall. Aber offenbar halten sie sich im Dorf noch an das Fady. Ich habe am Anfang

nicht so recht daran geglaubt, aber Rakoto hat tatsächlich recht behalten.«
»Ist ein Goldi hier in der Nähe? Ich hätte Lust, noch ein bisschen in den Wald zu gehen.«
Teresa blickte auf den Bildschirm.
»Nein, die sind alle ziemlich weit weg. Aber wir können trotzdem noch ein bisschen rausgehen, es gibt ja nicht nur die Goldis.«

Sie fuhren mit dem Wagen durch die mit Maniok, Süßkartoffeln und Taro bebauten Flächen. Die Wolken hingen ziemlich tief, aber es regnete nicht. Der Kontrast zwischen der roten Erde und den frisch-grünen Pflanzen war in der Regenzeit besonders deutlich. Die dunkelgrün glänzenden Wedel des Madagaskar-Kardamoms säumten den Weg. Jetzt sah man auch die hagebuttenroten Früchte auf dem Boden zwischen den Wedeln aufblitzen.
Im Wald stiegen sie schließlich aus. Beide nahmen ihre Ferngläser mit. Sie lauschten. Einige Vögel waren zu hören, inzwischen erkannte Armin auch hier die meisten von ihnen an ihrer Stimme. Das metallische Keckern des Rotbrust-Paradiesschnäppers, das Schnalzen der Rostbauch-Newtonie, das feine Flöten der Dajaldrossel, deren englischen Namen *magpie robin* Armin passender fand, da sie etwa so groß war wie ein Rotkehlchen (robin) und auch wie dieses immer wieder den Schwanz stelzte, während ihr schwarz-weißes Federkleid dem der Elster (magpie) ähnelte. Diese drei Vogelarten waren in den madagassischen Regenwäldern so häufig wie in den deutschen Wäldern Buchfink, Rotkehlchen und Singdrossel, man hörte und sah sie überall.
Auch das kurze und kräftige, mehrmals wiederholte »Zirrr« erkannte Armin sofort. Er nahm sein Fernglas und sah in die

Richtung, aus der die Laute kamen. Auf einem Ast saß ein stahlblauer, etwa taubengroßer Vogel, der Blau-Seidenkuckuck. Die Seidenkuckucke gab es wie die Vangas nur in Madagaskar.
Teresa hielt sich hinter ihm und suchte die Umgebung ebenfalls mit dem Fernglas ab. Plötzlich drehte sie sich ruckartig um und sah mit dem Fernglas den Pfad entlang.
»Was siehst du?«, fragte Armin.
»Ich habe Schritte gehört! Ich glaube, wir werden verfolgt!«
»Kann das nicht ein Vogel gewesen sein, der das Laub bewegt? Das kann sich manchmal ähnlich wie Schritte anhören.«
Teresa blickte Armin skeptisch an.
»Na ja, kann sein. Ich war mir aber fast sicher, dass es Schritte waren.«
Sie gingen langsam weiter. Immer wieder sahen oder hörten sie Vögel, aber keine Lemuren. Armin war das egal, er fühlte sich wohl mit Teresa hier im Bergregenwald.
Doch tatsächlich: Da waren Schritte! Armin und Teresa drehten sich fast gleichzeitig um. Sie sahen gerade noch einen Schatten zwischen den Bäumen verschwinden. Sie sahen sich wortlos an und gingen langsam zurück zu der Stelle, an der sie den Schatten gesehen hatten.
»Hier ist er reingehuscht«, sagte Teresa tonlos und zeigte nach rechts.
Sie suchten zunächst vom Pfad aus und gingen dann einige Meter in den Wald hinein, um mit dem Fernglas die Umgebung zu sondieren. Die Bäume standen dicht an dicht, der Boden war von Farnen und Moosen bedeckt. Wenn sich hier jemand verstecken wollte, hatte man fast keine Chance, ihn zu finden.
Als Armin gerade sein Fernglas auf einen größeren Baumfarn richtete, zuckte er zusammen. Eine Gestalt löste sich von dem braunen Stamm und sah in seine Richtung. Joro. Armin tippte Teresa sanft an die Schulter und zeigte in Joros Richtung.

»Da ist Joro«, sagte er. »Ich denke, er will sich nicht vor uns verstecken.«
»Joro!«, rief er. »Komm doch her.«
Joro zögerte, kam aber dann mit gesenktem Kopf scheu auf sie zu. Etwa drei Meter vor Armin blieb er stehen, wagte jedoch nicht aufzusehen.
»Was ist denn los?«, fragte Armin behutsam und streckte Joro seine Arme entgegen. Seine väterlichen Arme. Da stürzte Joro auf ihn zu und warf sich ihm schluchzend in die Arme. Wie in Tana nach Fanilos Tod. War etwa schon wieder jemand umgekommen?
»Sie … sie zer… zerstören unseren Wald«, sagte Joro, immer wieder durch Schluchzer unterbrochen.
»Wer zerstört euren Wald?«, fragte Armin.
»P… Pierre Tovo… Tovoarimino und seine Leute!«
»Und wie zerstören sie den Wald?«, fragte Teresa.
»Sie … sie holen alle Pali… Palisander heraus.«
»Kann das dein Großvater nicht verhindern? Er ist doch Dorfältester!«, fragte Teresa aufgebracht.
»To… Tovoarimino hört nicht auf ihn«, sagte Joro.
»Wie bist du überhaupt hierhergekommen? Mit dem Motorrad?«, fragte Armin.
»N… Nein, zu Fuß.«
»Und wann bist du gekommen?«, fragte Teresa. »Du wusstest doch überhaupt nicht, wann wir hier sind.«
»Vor … vor etwa einer Woche«, sagte Joro. »Ich … ich habe im Wald geschlafen und auf euch gewartet.«
»Und was hast du gegessen?«, fragte Teresa.
Joro blickte betreten auf den Boden.
»Hier … hier gibt es genug zu essen.«

Zyklon

Als sie mit Joro zur Außenstation kamen, dämmerte es bereits. Da es seit einigen Tagen nicht stärker geregnet hatte, beschlossen sie, am nächsten Tag mit dem Wagen ins Dorf zu fahren. Nachdem er diesen Weg mit Rakoto schon etliche Male gefahren war, traute sich Armin zu, den Wagen selbst zu steuern. Armin rief Rakoto über das Satellitenhandy in Ranomafana an und berichtete, wer bei ihnen war und was sie vorhatten.

»Für morgen Nachmittag gibt es eine Zyklonwarnung. Wenn ihr es versuchen wollt, müsst ihr früh losfahren«, sagte Rakoto besorgt.

Also packten Armin, Teresa und Joro etwas Proviant ein und brachen bald nach Sonnenaufgang auf. Die Wolken hingen tief, aber es regnete nicht. Wenn es so blieb, war die Fahrt kein größeres Problem.

Anfangs kamen sie gut voran. Auch die steileren Passagen bewältigte Armin schon fast so gekonnt wie Rakoto. Dann kam Nebel auf, die Sicht wurde schlechter. Das war nichts Ungewöhnliches, wurde der Bergregenwald doch auch als Nebelwald bezeichnet. Vorsichtig tastete sich Armin mit dem Wagen voran. Er sah nun kaum mehr weiter als zehn Meter. Dann dauerte es eben etwas länger.

Dann setzte der Regen ein. Aber noch war die Piste griffig. Schweiß perlte von Armins Stirn. Teresa blickte besorgt zu ihm hinüber, sagte aber nichts. Auch Joro hinten auf der Rückbank blieb still. Sie kamen an die lange, steile Abfahrt. Wenn sie die hinter sich hatten, war der Rest ein Kinderspiel. Der Zyklon sollte ja erst am Nachmittag kommen, da war noch Zeit.

»Vorsicht, wir rutschen«, rief Teresa schrill und stützte sich gegen das Armaturenbrett. Armin sog scharf die Luft ein. Jetzt nur die Nerven behalten, damit es nicht links den Abhang runtergeht. Besser rechts in den Graben.
Krachen, Splittern. Der Wagen stand. Aufgehalten von einem Felsbrocken rechts der Piste. Teresa, Armin und Joro wurden nach vorn geschleudert. Sie blieben unverletzt.
»Und jetzt?«, fragte Teresa in das Prasseln des Regens hinein.
»Gehen wir zu Fuß weiter«, sagte Armin fast locker. Er war erleichtert, dass nichts Schlimmeres passiert war. »Mit dem Wagen fahre ich keinen Meter mehr.«
Er drehte sich zu Joro um, der nach dem erzwungenen Stopp noch nichts gesagt hatte. »Joro, wie lange brauchen wir zu Fuß ins Dorf?«
»Wenn wir auf der Piste bleiben, sind es etwa vier Stunden.«
»Gibt es noch einen anderen Weg?«, fragte Teresa.
»Ja, ich kenne den Wald. Wir könnten es in zwei bis drei Stunden schaffen.«

Zuerst folgten sie der Piste. Teresa und Armin rutschten trotz ihrer Profilsohlen immer wieder auf dem aufgeweichten Boden aus, während Joro barfuß ging und keinerlei Probleme hatte. Ihre Kleidung war innerhalb kürzester Zeit völlig durchnässt. Nur gut, dass es warm war.
Nach etwa einem Kilometer zeigte Joro nach links, wo ein schmaler Pfad abzweigte. Er deutete auf Teresas Schuhe.
»Es ist besser, wenn ihr die Socken über die Hosen zieht. Hier gibt es viele Blutegel.«
Teresa und Armin kannten das schon und folgten Joros Vorschlag. Sie wussten auch, dass das nicht viel nützen würde und es besser war, die Blutegel, die in die Schuhe und durch die Maschen der Socken krochen, alle paar hundert Meter

abzusammeln. Eigentlich wollten die kleinen Tierchen nichts weiter als Blut saugen und sie übertrugen auch keine gefährlichen Krankheiten. Trotzdem war es unangenehm. Sie saugten sich voll Blut und injizierten dabei einen Stoff, der die Blutgerinnung hemmte, sodass sich Hosenbeine und Socken innerhalb kürzester Zeit rot färbten und man in seinem eigenen Blut watete.

Ganz einfach war es nicht, sie loszuwerden. Man bekam sie zwar leicht zu fassen, egal, ob sie noch wie fadendünne Spannerraupen an den Schuhen hochmarschierten oder sich bereits an den Waden festgesaugt hatten. Aber es war schwierig, sie wieder von den Fingern loszubekommen, da sie ziemlich klebrig waren und sich mit ihren Saugnäpfen festhielten. Man musste die Blutegel kräftig an einem Baumstamm oder Ast abreiben. Und selbst das überlebten die meisten von ihnen, um auf den nächsten Warmblüter zu lauern, der vorbeikommen würde.

Der Pfad war zwar genau so rutschig wie die Piste, aber sie konnten sich meist an nahen Ästen festhalten. In dem zerklüfteten Gelände ging es ausschließlich bergauf und bergab, längere ebene Abschnitte gab es nicht.

Dann wurde es felsig. Joro kletterte wie eine Gämse, Teresa und Armin kamen nur mühsam hinterher. Ein spitzer Schrei. Teresa rutschte aus, glitt den Hang hinunter. Es gab nichts, woran sie sich festhalten konnte. Armin und Joro beobachteten die Szene hilflos. Teresa hatte instinktiv die Arme ausgebreitet, um den Fall abzubremsen. Dann stoppte sie ruckartig. Sie war gegen einen Felsbrocken gerutscht.

»Hast du dich verletzt?«, rief Armin den Hang hinunter.

»Ich weiß nicht … mein Fuß!«, rief Teresa zurück.

»Bleib ruhig liegen, wir kommen«, rief Armin.

Joro war bereits in Teresas Nähe, Armin tastete sich vorsichtig den Hang hinunter. Teresa versuchte zu lächeln, als er bei ihr ankam. Joro stand mit ratlosem Blick neben ihr.
»Was ist mit deinem Fuß?«
»Ich weiß nicht genau, ich bin damit gegen den Fels gekracht.«
»Welcher ist es?«
»Der linke ...«
Armin ging in die Hocke und streifte den Strumpf vom Hosenbein, stülpte ihn über die Schuhe und zog das Hosenbein vorsichtig nach oben. Zuerst fiel sein Blick auf einen dicken Blutegel, der sich wohl schon länger an Teresas Blut gütlich getan hatte. Dann sah er Teresas geröteten, zunehmend anschwellenden Knöchel.
»Das sieht nicht gut aus«, sagte er. »Versuch mal, ob du den Fuß bewegen kannst.«
Teresa bewegte den Fuß leicht hin und her und verzog dabei das Gesicht.
»Es geht, aber es tut weh.«
»Meinst du, du kannst aufstehen, wenn wir dir helfen?«
»Versuchen wir's mal, odr?«, entgegnete Teresa optimistisch.
»Hilf mal mit«, sagte Armin zu Joro, der wie erstarrt daneben stand.
Armin griff Teresa unter den rechten Arm und bedeutete Joro, dasselbe mit dem linken zu tun. Sie richteten zuerst Teresas Oberkörper auf und zogen sie dann hoch, bis sie auf den Beinen stand. Zumindest auf dem rechten Bein, denn das linke zog sie gleich wieder hoch.
»Kannst du auftreten?«, fragte Armin, obwohl er genug gesehen hatte.
Teresa setzte vorsichtig ihren linken Fuß auf den Boden, versuchte, ihn zu belasten.
»Aua!« Vergeblich.

»Das geht wohl nicht. Wir müssen dich stützen«, sagte Armin. »Halt dich fest!«
Teresa legte ihre Arme um Joros und Armins Hals, die mit ihren Armen Teresas Rücken stützten. Fünfbeinig versuchten sie, quer zum Abhang wieder auf den Pfad zu kommen. Nach rund zehn Minuten erreichten sie ihn, doch der schmale Pfad erlaubte es kaum, den Marsch auf diese Weise fortzusetzen. Sie versuchten es, kamen aber kaum voran.
»So geht es nicht«, sagte Armin, nachdem sie in einer Viertelstunde weitere zweihundert Meter geschafft hatten.
»Joro, ich denke, du musst im Dorf Hilfe holen.«
»Natürlich, das mache ich«, sagte Joro, der fast erleichtert wirkte. »Ich gehe, so schnell ich kann.«
Armin dachte kurz nach.
»Ich glaube, ihr werdet es trotzdem nicht schaffen, vor dem Zyklon hierher zurückzukehren«, sagte Armin. »Bringt euch auf keinen Fall in Gefahr.«
Teresa sah Armin angstvoll an. »Und was ist dann mit uns?«
»Wir müssen irgendwo einen Unterschlupf finden, wo wir vor dem Zyklon geschützt sind. Joro, hast du eine Idee?«
Joro überlegte kurz und sah Armin mit angsterfülltem Blick an.
»Ja, es ... es gibt etwas. Aber ...«
»Aber?«, fragte Teresa ungeduldig.
»Aber ... es ist ein heiliger Ort.«
»Und ein heiliger Ort kann nicht zur Lebensrettung beitragen?«
»D... Doch. Ich ... ich glaube, das geht.«
»Um was für einen Ort geht es überhaupt?«, fragte Armin.
»Es sind Höhlen in einer Felswand. Darin wurden unsere Vorfahren bestattet.«
»Wie weit ist es?«, fragte Armin. Der Gedanke, die Nacht zwischen menschlichen Skeletten zu verbringen, schien ihm nicht sehr attraktiv.

Joro zögerte mit der Antwort. »Für ... für mich sind es etwa zwanzig Minuten. Aber ... aber wie kommt Teresa dort hin?«
»Ist der Weg leicht zu finden?«
»Ja, immer diesen Pfad entlang.«
»Gut, dann geh los. Wir versuchen es zu zweit.«
Armin nickte Teresa aufmunternd zu.
»Das schaffen wir doch, oder?«
»Versuchen wir's, odr?«, erwiderte Teresa leise.
»Wir setzen dich erst einmal ab«, sagte Armin. Er nickte Joro zu und ging langsam in die Knie. Vorsichtig ließen sie Teresa auf einen Stein neben dem Pfad herab.
Armin schaute Joro beruhigend an. »Du kannst jetzt gehen.«

Armin beugte sich hinunter, öffnete den Schnürsenkel von Teresas linkem Schuh und zog ihn vorsichtig aus. Dann streifte er den triefend nassen Strumpf herunter, der inzwischen ein verwaschenes Rot angenommen hatte. Die Schwellung an Teresas Knöchel hatte deutlich zugenommen.
Zuerst pflückte Armin einige Egel ab, die sich noch nicht festgesaugt hatten, und strich sie an einen Baumstamm. Dann entfernte er die drei Sauger, die sich wie kleine, braune Ballons an Teresas geschwollenen Knöchel klammerten. Teresas Blut strömte in Bächen das Bein hinunter. Dieselbe Prozedur wiederholte Armin an Teresas rechtem Fuß. Teresa ließ es wortlos über sich ergehen.
»Danke«, sagte sie, als er fertig war. »Was ist mit deinen? Soll ich dir helfen?«
»Nein, danke, ich mach' das schon selbst.«
»Ja, natürlich, selbst ist der Mann«, lächelte Teresa. »Komm schon, ich beeile mich auch.«
»Wenn du meinst«, ergab Armin sich und setzte sich neben Teresa auf den nassen Stein. Der Regen hatte etwas nachgelas-

sen, doch nun kam Wind auf. Armin blickte sorgenvoll in die Baumkronen. Die Blätter flatterten im Wind.
Die Berührung durch Teresas schlanke Hände kitzelte angenehm. Sie blieben noch einen Moment schweigend nebeneinander sitzen. Armin sah nochmals nach oben.
»Ich glaube, wir müssen aufbrechen, der Wind wird stärker«, mahnte er.
Sie zogen weiter, Teresa auf einem Bein hüpfend, Armin wankend durch ihre Bewegungen. Es wurde steiler und felsiger. Mächtige Wolken türmten sich auf. Der Zyklon war im Anmarsch.
In jedem Fall mussten sie einen weiteren Sturz vermeiden. Auf dem glitschigen Weg setzten sie sich daher immer wieder auf den Po, um vorsichtig die steilsten Passagen hinunterzurutschen.
Der Wind fegte durch die Baumkronen, der Regen wurde wieder stärker. Es goss nicht in Bindfäden, das Wasser rauschte in dicken Seilen herab. Durch den Sturm prallten diese aber auch von vorn ins Gesicht und auf den Körper, wie die Massageduschen in einem Thermalbad.
Teresa und Armin kämpften sich durch die Wassermassen weiter voran. Sie kamen nun an einen etwas flacheren Hang, der von Riesenbambus bedeckt war. Ein lautes Fauchen, gefolgt von einem Knirschen und Krachen, ließ sie zusammenzucken und erstarren. Etwa fünfzig Meter vor sich sahen sie einige Bambusstämme über den Weg fallen. Als sie die Stelle erreichten, sahen sie, dass mindestens dreißig Stämme wie Mikadostäbe übereinanderlagen. Sie mussten das Areal mühevoll umrunden, um wieder auf ihren Weg zu kommen. Da der Pfad hier die tiefste Stelle im Gelände war, hatte auch das Wasser diesen Weg gewählt und ihn in einen Bergbach verwandelt.

Teresas Gewicht zerrte bei jedem Humpler an Armin. In seiner Schulter spürte er einen pochenden Schmerz.
»Es kann nicht mehr weit sein«, rief Armin gegen das Rauschen, Fauchen und Plätschern an. »Ich nehme dich mal ein Stück huckepack, dann kommen wir vielleicht schneller voran.«
Armin stellte sich vor Teresa, ging in die Knie und beugte sich nach vorn. Teresa legte sich auf seinen Rücken und fasste ihm um die Schultern. Armin schlang seine Arme von hinten um ihre Knie und richtete sich auf. Die Muskeln in seinen Oberschenkeln zitterten. Lange würde er Teresa nicht tragen können, obwohl sie im Grunde ein Fliegengewicht war.
Schließlich erahnte Armin eine Wand vor sich. Hatte Joro nicht von einer Felswand gesprochen? Das mussten die Höhlen sein! Er erkannte einige Nischen, die von Menschenhand in den harten Fels gehauen worden waren. Die ersten waren zu klein, um sich darin zu verkriechen. Einige waren leer, in anderen lagen menschliche Schädel und Knochen. Endlich stießen sie auf eine größere Aushöhlung. Armin setzte Teresa ab und kroch hinein. Innen weitete sich die Höhle und wurde höher, sodass Armin aufrecht stehen konnte. Er wartete einige Zeit, bis sich seine Augen an die Dunkelheit gewöhnt hatten. Da durch den Eingang noch etwas Tageslicht hereindrang, war es noch nicht völlig dunkel, sodass er schließlich die Wände der Kaverne schemenhaft erkennen konnte. Und die Nischen, die in die Wände gehauen waren. Dort lagen wohl die Gerippe der Toten. Das spielte jetzt aber keine Rolle. Er rief Teresa, sie solle nachkommen. Nachdem sie auf allen Vieren hereingekrochen war, half er ihr auf. Erschöpft sank sie in seine Arme. Der pfeifende Wind und der prasselnde Regen, gerade eben noch alles beherrschend, waren nur noch Hintergrundrauschen. Armin strich Teresa die nassen Haarsträhnen aus dem Gesicht. Seine Lippen suchten nach ihren. Seine Zunge versank in einer warmen, feuchten Höhle.

Väter ohne Kinder

Tüt-tüt-tüt-tüt-tüt. Was war das für ein gleichmäßiges Hupen? Der Wecker? Armin öffnete die Augen. Es war stockdunkel. Neben ihm lag seine Frau und atmete ruhig.
Seine Frau? Wo war er eigentlich?
Erst nach einigen Sekunden wurde Armin klar, dass neben ihm nicht Renate, sondern Teresa lag, und dass das gleichmäßige Hupen nicht vom Wecker, sondern von den Baumfröschen draußen kam. Armin lauschte. Zuerst fiel ihm auf, was nicht zu hören war: Er hörte keinen Wind, und er hörte keinen Regen. Was er hörte, oder eben nicht hörte, war die Ruhe nach dem Sturm.
Sie lagen in einer Höhle, die sie sich mit menschlichen Skeletten teilten. In diese Höhle hatten sie sich vor einigen Stunden – wie lange mochte es her sein? – vor dem tobenden Zyklon gerettet, der schon reihenweise Bäume umgeworfen hatte. Nun ja, es war nur Bambus gewesen, aber doch immerhin Riesenbambus.

Teresa lag neben ihm und schlief.
Sie hatten die nassen Kleider ausgezogen und als Unterlage benutzt. Bequem war es nicht, doch sie waren sofort entkräftet eingeschlafen. Sie waren zu erschöpft, um miteinander zu schlafen.
Armin hörte ein leises Rascheln. Wahrscheinlich irgendein Tier, das ebenfalls Zuflucht in dieser Höhle gesucht hatte. Eine Taschenlampe hatte er nicht dabei, aber da es in Madagaskar keine wirklich gefährlichen Tiere gab, machte er sich keine Sorgen.

»Armin, bist du da?«, flüsterte es nun neben ihm. Teresa war erwacht.
Armin drehte sich zu ihr und legte sanft seine Hand auf ihre Schulter.
»Ja. Hast du gut geschlafen?«
Teresa fand mit ihrer Hand Armins Gesicht und liebkoste seine Wange.
»Ja, mein Retter!«
Armin senkte im Dunkeln verlegen den Blick. Er zog Teresa an sich und küsste sie auf den Mund.
»Weißt du, wie spät es ist?«, fragte Teresa, als ihre Lippen sich wieder voneinander gelöst hatten.
»Keine Ahnung. Ich weiß nicht, ob meine Uhr nach der Dauerdusche überhaupt noch funktioniert, aber bei dieser Dunkelheit kann ich sowieso nichts erkennen.«
»Psst, hast du das gehört?«
»Ja, ich denke, wir haben einen Mitbewohner.«
»Wieso Mitbewohner? Ich habe Stimmen gehört.«
»Oh, du hörst Stimmen? Vielleicht sind das die Stimmen der Ahnen.« Armin versuchte, seiner Stimme einen unheimlichen Klang zu geben, was ihm in der Höhle auch ganz gut gelang.
»Ach Quatsch, ich habe Stimmen von draußen gehört, jetzt sei doch mal ruhig.«
Tatsächlich, jetzt hörte Armin sie ebenfalls. Sie kamen näher.
»Das ist wohl der Hilfstrupp aus dem Dorf! Ich dachte nicht, dass sie noch in der Nacht kommen würden.«
Licht huschte über den Höhleneingang.
»Im Gegensatz zu uns haben sie Lampen. Wir sollten uns langsam anziehen, odr?«
»Wir könnten auch noch eine Weile warten und uns dann schnell anziehen, odr?«

Teresa lachte, und Armin war ihr dankbar dafür. Sie hatte bereits begonnen, im Dunkeln ihre noch feuchten Kleider zusammenzusuchen und anzuziehen. Armin tat es ihr nach. Wenn sie sich schon an einem heiligen Ort aufhielten, wollten sie sich wenigstens nicht nackt erwischen lassen. Kaum waren sie angezogen, wurden sie von einem Lichtschein getroffen.

»Hallo, seid ihr da drin?«

Es war Rakotos Stimme. Armin freute sich, sie zu hören, wenngleich er nicht wusste, wie Rakoto hierher gekommen war.

»Rakoto, wir sind hier! Kannst du mir bitte mal deine Lampe geben? Hier muss irgendein Tier sein.«

Armin ging zum Höhlenausgang, bückte sich und nahm Rakotos Lampe entgegen. Er leuchtete den Boden der Grotte ab. Nichts. Dann ließ er den Lichtschein über die Wände gleiten, leuchtete in die Felsnischen, aus denen ihm Schädel und Knochen bleich entgegenstarrten. In einer der Nischen wurde sein Licht von zwei dicht beieinander stehenden Leuchtpunkten reflektiert. Genau wie bei den nachtaktiven Mausmakis. Aber es war kein Mausmaki, dieses Tier war größer. Im Schein der Taschenlampe war es völlig erstarrt.

»Ein Goldi!«, rief Teresa, die dem Lichtschein mit den Augen gefolgt war. »Wir haben mit einem Goldi zusammen übernachtet! Er ist wohl wie wir vor dem Sturm geflohen.«

Tatsächlich, jetzt sah Armin auch die goldbraune Umrahmung der Augen und der Schnauze. Armin näherte sich dem Lemuren vorsichtig, die Lampe immer auf ihn gerichtet. Als er noch etwa zwei Meter von ihm entfernt war, machte der einen großen Satz aus seiner Nische, huschte an Armin vorbei und verschwand im Höhlenausgang.

»Oh, was war denn das?«, hörten sie Rakoto erstaunt rufen.

»Ein Goldi!«, antwortete Teresa. »Er hat hier mit uns die Nacht verbracht!«

Armin ging zu Teresa, nahm sie in den Arm und gab ihr einen Kuss.
»Der Goldi ist weg. Ich denke, dann können wir auch gehen, odr?«

Als Teresa und Armin nach draußen krochen, rechneten sie mit Rakoto und Joro und vielleicht noch einem oder zwei Helfern, um Teresa ins Dorf zu bringen. Umso überraschter waren sie, dass sowohl der Dorfälteste dabei war als auch fast alle, die die Ausbildung zum Nature Guide absolviert hatten. Auch Andry war da, er war offenbar mit Rakoto ins Dorf gekommen. Sie mussten an ihrem gestrandeten Wagen vorbeigekommen sein und hatten die Stecke offenbar besser gemeistert als Armin und Teresa.
Die Helfer trugen zwei Tragen aus Bambus. Armin beteuerte zwar, dass er noch selbst gehen könne, doch Joro zwang ihn fast auf die Trage. Joro fasste vorne an, ein anderer junger Guide hinten. Teresa begab sich in die Obhut von Rakoto und Andry. Als sie losmarschierten, dämmerte es bereits, und wenig später war es hell.
Für Armin ergab sich ein ganz neuer Blick auf den Regenwald. Die leicht schwankenden Baumkronen zogen durch sein Blickfeld, während er entspannt auf dem Rücken lag. Einmal hüpfte sogar eine Gruppe Rotstirnmakis elegant durch das Bild. Sollte man mit diesem Erlebnis vielleicht die Touristen locken? Für die Abenteuertouristen, die sich in diese Gegend verirrten, war das sicher nicht das Richtige. Nach dem »blutigen Samstag« würde es ohnehin zunächst einmal mit dem Tourismus vorbei sein. Aber irgendwann würde sich die Situation auch wieder beruhigen. Gerade die Abenteuerlustigen waren sicher schnell wieder da, ein bisschen Risiko zog sie eher an, als dass es sie abschreckte. Sollten sie die Ausbildung der Guides also trotz allem weiterführen?

Das Jaulen eines Motors riss Armin aus seinen Gedanken. Eine Motorsäge! Ein zweites Jaulen. Zwei Motorsägen. Und noch eines. Drei Motorsägen.
Das Brüllen von Motorsägen kannte Armin aus den deutschen Wäldern nur allzu gut. Dort hatte es ihn nicht besonders gestört, fast alle Wälder waren ja bewirtschaftet, und da gehörte der Lärm der Motorsäge eben dazu. Aber hier in Madagaskar, hier im Regenwald, hörte man das Geräusch selten. Die Bäume wurden entweder mit der Axt geschlagen oder in Ruhe gelassen. Eine Motorsäge konnten sich nur wenige leisten.
Da erschien das zerfurchte Gesicht des Dorfältesten in Armins Film und hüpfte ruckartig auf und ab.
»Das ist Pierre Tovoarimino mit seinen Leuten! Kaum ist der Sturm vorbei, fahren sie ihre Ernte ein!«
»Kannst du nicht ein Fady aussprechen, so wie bei den Lemuren?«, fragte Armin.
»Das habe ich schon getan«, sagte der Dorfälteste, »aber seit dem Tod seines Sohnes hört Tovoarimino nicht mehr auf mich. Meine Fadys sind wirkungslos.«
Armin dachte nach. Der Dorfälteste war wieder aus dem Bild verschwunden. Er hob den Kopf etwas an und sah den nackten Rücken und den lockigen Hinterkopf von Joro.
»Joro!«, rief Armin.
Joro wandte kurz den Kopf nach hinten. »Ja?«
»Weißt du, wo Tovoarimino und seine Leute sind?«
Joro drehte den Kopf leicht hin und her, um die Richtung des Geräuschs zu orten.
»Es ... es hört sich so an, als wären sie im Hazomanga-Wald. Sonst gibt es hier keinen Palisander.«
»In dem Wald mit den Gedenksteinen? Meinst du, dass Tovoarimino das wagt? Das wäre doch der endgültige Bruch mit der Dorfgemeinschaft.«

»Ich glaube, nach Fanilos Tod macht ihm das nichts mehr aus«, sagte Joro mit gedämpfter Stimme.
»Dann lasst uns dort hingehen! Ich möchte versuchen, mit ihm zu sprechen.«
Joro drehte sich zu Armin um und lächelte. Sein Griff um die Trage wurde fester, seine Schritte beschleunigten sich.
»Bevor wir dort ankommen, lasst ihr mich aber bitte aufstehen«, sagte Armin. »Ich möchte ihm nicht liegend begegnen.«
Joro drehte sich um und nickte eifrig. »Ja, natürlich!«

Armin sah in die schaukelnden Baumkronen und hatte das Gefühl, eine vierte Dimension des Regenwalds zu erleben. Wäre da nicht das Jaulen der Motorsägen, das immer näher kam. Plötzlich riss das Geräusch ab. Laute Rufe. Stille. Dann das Prasseln berstender Äste. Ein dumpfer Schlag. Armin fühlte die Erde beben, obwohl er wusste, dass das auf diese Entfernung nicht möglich war. Er wusste auch, was das Geräusch zu bedeuten hatte. Ein Palisander, vielleicht über zweihundert Jahre alt, war zu Boden gegangen. Gefällt. Für nichts als Geld.
Die Tiere herrschen über den Raum, die Bäume über die Zeit. Armin wusste nicht mehr, woher er diesen Aphorismus hatte. *Der Mensch herrscht über die Tiere und die Bäume und fühlt sich damit als Herrscher über Raum und Zeit.* Diese Ergänzung, die Armin nun in den Sinn kam, war so zutreffend wie schmerzlich.
Die Baumkronen über Armin waren stehen geblieben.
»Wir müssen diesen Hang hinauf«, sagte Joro. »Sollen wir dich tragen oder möchtest du jetzt zu Fuß gehen?«
»Ich gehe selbst weiter!« Armin stützte sich hoch und setzte seine Füße neben der Trage ab. Als er sich erhob, spürte er jeden Muskel in seinen Beinen. Er blickte nach hinten und sah die erwartungsvollen Blicke der angehenden Guides. Dann sah er

Rakoto und Andry, zwischen ihnen Teresa auf der Trage. Er ging zu ihr.
»Wie geht es dir? Was macht dein Knöchel?«, fragte Armin.
»Mir geht es hier auf der Trage ganz gut«, sagte Teresa, »Auch wenn es in meinem Knöchel fürchterlich pocht und hämmert.«
»Hast du gehört, dass wir einen Abstecher zu Tovoarimino machen wollen?«
»Ja, das hat sich herumgesprochen«, sagte Teresa mit neckischem Lächeln. »Ich hoffe, dass ihr mich mitnehmen könnt. Denn das möchte ich nicht verpassen.«
Armin sah zu Rakoto.
»Kein Problem«, sagte der.
Bei Rakoto gab es selten Probleme, dachte Armin. Er lächelte ihm dankbar zu. Dann wandte er sich an den Dorfältesten.
»Ich weiß nicht, ob wir Pierre Tovoarimino davon abhalten können, die Bäume zu fällen. Wenn wir es versuchen wollen, ist es aber ganz wichtig, dass wir es alle wollen, und dass wir als Einheit auftreten.«
Der Dorfälteste sah Armin einige Sekunden in die Augen, ohne sich zu rühren.
»Wir sind eine Einheit. Und wir haben die Ahnen auf unserer Seite«, sagte er schließlich ruhig und entschlossen.
»Gehen wir«, sagte Armin und versuchte, genauso ruhig und entschlossen zu wirken.
Sie hatten in einem Taleinschnitt erreicht und mussten nun wieder bergauf steigen. Bald stießen sie auf einen Bambusbestand, in dem die Stämme kreuz und quer übereinanderlagen, sodass ein Durchkommen unmöglich war. Ein weiter Umweg war unumgänglich. Der Boden war völlig durchweicht, überall gurgelte und plätscherte es. Noch dreimal mussten sie das Fallgeräusch großer Bäume mit anhören, bevor sie in die Nähe des Fälltrupps kamen. Armin, der mit Joro und dem Dorfältesten

an der Spitze ging, drehte sich, noch außer Sichtweite, um und hob die Hand. Er wartete, bis alle aufgeschlossen hatten und das Heulen der Motorsägen unterbrochen wurde.
»Es ist besser, wenn wir von verschiedenen Seiten kommen«, sagte er leise. »Ich schlage vor, dass wir uns aufteilen.«
Armin erläuterte, was er vorhatte. Alle nickten zustimmend und teilten sich ohne weitere Diskussion in vier Gruppen auf. Die erste Gruppe mit Joro und drei weiteren jungen Männern machte sich sofort auf den Weg. Kurz danach brach der Dorfälteste mit Athanase Rabearivelo und einem Mann mittleren Alters auf, Andry nahm ein junges Paar mit sich. Nun waren nur noch Rakoto, Armin und Teresa übrig. Sie warteten auf den Ruf der Madagaskar-Zwergohreule, den Joro gut imitieren konnte. Dreimal sollte er den siebensilbigen Ruf wiederholen, damit alle ihn hörten und damit eindeutig war, dass nicht doch eine echte Eule rief – was aber unwahrscheinlich war, da sie erst in der Abenddämmerung aktiv wurde.

Uup-uup-uup-uup-uup-uup-uup.
Uup-uup-uup-uup-uup-uup-uup.
Uup-uup-uup-uup-uup-uup-uup.

Das war Joro. Sie waren angekommen.
Teresa bestand darauf, zu Fuß weiterzugehen, Rakoto und Armin nahmen sie zwischen sich und stützten sie. Armin war froh, dass sie trotz ihrer Verletzung bei ihm war. Er fühlte sich entschlossen und mutig. Wollte er ihr etwas beweisen? Oder wollte er sich selbst etwas beweisen? Oder Joro? Oder ... Manuel?
Die Motorsägen fingen wieder an zu jaulen, die Kaffeepause war offenbar vorüber. Teresa, Rakoto und Armin schleppten sich einige Meter den Hang hinauf, dann konnten sie die Männer durch einen Bambusvorhang sehen. Sie entfernten gerade die Krone und die Äste eines gefällten Baums. Drei arbeiteten mit

Motorsägen, darunter Pierre Tovoarimino, vier weitere schlugen mit Macheten die kleineren Äste ab.
Rakoto, Teresa und Armin sahen sich an und nickten, dann traten sie zusammen aus dem Bambusdickicht heraus. Zuerst sahen die Männer sie nicht, so sehr waren sie auf ihre Arbeit konzentriert. Erst als sie weiter vorrückten, hob Pierre Tovoarimino den Kopf. Zuerst ungläubig, dann boshaft grinsend blickte er ihnen entgegen. Er brachte seine Motorsäge zum Schweigen und rief den anderen etwas zu. Der Lärm verstummte. Armin, Teresa und Rakoto humpelten weiter nach vorn, bis sie nur noch wenige Meter entfernt waren.
»Das ist aber eine Überraschung! Was verschafft mir denn diese Ehre?«, fragte Tovoarimino mit überlegenem Grinsen.
»Wir möchten mit dir reden«, sagte Armin ruhig.
»Und worüber wollt ihr mit mir reden?«
»Über das, was du hier tust«, antwortete Teresa.
»Ach so, ihr wollt mir sagen, dass ich etwas Verbotenes tue. Und da wollt ausgerechnet ihr mich davon abhalten? Da bin ich aber gespannt, wie ihr das machen wollt.« Er feixte hämisch.
»Wir sind nicht allein«, sagte Rakoto, legte seine Hände an den Mund und drehte den Kopf nach links.
Uup-uup-uup-uup-uup-uup-uup.
Da trat Andry aus dem Schatten der Bäume, gefolgt von seinen Begleitern.
Dann wandte Rakoto den Kopf nach rechts.
Uup-uup-uup-uup-uup-uup-uup.
Der Dorfälteste trat würdevoll auf die Lichtung, hinter ihm Athanase Rabearivelo und der Mann mittleren Alters.
Rakoto richtete den Kopf nach vorne, die Rundung seiner vor dem Mund aneinandergelegten Hände zielte über den Kopf des verwirrt um sich blickenden Tovoarimino.
Uup-uup-uup-uup-uup-uup-uup.

Hinter Pierre Tovoarimino kamen nun drei junge Männer aus dem Wald, angeführt von Joro.
Als Pierre Tovoarimino sich gefasst hatte, verzog er das Gesicht zu einer wilden Grimasse und stieß ein gellendes Lachen aus.
»He, he, he, ihr meint wohl, weil ihr mehr seid als wir, könnt ihr mich einschüchtern.«
Da trat Andry einige Schritte auf ihn zu.
»Im Namen von Madagascar National Parks fordere ich dich auf, das Fällen der Bäume zu unterlassen.«
»Im Namen von Madagascar National Parks, dass ich nicht lache! Jetzt, wo Ravalomanana abgemeldet ist, habt ihr hier überhaupt nichts mehr zu sagen.«
Der Dorfälteste trat heran.
»Als Dorfältester befehle ich dir, mit dem Fällen der Bäume aufzuhören.«
Auch diese Worte quittierte Tovoarimino mit einem spöttischen Grinsen.
»Du hast mir überhaupt nichts zu befehlen. Die Zeiten haben sich geändert, da kommst du mit deinen Fadys nicht gegen an.«
Nun ging Joro mit gesenktem Blick auf Pierre Tovoarimino zu. Als er vor ihm stand, hob er den Kopf.
»Ich bitte dich im Namen der Nature Guides und … im Namen … deines Sohnes Fanilo, keine Bäume mehr zu fällen.«
Wutentbrannt verzog Pierre Tovoarimino sein Gesicht.
»Wie kannst du es wagen, für Fanilo zu sprechen!«, schrie er Joro an.
Joro erblasste.
»Ich … er war mein Freund und … ich weiß, dass er den Wald geliebt hat!«
»Und ich habe meinen Sohn geliebt! Und nun ist er tot! Keiner von euch weiß, wie es ist, seinen einzigen Sohn zu verlieren!«

Armin bat Rakoto, Teresa alleine zu stützen, und trat einige Schritte auf Pierre Tovoarimino zu.

»Doch, ich weiß es«, sagte er mit fester Stimme. »Ich hatte auch einen Sohn, er hieß Manuel. Er wurde vor etwas mehr als einem Jahr von einem Auto überfahren. Er war sofort tot. Daher kann ich gut verstehen, wie es dir jetzt geht.«

Pierre Tovoarimino starrte Armin mit aufgerissenen Augen an. Es herrschte Totenstille. Nur einige Vögel waren zu hören, der Wind raschelte in den Bäumen.

»Darf ich dir einen Vorschlag machen?«, fragte Armin und wartete Tovoariminos Antwort gar nicht erst ab. »Wir helfen dir beim Anbau von Heilpflanzen und beim Aufbau eines Handels mit Europa, wenn du dafür das Fällen der wertvollen Bäume einstellst.«

Tovoarimino blickte nachdenklich auf den Boden. Die Zeit schien still zu stehen. Dann hob er langsam den Kopf.

Epilog

Nur noch ein kleines Stück, dann war Armin oben. Er war nackt, doch er fühlte sich ganz wohl dabei. Außerdem wusste er, dass niemand in der Nähe war. Dass kein Mensch ihn sehen konnte. Nur die Ratten, die zwischen den Steinen verschwunden waren, hatten ihn erblickt.
Armin blickte noch einmal zurück in den grauen Krater. Dann sah er nach oben auf die gezackte Trennlinie zwischen der dunkelgrauen Steinhalde und dem stahlblauen Himmel. Nur noch wenige Schritte. Was würde ihn auf der anderen Seite erwarten? Wüste? Hölle?
Grün! Alles grün, bis zum Horizont! Dampfender Regenwald. Grüne Hölle oder grünes Paradies?
Um das zu erfahren, musste Armin die Steinhalde auf der anderen Seite hinuntersteigen. Fliegen müsste man können. Hatte er das nicht einmal gekonnt? Es kam auf einen Versuch an. Armin breitete die Arme aus und bewegte sie langsam auf und ab. Er fühlte sich leichter, hob jedoch nicht ab.
Er musste sich fallen lassen, dann würde ihn die Luft tragen. Armin ging ein paar Schritte nach vorn, bis die Halde steiler wurde, kletterte auf einen Felsbrocken und ließ sich fallen. Zuerst fiel er nach unten. Er würde auf die spitzen Steine krachen. Im letzten Moment konnte er den Sturz in einen eleganten Aufschwung wandeln und erhob sich in die Lüfte. Gelernt ist gelernt.
Armin flog über den leuchtend grünen Wald, bis er an eine Lichtung kam, in der sieben runde Hütten im Kreis standen. In diesem Kreis brannte ein Feuer, um das Menschen standen.

Armin ließ sich herabsinken und landete sanft auf den Füßen. Er stand am Rande der Lichtung und ging auf die Hütten zu. Sie bestanden vollständig aus Bambus. Er sah zwischen zwei Hütten hindurch auf den Platz zu dem Feuer und den Menschen. Er sah den Dorfältesten und seine Frau, Rakoto unterhielt sich mit Andry, Teresa plauderte mit Renate und Joro scherzte mit … Manuel.

… und er sah, dass es gut war.

Im Buch erwähnte und verwendete Literatur

Bittner, Alfred (Hrsg.): Madagaskar – Mensch und Natur im Konflikt. Birkhäuser Basel (1992).

Calvin, William H.: Der Strom, der bergauf fließt – Eine Reise durch die Evolution. dtv (1997).

Cuvier, Georges: Die Umwälzungen der Erdrinde in naturwissenschaftlicher und geschichtlicher Beziehung. Übersetzt von J. Nöggerath. Eduard Weber Bonn (1830).

Därr, Wolfgang & Heimer, Klaus: Madagaskar – Handbuch für individuelles Entdecken. Reise Know-How (2009).

Eldredge, N. & Gould, S. J.: Punctuated equilibria: an alternative to phyletic gradualism. In: T. Schopf (Hrsg.), Models in Paleobiology, 82–115, Freeman, Cooper and Co., San Francisco (1972).

Garbutt, Nick: Mammals of Madagascar – A complete Guide. Yale University Press (2007).

Glaubrecht, Matthias: Am Ende des Archipels – Alfred Russel Wallace. Galiani Berlin (2013).

Gould, Stephen Jay: Wonderful Life – The Burgess Shale and the Nature of History. Norton (1989); deutsch: Zufall Mensch – Das Wunder des Lebens als Spiel der Natur. Hanser (1991).

Knoll, Andrew H.: Life on a Young Planet – The First Three Billion Years of Evolution on Earth. Princeton University Press (2003).

Kuhn, Thomas S.: Die Struktur wissenschaftlicher Revolutionen. Suhrkamp (13. Aufl. 1996).

Kutschera, Ulrich: Tatsache Evolution. dtv (2009).

Junker, Thomas & Paul, Sabine: Der Darwin-Code – Die Evolution erklärt unser Leben. C. H.Beck (2009).

Leakey, Richard E. & Lewin, Roger: Die sechste Auslöschung. S. Fischer (1996).

Linton, Ralph: The Tanala – A Hill Tribe of Madagascar. Marshall Field Expedition to Madagascar, 1926. Field Museum of Natural History Publ. 317. Chicago (1933).

Mittermeier, Russel A. et al.: Lemurs of Madagascar. Conservation International, Tropical Field Guide Series (3. Aufl. 2010).

Morris, Simon Conway: Jenseits des Zufalls – Wir Menschen im einsamen Universum. Berlin University Press (2008).

Neffe, Jürgen: Darwin – Das Abenteuer des Lebens. Bertelsmann (2008).

Pyritz, Lennart: Madagaskar. Von Makis und Menschen. Springer Spektrum (2012).

Quammen, David: Der Gesang des Dodo – Eine Reise durch die Evolution der Inselwelten. List (3. Aufl. 2004).

Rauh, Werner: Über die Zonierung und Differenzierung der Vegetation Madagaskars. Tropische und Subtropische Pflanzenwelt 1 (1973). Steiner Wiesbaden.

Schachenmann, Peter: Spiritual Values in Madagascar – The Starting Point for Endogenous Conservation Initiatives. Mountain Research and Development 26: 323–327 (2006).

Schaefer, Albrecht G.: KulturSchock Madagaskar. Reise Know-How (2011).

Schwitzer, C. et al.: Averting Lemur Extinctions amid Madagascar's Political Crisis. Science 343: 842–843 (2014).

Stadelmann, Franz: Madagaskar, das PRIORI-Buch, www.priori.ch/das_Buch/Inhalt.htm (2009).

Tollmann, A. u. E.: Und die Sintflut gab es doch. Vom Mythos zur historischen Wahrheit. Droemer Knaur (1995).

Wright, Patricia C., Larrey, Frédéric & Girard, Cyril: Madagascar. The Forest of our Ancestors. Editions Regard du Vivant, Castelnau-le-Lez (2010).

Dank

Ich bin allen dankbar, die mich beim Schreiben des Buches unterstützt haben, aber auch denen, die geduldig auf das Ergebnis gewartet haben.

Monika Hofko von der Münchener Literaturagentur Scripta danke ich für ihre fundierte Beratung im Rahmen eines Autorencoachings. Durch sie habe ich erfahren, wie ein Roman »funktioniert« und was ihn von einem Sachbuch unterscheidet. An ihr liegt es sicher nicht, wenn die Sachthemen, die mir besonders am Herzen liegen, immer noch einen (zu?) breiten Raum einnehmen.
Dem *Verlagshaus Monsenstein und Vannerdat* danke ich für den hervorragenden Service bei der Erstellung des Buches und insbesondere für die Vermittlung des Büros *rohtext Lektorat* mit Birgitta Bolte, die dem Text noch den »perfekten Klang« gab.

Mein besonderer Dank gilt Rainer Dolch von der Association Mitsinjo (Andasibe, Madagaskar) und Franz Stadelmann vom Basler Madagaskarhaus, die mich durch ihre Kenntnisse und Erfahrungen aus mehrjährigen Aufenthalten in Madagaskar beträchtlich unterstützt haben.

Die meisten Schauplätze meines Buches (außer den fiktiven wie das Dorf Sahakely) konnte ich während der Madagaskarreise mit meiner Frau Barbara im Jahr 1987 und dann wieder 25 Jahre später mit meinem Kollegen und Freund Wolfgang Kramer kennenlernen. Für diese Erlebnisse bin ich vielen zu

Dank verpflichtet: Dem von Franz Stadelmann gegründeten Reisebüro PRIORI und seinen fähigen Mitarbeiterinnen, unserem Reiseleiter und Fahrer Louis, der seinen madagassischen Namen Rakotomanga (nach Rakoto Ratsimamanga) nur beiläufig erwähnte und uns immer die kenntnisreichsten Guides vermittelte; dem Guide Stephane (halb Tanala, halb Zafimaniry) von Ranomafana, der uns unter anderem sieben Lemurenarten und ein Tanala-Dorf vorführte; dem Centre ValBio für die Einführung in seine Arbeit, die sich auf 130 Dörfer in der Nationalpark-Region erstreckt; dem Guide Patrick aus Ambalavao, der uns im Andringitra-Gebirge führte und den traumhaften Blick vom Pic Chameleon zum Pic Boby bescherte; dem Guide Roxy vom bizarren Isalo-Nationalpark; Peter Schachenmann und seiner madagassischen Gattin für die (auch kulinarischen) Erlebnisse »zwischen Himmel und Meer« auf der Famata Lodge bei Tulear; dem Guide Patrice vom Waldreservat Analamazoatra und seinem Bruder Maurice, der meine Frau und mich 25 Jahre zuvor zu den Indris führte.

Meiner Schwester Eva Seitz-Brückner, Simone Siemund und Martin Reith danke ich für ihr Lektorat und wertvolle Hinweise, meine Tochter Dorothea sorgte für einen kurzen und knackigen Klappentext.
Der mit Charles Darwin verwandte buddhistische Mönch Martin Wedgwood hat mich vor allem im Vorfeld des Schreibens darin bestärkt, meine Ideen umzusetzen und meine Potenziale zu nutzen.
Für fruchtbare Diskussionen und Anregungen rund um das Thema »(R)Evolution« danke ich Klaus von Wilpert, Klaus Kümmerer, Eckhard Bergen und den Mensanern Kai Frederking, Simon Gerber, Dirk Hensen und Matthias Stahnke. Mensa in Deutschland e. V. danke ich auch für die Möglichkeit

einer Veröffentlichung im MinD-Magazin sowie eines Vortrags und einer Lesung. Danken möchte ich auch dem befreundeten Buchhändler Werner Bürk, der mich auf die Initiative *fair*öffentlichen hinwies und mir die Möglichkeit einer ersten Lesung eingeräumt hat.

Meiner Familie und vor allem meiner Frau Barbara danke ich für ihre Geduld und ihr Verständnis dafür, dass sie um meine Freizeit mehrere Jahre lang mit dem Schreiben konkurrieren musste.